Franz Xaver Riedl

Meine Aufsatz-Rezepte

Aufsatzerziehung
in der 3. Jahrgangsstufe

Verlag Ludwig Auer Donauwörth

Abkürzungen

AB	Arbeitsblatt (Vorlage)
Fo	Folie (Vorlage)
L	Lehrer
PA	Partnerarbeit
S	Schüler
TA	Tafelanschrift

Gedruckt auf umweltbewußt gefertigtem, chlorfrei gebleichtem und alterungsbeständigem Papier.

2. Auflage. 1995

Graphische Gestaltung: Alfons Schweiggert, München
Gesamtherstellung: Ludwig Auer GmbH, Donauwörth
ISBN 3-403-0**2094**-0

Inhalt

Vorwort

Neben Rechtschreiben und dem Lösen von Textaufgaben ist das Aufsatzschreiben ein weiteres „Schulkreuz" – für Schüler, Lehrer und Eltern gleichermaßen. Mißerfolgserlebnisse verfestigen sich, dämpfen die Schreibbereitschaft, verunsichern und münden in einen Teufelskreis, aus dem sich nur der geborene Aufsatzschreiber befreien kann. Es bleibt zu fragen, ob das so sein muß. Gibt es nicht doch Lern- und Übertragbares, das, wenn systematisch erlernt, auch dem weniger begabten Schüler erfolgversprechende Hilfe sein kann?

Mit dem vorliegenden Werk unternimmt der Verfasser den Versuch, diesem Übel beizukommen. Selbst engagierter Schulmann mit Übersicht und Weitblick, legt er ein bis ins unterrichtspraktische Detail ausgearbeitetes Konzept vor, Schülern das Schreiben von Schulaufsätzen zu erleichtern.

Rezepte nennt er seine Bausteine, die einen guten Schulaufsatz ausmachen. Ganz bewußt wählt er diesen, in der Pädagogik etwas verfänglichen Begriff. So wie ein Kochrezept vielfach erprobt, das durch genaue Angaben der Zutaten dem Koch eine erfolgreiche Zubereitung des Gerichts garantiert, so sollen die Bausteine die Gestaltung eines gelungenen Sprachganzen sicherstellen. Und bei mehrmaliger Anwendung geben sie dem Schreiber so viel Sicherheit, daß er das Grundrezept kreativ abwandeln kann – und dennoch ein „schmackhaftes Produkt" erhält. So verstanden ist seine „Rezeptur" voll akzeptabel.

Der Lehrgang baut die zwei grundlegenden Kommunikationsformen auf: das Erzählen und das Informieren. Ganz gleich, wie es in den Lehrplänen der verschiedenen Bundesländer ausformuliert ist, immer wird es darum gehen, Kindern das Verfassen von erzählenden und informierenden Texten beizubringen. Der vorliegende Aufsatzlehrgang ist deshalb auch zu jedem Lehrplan „kompatibel".

In je zwölf Unterrichtseinheiten zum Erzählen und zum Informieren erarbeitet der Verfasser alle wichtigen Elemente eines guten Schüleraufsatzes: Da werden Kopiervorlagen als Gesprächsanlässe bereitgestellt, Vergleichstexte, an denen wichtige Gestaltungselemente erarbeitet werden, sichernde Übungen angeboten, eigene Gestaltungsversuche als Anwendung des Erlernten vorbesprochen und schließlich Bewertungshilfen vorgestellt.

Um möglichst vieles anzusprechen, ist das Konzept als Maximalangebot ausgelegt. Sowohl innerhalb einer Einheit als auch im Gesamtkonzept können Kürzungen vorgenommen werden. Da Erlerntes in später folgenden Einheiten wieder aufgegriffen wird, ist sichergestellt, daß auch bei Kürzungen alle im Lehrgang erarbeiteten Bausteine des Aufsatzschreibens in den Arbeitsmaterialien angesprochen werden.

Dem Werk ist zu wünschen, daß sich möglichst viele Lehrer mit dem dargebotenen Konzept auseinandersetzen und es in ihrem Unterricht *lehrgangsmäßig* einsetzen.

An dieser Stelle sei die These gewagt, daß dem Schulproblem des Aufsatzschreibens vor allem dann beizukommen ist, wenn das Erlernbare systematisch, in einer wohldurchdachten Lernschrittfolge gelehrt wird. Hierzu leistet der Verfasser mutig einen wertvollen Beitrag. Auf jeden Fall ist sein Konzept ein guter Weg, auch schwächeren Schülern schülergerechte Hilfen zum Aufsatzschreiben zu geben und damit – wie eingangs erwähnt – Schülern, Lehrern und Eltern zu helfen.

Werner Altmann
Schulamtsdirektor

I. Grundsätzliches

1. Probleme und Schwierigkeiten der Drittklaßschüler beim Aufsatzschreiben

1.1 Psychische Schwierigkeiten
Ausdauer, Durchhaltevermögen und Konzentration sind in der Regel noch nicht so ausgeprägt, daß ein Drittkläßler die einmal aufgebrachte Gestaltungsabsicht zum Bewältigen eines Themas bis zum Schluß durchhält.

1.2 Die meisten Themen richten sich an einen fiktiven Adressaten
Ein echtes Feedback erfolgt selten, so daß eine Motivation zum Schreiben kaum besteht. Nach meinen Erfahrungen werden Erlebnisthemen – mit oder ohne Gestaltungsaufgaben – von den Schülern der 3. Jahrgangsstufe häufig nur schwer bewältigt. Trotz intensiver Erlebnisse liegen bei den Kindern oft nur vage oder sogar wirre Vorstellungen vor, so daß sie kaum imstande sind, das Erlebnis gedanklich zu ordnen, zu gliedern und darzustellen. Ich stimme S. Zander zu, wenn er sagt: „Erlebnisse sind so komplex und vielschichtig, daß ein Kind, das gerade den technischen Vorgang des Schreibens erlernt hat, bei der schriftlichen Darstellung seines Erlebnisses überfordert ist."

1.3 Sprachliche Schwierigkeiten
Das Aufsatzschreiben verlangt vom Schüler, wenn er seinen Gedanken darstellen will, eine Vielzahl von Entscheidungen, so z. B. bei der Wort- und Ausdruckswahl, bei der Wahl der sprachlichen Mittel sowie bei der Formulierung der Sätze. Lehrkräfte überfordern ihre Schüler, wenn sie zusätzlich die Berücksichtigung einer Vielzahl von Gestaltungsaufgaben verlangen.

1.4 Technisch-motorische Schwierigkeiten
Zu berücksichtigen sind beim Drittkläßler die noch vorhandenen Ermüdungserscheinungen der Hand, die beim Schreiben den Gedankenfluß hemmen und unterbrechen.

2. Folgerungen

2.1 Das Mitteilungsbedürfnis und die Erzählbereitschaft der Grundschüler legen einen möglichst frühen aufbauenden Aufsatzbeginn nahe – und zwar bereits zu Beginn der 2. Jahrgangsstufe. Das *Aufschreiben* von Beobachtungen, Wünschen und Gedanken, von kleinen Geschichten und Briefchen ist in der 2. Jahrgangsstufe möglich. Von dieser Erfahrung aus, daß man etwas, was man gesehen, gehört oder erlebt hat, aufschreiben kann, wobei man sogar Freude dabei empfinden kann, können wichtige Impulse für den weiteren Aufsatzunterricht in der 3. Jahrgangsstufe ausgehen.

2.2 Gerade der sogenannte *„Anfangsaufsatz"* der 3. Jahrgangsstufe muß mit positiven Erlebnissen besetzt sein, der im weiteren Verlauf durch Lob, Erfolg und sichtbare Fortschritte zum Weitermachen motiviert. Ein unterstützender und schrittweiser Aufbau des Aufsatzunterrichts ist daher unbedingt notwendig.

3. Die unterstützende Aufsatzarbeit

3.1 Im unterstützenden Aufsatz geht es darum, die Gestaltungsfähigkeiten und den Gestaltungswillen freizusetzen und zu erweitern, sprachliche Mittel kennenzulernen, zu erarbeiten und bewußt zu verwenden.

3.2 Alle vorbereitenden Maßnahmen sollen dazu beitragen, Gestaltungsaufgaben leichter zu bewältigen, wobei wir von leichten zu schwierigeren Aufgaben voranschreiten.

3.3 Durch inhaltliche, gestalterische und sprachliche Hilfestellungen arbeite ich gezielt darauf hin, die Einführung in das *Erzählen und Sachtexte-Verfassen* möglichst effektiv und erfolgreich für den Schüler zu gestalten.

3.4 Der vorliegende lehrgangsmäßig aufgebaute Aufsatzunterricht berücksichtigt erzählende wie auch die sachlich-orientierten Gestaltungsformen, die in modellhafter Form erarbeitet und eingeübt werden.

4. Lehrgangsgemäßer Aufsatzunterricht in der 3. Jahrgangsstufe

4.1 Aufsatzunterricht kann nur in sinnvollen, aufbauenden Lernsequenzen effektiv sein. Was im Mathematikunterricht selbstverständlich ist, nämlich schrittweises Erarbeiten von Lerninhalten, gilt erst recht auch für den Aufsatzunterricht im 3. Schuljahr.

4.2 Im 3. Schuljahr fassen wir zuerst eng begrenzte, knappe Lernziele ins Auge, welche im Rahmen der Gestaltungseinheiten tatsächlich auch erreicht und in weiteren Gestaltungsübungen gefestigt und in Probeaufsätzen angewendet werden (siehe Übersicht).

4.3 Arbeit am Ausdruck
Schriftliche Gestaltungsaufgaben erfordern die Bereitstellung von Wortmaterial und Satzstrukturen auf allen Unterrichtsstufen für die schriftliche Gestaltung. Mit Hilfe von motivierenden Bildern und Arbeitsblättern hat der Schüler die Gelegenheit, sich die sprachlichen Mittel anzueignen, mit deren Hilfe er zunächst exemplarisch erfährt, wie man eine Geschichte beginnt und beendet, wie man Wut, Ärger, Freude oder Angst differenziert ausdrücken kann, wie man „lebendig erzählt". Die Anwendung des Gelernten in Übungs- und Probeaufsätzen schließt sich nach zwei oder drei Einheiten an.

4.4 Arbeit am Inhalt
Erzählen und Berichten bleibt – wie die Erfahrung zeigt –, wenn es nicht gefördert wird, in dürftigen und langweiligen Kurzgeschichten stecken. Der Inhalt wird nicht genügend ausführlich versprachlicht, geschweige denn im Sinne einer bewußten Sprachgestaltung „zubereitet". Die Lehrerbemerkungen „Du mußt genauer erzählen" – „du mußt ausführlicher erzählen" helfen dem Schüler kaum oder überhaupt nicht. Die Thematisierung dieser Aufgabe – begleitet von Erzählübungen – oder das Vergleichen von „Telegramm- und Erzählgeschichten" – führen jedoch weiter.

4.5 Arbeit am Satz
Das Gespür für den Satz, für Aufbau und Verknüpfung der gedanklichen Einheiten zu einem Sprachganzen wird in geplanter und gezielter Arbeit weiterentwickelt, verfeinert und gestärkt. Mit Hilfe von Arbeitsblättern werden zur jeweiligen Sprachsituation bzw. zur Geschichte die notwendigen Satzstrukturen geübt und bereitgestellt (siehe auch *Überarbeitung*). Die Schüler sollen eben auch lernen, Hilfen in Form von bereitgestelltem Sprachmaterial selbständig anzunehmen und anzuwenden.

4.6 Die Gestaltungsaufgaben werden aber nur dann bewußt von den Kindern im Aufsatz angewendet, wenn nach dem „ersten Durchnehmen" bald wiederholt und weiter geübt wird. Daher werden im vorliegenden Werk die Gestaltungsaufgaben immer wieder aufgegriffen und erweitert, in einen anderen Sachzusammenhang gestellt, angewendet und erst dann am Ende einer Lernsequenz in einem sogenannten Probeaufsatz „abgeprüft".

II. Verfassen von Erzähltexten

1. Erzählen

1.1 Zum Begriff des Erzählens
„Erzählen ist eine Form des Kommunizierens, bei der es dem Erzähler darum geht, andere an einem wirklichen oder erdachten Geschehen durch sprachliche Vermittlung möglichst konkret teilhaben zu lassen." (E. Müller)

Beispiele für Erzählabsichten:
- andere teilhaben lassen
- Vergangenes erzählen
- andere unterhalten

Dabei ist nicht zu vergessen, daß der Erzähler mit einer bestimmten Absicht in einer konkreten Situation erzählt. Diese Erzählabsichten und die Erzählsituation beeinflussen die Auswahl der Erzählinhalte sowie die sprachlichen und stilistischen Mittel, z. B.: Ein Kind will etwas ganz Aufregendes erzählen.

1.2 Voraussetzungen schaffen
Mündliches Erzählen als Voraussetzung
Kinder erzählen gerne, teilen sich gerne mit, vor allem dann, wenn es etwas Lustiges zu erzählen gibt. Erzählen im Sinne von etwas mitteilen und andere daran teilhaben lassen, soll immer wieder gepflegt werden. Auf diese Weise werden die Erzählbereitschaft und die Erzählfähigkeit bewußt gefördert. Je mehr die Kinder in den ersten beiden Schuljahren gelernt und erfahren haben, daß auch kleine Ereignisse als erzählenswerte Erlebnisse anzusehen sind, und geübt haben, lebendig und zusammenhängend zu erzählen, desto eher sind sie in der 3. und 4. Jahrgangsstufe bereit und in der Lage, eigenes Erlebtes und Erfundenes bewußt zu gestalten sowie weiterhin die Erzählfähigkeit zu erweitern.

1.3 Ziele im 3. Schuljahr
Geschichtenschreiben kann man lernen und kann vermittelt werden. Die Schüler sollen sich in der 3. Jahrgangsstufe ein erstes sprachliches Wissen und Können aneignen, auf dem in der 4. Jahrgangsstufe aufgebaut werden kann. Das bedeutet: Die wichtigsten Aufgaben und Ziele bestehen darin,
- die Erzählfähigkeit des Drittklaßkindes weiter zu fördern, indem Alltagssituationen des Erzählens aufgegriffen, reflektiert und weiterentwickelt werden

- Erlebnisse, Gefühle, Gedanken über das Erzählen zu artikulieren und in sprachliche Bilder zu erfassen
- die Formulierungsfähigkeiten und den Gestaltungswillen des Schülers erweitern und differenzieren
- sprachliches Gestaltungsvermögen sowie Ausdrucks- und Gestaltungsfreude im Sinne von Sprachkreativität anzuregen und zu aktivieren
- Erzählstrategien und Stilmittel bekanntmachen, erproben und üben.

1.4 Trainingsplan

Aufgrund der vorangegangenen Überlegungen schlage ich für die 3. Jahrgangsstufe folgenden Trainingsplan mit grundlegenden Gestaltungsaufgaben vor:

Man kann lernen, wie wir
- ausführlich erzählen
- zusammenhängend und in der richtigen Reihenfolge erzählen
- lebendig erzählen
- eine Einleitung finden
- einen treffenden Schlußsatz suchen
- Vergangenes erzählen – die Erzählperspektive wechseln.

2. Die Konzeption „Meine Aufsatz-Rezepte 3" – Erzählen

2.1 Durch motivierende einfache Themen, in Bild- oder Gegenstandsform
- mit lustigem Inhalt, aus dem Erlebnisbereich des Kindes soll die kindliche Gestaltungsfähigkeit und das bewußte Gestalten allmählich entfaltet werden. Nicht nur den Sprachbegabten, auch den sprachschwächeren Schülern wird mit Hilfe einfacher vorbereitender Sprachhilfen eine individuelle Sprachförderung zuteil, so daß jeder ein „Aufsätzchen" mit Erfolg meistern kann.

2.2 Mit jeder Schreibaufgabe werden
- in der Vorbereitungsphase im erarbeitenden Verfahren und mit Hilfe von Arbeitsblättern die nötigen Fertigkeiten bereitgestellt oder neu erarbeitet
- in dem Schreiblehrgang bereits erworbene Fertigkeiten wiederholend integrativ angewendet und weiter geübt
- sich die Schüler fortschreitend ein sprachliches Wissen und Können aneignen, auf dem weitergebaut werden kann, damit er zu lesenswerter schriftlicher Gestaltung gelangen kann, um Ausdrucks- und Gestaltungsfreude zu wecken *(„Rezepte sammeln")*
- wir anhand von Positiv- und Negativbeispielen (im „Menü") den Blick schärfen für die adäquate sprachliche Darstellung
- in der Nacharbeit und Überarbeitungsphase die notwendigen *„Werkzeuge"* zur Verfügung gestellt und angewendet, damit sich der Schüler langsam, aber kontinuierlich Beurteilungskriterien und Wertmaßstäbe für einen Text und eine stilistische Gestaltung aneignen kann und zunehmend in die Lage versetzt wird, diese auch selbständig anzuwenden.

2.3 Mit Hilfe von zahlreichen, vorbereitenden Wortschatz- und Gestaltungsübungen werden Darstellungsweisen und Darstellungsmittel langsam und schrittweise eingeführt, einsichtig und bewußt gemacht und eingeübt; die Anfangsschwierigkeiten werden reduziert, und es werden Lernzuwächse erreicht, auf denen der weitere Aufsatzunterricht aufbauen kann.

2.4 Alle vorbereitenden Maßnahmen (Rezepte und Werkzeuge) tragen dazu bei, daß Gestaltungsaufgaben leichter bewältigt werden, wobei wir von leichten zu schwierigeren Aufgaben voranschreiten. Bereits erarbeitete Aufgaben werden in weiteren Übungen oder in einem Probeaufsatz selbständig angewandt, wobei wiederum auf bereits gelernte „Kochrezepte" zurückgegriffen werden kann.

2.5 Durch inhaltliche, gestalterische und sprachliche Hilfestellungen (siehe Arbeitsblätter) arbeite ich gezielt darauf hin, die Einführung in das „Erzählen" für die Schüler möglichst effektiv und erfolgreich zu gestalten, um sie vielleicht auch ein wenig „Werkfreude" erleben zu lassen.

2.6 Mein lehrgangsgemäßer, unterstützender Aufsatzunterricht berücksichtigt sowohl die erzählend-unterhaltenden wie auch die sachlich-orientierten Textarten, die schrittweise aufbauend erarbeitet und in weiteren Einheiten eingeübt werden. Der Schüler kann seine Texte, die „Kochrezepte" und „Werkzeuge" sammeln, die er bei der weiteren Textproduktion nachlesen und anwenden sollte. Auf diese Weise verfügt er am Jahresende über ein Kompendium von Regeln, Tips und Beispielen in Lexikonform zum Nachschlagen und Üben, das in der 4. Jahrgangsstufe wieder verwendet und erweitert wird.

3. Übersicht: Erzählen – Gestaltungsaufgaben und Spracharbeit

Nr.	Titel	Gestaltungsaufgaben	Arbeit am Satz	Arbeit am Wort
1. Ge	Hasenohren	eine kleine Geschichte Überschrift	richtige Sätze, was Personen denken, sagen	Namenwörter Tunwörter
2. Ge	Monstertüte	Gedanken/Gefühle	Satzanfänge Ausrufesätze	Tunwörter Wiewörter
3. Ge ⊡	Der Balken	Sätze zu Bild zuordnen	Satzarten	Wortfeld „sagen“

Gestaltungsübung – Anwendung des Gelernten: Rezepte 1–3
Probeaufsatz 1: „Eine Badegeschichte“

4. Ge	Honigbrot	Einleitung finden	Gedanken/Gefühle Ausrufesätze	treffende Zeitwörter
5. Ge	Luftballon	Schluß finden	inhaltsreiche Sätze	Mimik erkennen treffende Wiewörter

Gestaltungsübung – Anwendung des Gelernten: Rezepte 4 und 5
Probeaufsatz 2: „Die Theaterprobe“

6. Ge	Der Schatz	ausführlich erzählen: Wichtiges	Vergleich: Einzelsätze – inhaltsreiche Sätze	Fragesätze mit Fragewörtern aufschreiben
7. Ge ⊡	Lesegeschichte	ausführlich erzählen: Ichform Vergangenheit	Sätze in die Vergangenheit setzen	Ausdrücke für Freude – Ärger

Gestaltungsübung – Anwendung des Gelernten: Rezepte 6 und 7
Probeaufsatz 3 mit bildlichen Vorgaben: Zwei Möglichkeiten: Erlebnis mit einem Tier – Erlebnis mit dem Wind

8. Ge ⊡	Schreibspiel als Vorübung für lebendiges Erzählen	ein Gespräch erfinden und aufschreiben	wörtliche Rede	Wortfeld „sagen“ und passende Eigenschaftswörter
9. Ge	Streitgeschichte	lebendig erzählen	Ausrufesätze wörtliche Rede abwechslungsreicher Satzbau	Ausrufewörter Wortfeld „sagen“ Schallwörter
10. Ge ⊡	Einkaufsgeschichte	ausführlich und lebendig erzählen	Redeteile Ausrufesätze abwechslungsreicher Satzbau	Wortfeld „fahren“
11. Ge ⊡	Erzählkern „Kuh in der Sparkasse“	den Hauptteil ausführlich und lebendig erzählen	Ausrufesätze für Angst, Furcht und Erleichterung	Aufregung in Worten ausdrücken

Gestaltungsübung – Anwendung des Gelernten: Rezepte 8–11 Probeaufsatz 4: „Der Elefant im Blumenladen" (Erzählkern)				
12. Ge	Erzählbrief: Erlebnis	nur *ein* Erlebnis erzählen, aber ausführlich und lebendig	aus Stichwörtern Sätze bilden	Anredefürwörter
Gestaltungsübung – Anwendung des Gelernten: Rezept 12 (Zusammenfassung) Probeaufsatz 5: Erzählbrief mit einem persönlichen Erlebnis oder nach Vorgaben				

[•] = „Wahlweise Unterrichtseinheiten", das heißt, die Themen Nr. 3, 7 und 8 können weggelassen werden, ohne daß der Aufbau des Aufsatzlehrgangs wesentlich beeinträchtigt wird. Von den Themen 10 oder 11 sollte wenigstens eins behandelt werden.

4. Übersicht: Erzählen – Menüs, Rezepte und Werkzeuge

Nr.	Menü (Beispiele)	Rezept (Tips)	Werkzeug (Überarbeitung)
1. Ge	zwei Geschichten vergleichen	die Überschrift	der Satzanfang
2. Ge	Positivtext – Negativtext	das Ausrufewort – Empfindungen ausdrücken – Gefühle ausdrücken	Texte vergleichen – aber wie?
3. Ge	Redesätze zu Bildern finden und erzählen	der Dialog – Frage und Antwort	Erzählabsichten und Satzarten/abwechslungsreich
4. Ge	eine Geschichte beurteilen	die Einleitung	die Ersatzprobe – Wörter ersetzen
5. Ge	für eine Geschichte aus Vorgaben einen passenden Schluß suchen	der Schluß	überarbeiten – aber wie? Tips – Texte vergleichen
6. Ge	zwei Geschichten vergleichen: Negativ- und Positivbeispiel	ausführlich erzählen – Schlüsselfragen	die Erweiterungsprobe: inhaltsreiche Sätze bauen
7. Ge	zwei Geschichten vergleichen: – Erzähler – Ichform	die Erzählperspektive	Überarbeiten: die Ersatzprobe anwenden – Glieder eines Satzes austauschen
8. Ge	Textvergleich: Rollenbuch – wörtliche Rede mit Redebegleitsätzen	der Spieltext	die wörtliche Rede
9. Ge	Textbeurteilung: Was macht die Geschichte lebendig?	lebendig erzählen	die Umstellprobe: der abwechslungsreiche Satzbau
10. Ge	Textbeispiel für ausführliches und lebendiges Erzählen	ausführliches und lebendiges Erzählen (Übersicht)	Korrekturzeichen und Überarbeitung
11. Ge	Negativbeispiel	der Aufbau einer Erzählung	Schlüsselfragen
12. Ge	Positiv- und Negativbeispiel	Erlebtes erzählen	eine Geschichte überarbeiten (Zusammenfassung)

III. Verfassen von informierenden Texten

1. Das informatorisch-sachliche Schreiben

1.1 Begriff

Im heutigen Sprachgebrauch können wir verschiedene Grundfunktionen erkennen, die im *schriftlichen Sprachgebrauch* der Grundschule schließlich Beachtung finden müssen. Eine solche Grundfunktion ist das informatorisch-sachliche Schreiben oder, wie es im Bayerischen Lehrplan heißt: „Sachtexte verfassen", das auf einen sachlichen Umgang mit Sprache abzielt bzw. wenigstens eine möglichst objektive Darlegung von Sachverhalten bezweckt. Informieren im weitesten Sinne ist eine der wichtigsten Hauptfunktionen sprachlicher Kommunikation und damit auch eine wesentliche Aufgabe des Aufsatzunterrichts der Grundschule.

1.2 Aufgabe

Es gibt eine Vielzahl von Sprech- und Schreibweisen, mit deren Hilfe „Informieren" stattfindet. Solche Sprech- und Schreibweisen sind z. B. berichten, erklären, beschreiben, anleiten usf. Aufgabe des Aufsatzunterrichts der Grundschule ist es *nicht,* sachliche Aufsatzformen einzuführen, sondern informative Aussagen aus entsprechenden *Situationen* abzuleiten und Sachtexte nach den Kriterien der Zweckbestimmtheit und Adressatengebundenheit verfassen zu lassen.

1.3 Wahrnehmungssituationen – Handlungssituationen

Schreiben verstärkt das Sehen, aber Sehen kann zugleich zum *Schreiben* motivieren und es gleichzeitig fördern. Das bedeutet, daß die Schüler das *Geschaute* im Schreiben intensivieren und reflektieren können (siehe Teil II. St 1, St 2, St 7d und St 8). Im Schüler steckt aber auch der Drang zum handelnden Lernen. Handlungssituationen innerhalb des Unterrichts setzen neue Motivationskräfte zur Textproduktion frei und erreichen durch sprachfördernde Maßnahmen ein hohes Maß an sprachlicher Produktivität und Eigeninitiative (siehe Teil II. St 1 und St 2).

1.4 Ziele

Bei der Erarbeitung und Einübung der sachlichen Sprech- und Schreibweisen sollen die Schüler

– die Situation, in der sprachlich-sachliches Handeln erfolgen soll, zunächst erkennen
– lernen, wie man sich Informationen über einen bestimmten Sachverhalt verschafft und verwertet
– die entsprechenden Gegenstände und Sachverhalte durch eigenes Beobachten und Nachfragen kennenlernen
– befähigt werden, sich situationsgemäß, zweckentsprechend und sprachangemessen auszudrücken.

2. Die Konzeption „Meine Aufsatz-Rezepte 3" – Sachtexte

2.1 Intention

Die vorliegenden Unterrichtsvorbereitungen wollen die Fähigkeit des sachlichen Sprachgebrauchs fördern und langsam entwickeln, indem die sprachlichen Möglichkeiten und Äußerungsmittel mit Hilfe von Arbeitsblättern, Rezepten und Werkzeugen bereitgestellt werden.

2.2 Aufbau

Nach dem Prinzip vom Leichten zum Schweren werden zunächst elementare Fähigkeiten eingeführt und geübt:

– Informationen entnehmen
– Stichwörter finden und notieren
– Wichtiges von Unwichtigem unterscheiden
– Texte vergleichen.

Diese Fähigkeiten sollen in kleineren Einheiten eingeübt werden, so daß dem Schüler „das sachliche Schreiben" bewußt wird:

– einen Stichwort- bzw. einen Merkzettel anlegen
– Wichtiges notieren (ein Telefongespräch)
– benachrichtigen (Nachrichten hinterlassen)
– Sachtexte beurteilen und bearbeiten.

In einem letzten Schritt sollen die Schüler zum sachlichen, zusammenhängenden Schreiben hingeführt werden, wobei der Adressat deutlich, klar und verständlich informiert werden muß:

– ein Rezept zusammenhängend aufschreiben
– eine Anleitung aufschreiben
– eine Person beschreiben
– einen Bericht verfassen.

2.3 Kindgemäßheit

Die Schreibanlässe, die aus dem Erfahrungsbereich der Kinder stammen, sind lustbetont sowie sachlich und sprachlich nicht zu schwer. Ich meine nämlich, daß auch beim Verfassen von Sachtexten der Erlebnisbereich der Schüler nicht ganz ausgeklammert werden darf. Kinder sind mit den Gegenständen, mit Personen und Tieren emotional verbunden; sie denken, fühlen auf dieser Entwicklungsstufe ganzheitlich, so daß das Bedürfnis der persönlichen Mitteilung die reine Sachinformation zuweilen unterläuft. Daher kann das „Rein Persönliche" aus den Sachtexten *nicht ganz ausgeschaltet* werden, wollen wir nicht sterile bzw. konstruierte Texte erzwingen.

3. Übersicht: Informieren – Gestaltungsaufgaben und Spracharbeit

Nr.	Titel	Gestaltungsaufgaben	Arbeit am Satz	Arbeit am Wort
1. St ⊡	Mitteilen	Wichtiges in Stichwörtern notieren	Sinnwörter finden	wichtige Stichwörter festhalten

Gestaltungsübung – Anwendung des Gelernten:
Informationen weitergeben, aus vorgegebenen Informationen eine Mitteilung zusammenstellen

2. St	Mitteilen	Wichtiges mitteilen	Mitteilungen vergleichen	wichtige und unwichtige Wörter

Gestaltungsübung – Anwendung des Gelernten:
Informationen weitergeben, mit Hilfe vorgegebener Informationen eine Postkarte schreiben

3. St ⊡	Hausaufgaben	einen einfachen Vorgang beschreiben – Reihenfolge beachten	Unwichtige Satzglieder weglassen	treffende Zeitwörter verwenden
4. St	Geschenke verpacken	eine einfache Anleitung verfassen	mit Hilfe von Stichwörtern richtige Sätze bauen	Namenwörter und passende Zeitwörter verwenden

Gestaltungsübung – Anwendung des Gelernten: Rezepte 3 und 4
Stichwörter notieren, eine Anleitung verfassen
Probeaufsatz 1: Ein Auto waschen

5. St ⊡	Obstsalat	einen Einkaufszettel schreiben	Stichwörter finden und berichten	Wörter richtig anordnen
6. St	Obstsalat	ein Rezept vollständig aufschreiben	zusammenhängend in inhaltsreichen Sätzen informieren Satzanfänge beachten	treffende Zeitwörter verwenden

Gestaltungsübung – Anwendung des Gelernten: Rezepte 5 und 6
Probeaufsatz 2: Erdbeermilch mit Vanilleeis

7. St ⊡	Das Fingertheater (Bastelanleitung)	Stichwörter notieren	aus Sätzen Stichwörter herausholen	Tunwörter notieren

Gestaltungsübung – Anwendung des Gelernten:
Stichwörter notieren: Die Rundnase

8. St	Das Fingertheater	eine Bastelanleitung aufschreiben	mit Hilfe von Stichwörtern Sätze bilden	treffende Zeitwörter verwenden

Gestaltungsübung – Anwendung des Gelernten: Rezepte 7 und 8
Mit Hilfe von bildlichen Vorgaben eine Bastelanleitung aufschreiben
Probeaufsatz 3: Das Überraschungsei

9. St ▣	Rätsel	Beschreibungsrätsel verfassen	inhaltsreiche Sätze bilden	kennzeichnende Eigenschaftswörter finden
10. St	Verlustanzeige	einen Gegenstand beschreiben – eine Verlustanzeige verfassen	wichtige und wesentliche Stichwörter finden	den kennzeichnenden Wortschatz verwenden

Gestaltungsübung – Anwendung des Gelernten: Rezepte 9 und 10
Probeaufsatz 4: Ein Geburtstagswunsch

11. St	Grips, der Zirkusclown	eine Person beschreiben	inhaltsreiche Sätze „hat" und „ist"	genaue Merkmale Namenwörter treffende Eigenschaftswörter

Gestaltungsübung – Anwendung des Gelernten: Rezept 11
Probeaufsatz 5: „Haltet den Dieb"

12. St	Im Zirkus	einen Bericht verfassen	zusammenhängender, vollständiger, abwechslungsreicher Satzbau	treffende Zeitwörter für Tätigkeiten und Vorgänge

Gestaltungsübung – Anwendung des Gelernten: Rezept 11 und 12
Mit Hilfe von Bild- und Wortvorgaben einen Bericht verfassen
Probeaufsatz 6: Eine lustige Vorführung beim Sommerfest

▣ = „Wahlweise Unterrichtseinheiten", das heißt, die Themen Nr. 1, 3, 5, 7 und 9 können weggelassen werden, ohne daß der Aufbau des Aufsatzlehrgangs wesentlich beeinträchtigt wird.

4. Übersicht: Informieren – Menüs, Rezepte und Werkzeuge

Nr.	Menü (Beispiele)	Rezept (Tips)	Werkzeug (Überarbeitung)
1. St	Wichtiges in Stichwörtern mitteilen	der Merkzettel	das Sinnwort das Stichwort
2. St	Mitteilungen vergleichen	die Mitteilung	sachlich schreiben Wichtiges schreiben
3. St	Sachtexte vergleichen	Sachtext und Erzähltext	die Weglaßprobe
4. St	eine Anleitung auf Durchführbarkeit überprüfen	die Anweisung	einen Sachtext überarbeiten – aber wie?
5. St	Einkaufszettel vergleichen	der Einkaufszettel der Merkzettel	Stichwörter finden
6. St	Rezepte vergleichen	ein Rezept aufschreiben	der Satzanfang
7. St	Stichwortzettel vergleichen	Einzelinformationen finden	Stichwörter finden und notieren
8. St	aus einer Bastelanleitung Stichwörter notieren zur Durchführung	die Bastelanleitung	mit Stichwörtern arbeiten – Sätze bilden
9. St	Rätsel vergleichen	das Beschreibungsrätsel	Eigenschaftswörter kennzeichnen
10. St	Verloren! brauchbare und unbrauchbare Verlustanzeigen	die Verlustanzeige (ein Kleidungsstück)	Wesentliches und Unwesentliches unterscheiden
11. St	Texte vergleichen	der Steckbrief (Personenbeschreibung – kennzeichnende Merkmale)	Hilfen für die Personenbeschreibung
12. St	zwei Berichte für die Schülerzeitung	der Bericht	einen Bericht überarbeiten

IV. Beurteilungs- und Bewertungshilfen

1. Die Ermittlung von Beurteilungskriterien

1.1 Die Bewertung von Inhalt und Sprache
Entscheidend ist, was der Schüler inhaltlich zu sagen hat und wie er das schreibt, gestaltet oder darstellt. Die Punkte der Bewertung werden daher zwischen der sachlichen und sprachlichen Seite im Verhältnis 1:1 geteilt. Zeigt der Aufsatz Gestaltungswillen und/oder deutlich kreative Ansätze, sind dies zusätzliche Aspekte, die für die bessere Note entscheidend sein können.

1.2 Lernziele
Für die Beurteilung und Bewertung einer schriftsprachlichen Leistung gelten die verbindlichen Lernziele. Der Schüler muß im schriftsprachlichen Bereich die Lernziele (Zutaten für das „Aufsatz-Gericht") kennen und diese durch ausreichendes Üben angewendet haben. Wenn ein „Kanon" von Rezepten erarbeitet worden ist, z. B. wie eine Erzählung aufgebaut und mit welchen sprachlich-stilistischen Mitteln diese gestaltet wird, kann der Lernzuwachs an sprachlichen Fähigkeiten beurteilt und bewertet werden.

1.3 Kriterienkatalog
Inhaltliche Gestaltung: Ausführlichkeit, Gedankenreichtum, Gefühle, Einleitung und Schluß, Aufbau, Kreativität, Vollständigkeit, Verständlichkeit, richtige Wahl der Überschrift.
Sprachliche Gestaltung: treffende Wortwahl, verfügbare Satzbaumuster, Beherrschung verbaler Schattierungen, differenzierender Sprachgebrauch, wörtliche Rede.

Wichtig! Die sprachliche Gestaltungsfähigkeit, die Gestaltungsabsicht und der Gestaltungswille geben den Ausschlag bei der Beurteilung der Arbeit.

2. Beurteilungs- und Bewertungsmodus

2.1 Bewertungsgesichtspunkte
Meßbar und bewertbar sind jene Lernziele, die vor und während der Aufsatzarbeit festgelegt, erarbeitet und ausreichend geübt worden sind. Der Schüler muß wissen, auf welche Kriterien der Lehrer bei der Bewertung seinen Schwerpunkt legt. Daher sind mit ihm immer wieder Sprachabsicht, Adressat und Sprachmittel zu üben und zu wiederholen.
Um allmählich einfache stilistische Kriterien und Bewertungsgesichtspunkte zu gewinnen und das aufbrechende Sprachgefühl und Urteilsvermögen auszubilden, ist das gemeinsame Beurteilen von Texten zu pflegen. Dazu dienen die vorgegebenen „Menü-Texte"

2.2 Bewertung mit Punktesystem
Mit Hilfe von Einzelpunkten soll eine gesicherte Benotung erreicht werden. Daher werden die Kriterien zuerst wie folgt fixiert: Die beiden Hauptkategorien Inhalt und Sprache werden in eine Reihe von Einzelkriterien unterteilt, wobei insbesondere die intendierten, aber auch bereits erarbeitete Lernziele berücksichtigt werden. Diesen so gewonnenen Beurteilungsgesichtspunkten wird eine bestimmte Punkteanzahl nach folgendem Schema zugeordnet. Vorschlag: Aufgabe gut gelöst: 2 Punkte; mittelmäßig gelöst: 1 Punkt; nicht gelöst: 0 Punkte; z. B.:
6. Einheit: Ausführliches Erzählen

Inhalt:		
ausführlich erzählt:	2 Punkte	
Hauptgeschehen genau: (Gedanken und Gefühle)	2 Punkte	
Einleitung:	2 Punkte	
Schluß:	2 Punkte	
		8 Punkte
Sprache:		
inhaltsreiche Sätze:	2 Punkte	
versch. Satzarten:	2 Punkte	
treffende Zeitwörter:	2 Punkte	
Ausrufesätze:	2 Punkte	
		8 Punkte
		16 Punkte

2.3 Bewertungsschlüssel als Vorschlag
z. B. 6. Einheit: Ausführliches Erzählen

16–15 Punkte: Note 1	8–6 Punkte: Note 4
14–12 Punkte: Note 2	5–3 Punkte: Note 5
11– 9 Punkte: Note 3	2–0 Punkte: Note 6

2.4 Kriterienkatalog
Auf die oben vorgestellte Weise wird allmählich ein Kriterienkatalog für „das schriftliche Erzählen" bzw. für das „Verfassen von Sachtexten" im Unterricht erarbeitet und aufgebaut, der den Vorteil hat, daß ihn die Schüler kennen, und der immer wieder der Schulung des Sprachgefühls und der Kritikfähigkeit dient.

Für den Lehrer dient der Kriterienkatalog der Überprüfung und Verbesserung der eigenen Beurteilungsmethode. Selbstverständlich sind die in diesem Aufsatzwerk vorgegebenen Kriterienkataloge als Beurteilungshilfe im Rahmen des vorgestellten Aufsatzlehrgangs zu sehen und entsprechend anzuwenden; sie können nicht ohne weiteres auf andere Aufsätze übertragen und angewendet, sondern müssen entsprechend geändert werden.

V. Die Aufsatzüberarbeitung

Unter Überarbeitung ist die gemeinsame Nachbesprechung und die anschließende selbständige Verbesserung des Aufsatzes durch den Schüler zu verstehen. Soll diese wichtige Phase der Aufsatzarbeit fruchtbar sein, muß sie geschickt und stufenweise eingeführt werden. Lieber weniger am Anfang, dafür aber intensiver.

Im vorliegenden Aufsatzwerk dienen die sogenannten *Menüs und Werkzeuge* der allmählichen und schrittweisen Einführung der selbständigen Überarbeitung eines Textes.

Durch den Einsatz der „Rezeptblätter" und der „Werkzeuge" soll der Blick für Stilverstöße geschärft und der Schüler zur besseren Darstellung angeleitet werden. Dabei werden die notwendigen Kriterien sowie grundlegende Fertigkeiten zur Überarbeitung eines Textes schrittweise vorgestellt, eingeübt und erworben, um die Schüler zu befähigen, einfache Aufträge nach Anweisungen des Lehrers selbständig bearbeiten zu können. Dazu gehören:

1. Texte, Sätze, Wörter vergleichen
2. Wörter und Glieder eines Satzes austauschen oder ersetzen (Ersatzprobe)
3. Sätze erweitern (Erweiterungsprobe)
4. Wörter und Satzteile umstellen (Umstellprobe)
5. Bestimmte Korrekturzeichen kennen und danach arbeiten
6. Wesentliches von Unwesentlichem unterscheiden
7. Unwesentliches weglassen (Weglaßprobe)
8. Aus vorgegebenen Wortfeldern treffendes Wortmaterial auswählen.

VI. Die Aufsatzmappe

Alle schriftlichen Gestaltungsübungen, Entwürfe und Reinschriften werden auf lose Kieser-Blätter im Format DIN A 4 geschrieben und in der sogenannten Aufsatzmappe getrennt in verschiedenen Fächern einsortiert und aufbewahrt. Für diese Aufsatzmappe wird ein Ordner mit Register vorgeschlagen, in dem auch die Regeln, Rezepte und Werkzeuge zum Nachschlagen gesammelt werden.

Register mit folgenden Abteilungen:

1. Menüs und Arbeitsblätter
2. Rezepte und Regeln
3. Werkzeuge (Überarbeiten)
4. Gestaltungsübungen (auf Kieser-Blättern DIN A 4)
5. Aufsatzentwürfe
6. Reinschriften

Erzählen: Ein Streich **Ge 1**

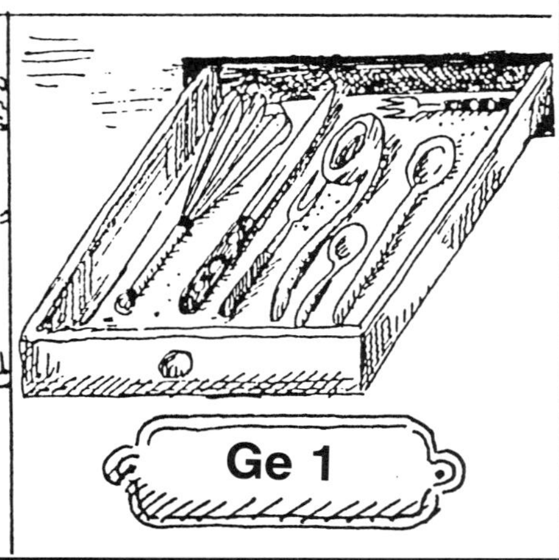

Erzählen: Ein Streich — Ge 1

Gestaltungsaufgabe: Eine kleine Geschichte schreiben

Lernziele

Die Schüler sollen
- den Bildinhalt genau erfassen und versprachlichen
- eine zusammenhängende Geschichte erzählen
- vorgegebene Hilfen verwenden
- eine passende Überschrift finden

Arbeit an der Geschichte

Die Schüler sollen
- Anfang und Ende einer Bildgeschichte erfinden
- aus einer Geschichte lustige Stellen heraussuchen
- eine einfache Geschichte beurteilen

Arbeit am Satz

Die Schüler sollen
- aus Einzelwörtern Sätze formulieren
- verschiedenartige Satzanfänge verwenden
- Sätze umstellen

Arbeit am Wort

Die Schüler sollen
- Gefühle auf einfache Weise mit Wiewörtern ausdrücken

Verlaufsskizze

1. Motivationsphase

1.1 Streichgeschichten erzählen	L	Wer hat schon einmal jemandem einen Streich gespielt?
	S	Schüleräußerungen
1.2 Zielangabe	L	Wir schauen uns jetzt zwei lustige Bilder an. Dann schreiben wir eine kleine zusammenhängende Geschichte dazu auf.

2. Mündliches Erzählen

2.1 Betrachtung von Bildausschnitten
Detailbetrachtung

1. Ausschnitt: Peter	L	Was hat Peter vor?
	S	Peter, Pinsel, Eimer mit Farbe, will malen, an die häßliche Wand
2. Ausschnitt: Fenster	L	Peter entdeckt Herrn Huber.
	S	schaut aus dem Fenster, mißmutig, verärgert, unfreundlich, schlecht gelaunt

1. Ausschnitt: Peter	L	Betrachte noch einmal Peters Gesicht. Offensichtlich hat Peter eine Idee. Er denkt sich etwas. Vermute einmal!
Vermutungen	S	Er denkt sich: Ha, ich habe eine Idee! Ich male ... das Fenster zu ... Ich bemale ... Ich male ihm ein nettes Gesicht.
3. Ausschnitt: Hasenohren	L	Ich zeige dir, was Peter gemalt hat.
	S	malt Hasenohren, einen Schnurrbart und Nagezähne, sieht aus wie ein Osterhase
4. Ausschnitt: Sabine	L	Da geht gerade Sabine an der Hand ihrer Mutter vorbei. Betrachte die Gesichter der beiden Personen!
	S	lachen, lustig, freuen sich
	L	Überlege, was Sabine ruft!
	S	Schau, Mama, ein Osterhase! Guck, Mami, ein Hase mit Hosenträgern! Ha, ha, ha, das ist lustig!

2.2 Gesamtbetrachtung
Zusammenhängendes Erzählen

2.3 Anfang und Ende der Geschichte erfinden

	L	Der Zeichner hat nicht alles gezeichnet. Wie fängt die Geschichte eigentlich an?
	S	Fritz ist langweilig. Mauer ausbessern. Er holt Eimer, Farbe und Pinsel.
	S	Peters Freunde sind verreist.
	S	Eines Tages ging Peter spazieren ...
	L	Jede Geschichte hat ein Ende.
	S	Frau Müller lacht.
	S	Sie gehen fröhlich weiter.

3. Halbschriftliche Gestaltungsphase

3.1 Aus Stichwörtern Sätze formulieren

	L	Forme aus den Wörtern einfache Sätze
	TA	Peter, langweilig, spazieren, Gehweg, Fenster, Herr Huber; Wand, kahl, häßlich, Idee; Eimer, Farbe, Pinsel, holen; wiederkommen, anfangen, Herr Huber, mißmutig, am Fenster, Streich spielen; malen, Hasenohren, lange Zähne, Schnurrbart, auf das Fenster; Frau Müller, Sabine, vorbeikommen; Sabine, rufen, Hase, Hosenträger; Frau Müller, lachen;

3.2 Arbeit am Wort

Arbeitsblatt 1	L	Wir suchen treffende Wörter. Was macht Herr Huber für ein Gesicht?
	Bild 1:	schlecht gelaunt, grimmig, unfreundlich, verärgert.
	L	Was malt Fritz? Wohin malt er?
	Bild 2:	Hasenohren, Nagezähne, Schnurrbart, auf das Fenster
	L	Wir suchen den Anfang der Geschichte.

	Bild 3:	Eimer mit Farbe, Pinsel, Mauer bemalen
	L	Wir suchen das Ende der Geschichte.
	Bild 4:	Frau Müller, lachen, freuen
Sicherung des Wortgutes auf AB 1		
3.3 Arbeit am Satz		
Arbeitsblatt 2	L	Peter hat eine Idee? Was denkt er?
	Nr. 1	Ha, ich habe eine tolle Idee! Warte, dir spiele ich einen Streich!
	L	Was Frau Müller und Sabine wohl rufen?
	Nr. 2	Schau, Mama, ein lustiges Hasengesicht! Schau, Herr Huber ist ein Osterhase!
Notieren der Sätze auf AB 2		

4. Schriftliche Gestaltungsphase

4.1 Gestaltungsaufgabe 1		
Rezept Ge 1	L	Deine Geschichte soll eine passende Überschrift haben! Wir lesen Aufsatzrezept 1.
4.2 Gestaltungsübung	L	Suche selbst passende Überschriften!
	TA	Das Hasengesicht Der mißmutige Herr Huber Ein lustiger Streich Eine tolle Idee
Notieren der Überschrift auf Rezept Ge 1 Arbeitsblatt 3	L	Überschriften beurteilen
4.3 Selbständige schriftliche Gestaltung		
Gestaltungsaufgabe 2	L	Erzähle jetzt zu den beiden Bildern eine lustige zusammenhängende Geschichte mit Anfang und Ende.
	L	Die Wörter an der Tafel und auf den Arbeitsblättern darfst du verwenden.

5. Bewertungsvorschlag

Inhalt	*Punkte*		*Sprache*	*Punkte*		
1. Geschichte erfaßt, richtig erzählt	2		richtige Sätze	2		
2. Anfang, Ende	2		Rufesätze	2		
3. Überschrift	2		Wiewörter	2		
Inhalt:	6	+	*Sprache:*	6	=	12

Vorschlag für Bewertungsschlüssel

Note 1	12 – 11 Punkte	Note 4	6 – 5 Punkte
Note 2	10 – 9 Punkte	Note 5	4 – 3 Punkte
Note 3	8 – 7 Punkte	Note 6	2 – 0 Punkte

6. Überarbeitung

6.1 Vergleichen und Überprüfen von vorgegebenen Geschichten
siehe Menü Ge 1 in *Klassenarbeit*
- Überschriften beurteilen
- Texte vergleichen
- Lustige Stellen heraussuchen

6.2 Gemeinsames Überarbeiten von Sätzen mit Werkzeug Ge 1
- Für- oder Namenwörter einfügen
- Sätze umstellen

6.3 Überarbeiten von Sätzen und Geschichten in *Alleinarbeit*
Text 1: *Das Hasengesicht*
Eines Tages ging Fritz auf dem Gehweg zu Herrn Hubers Wohnungsfenster. Er suchte einen geeigneten Platz zum Malen. *Da* steht Herr Huber schon am Fenster. *Da* dachte sich Fritz: „Ich habe doch solche Langweile.“ *Da* nimmt er seinen Pinsel und seinen Eimer. *Dann* malt Fritz Herrn Huber ein Hasengesicht. Ida und ihre Mutter gehen lachend vorbei.

Text 2: *Ein lustiger Streich*
Fritz ist so langweilig. Er nimmt seinen Pinsel mit und seinen Eimer. Fritz sucht sich eine Wand aus. (1) Da guckt gerade Herr Huber aus dem Fenster. Herr Huber macht ein verärgertes Gesicht. Da hat der Fritz eine Idee. (2) Er machte Herrn Huber ein Hasengesicht mit Löffeln und mit einem Schnurrbart. (3) Da kam eine Mutter mit der Sabine vorbei. Da Sabine sagt zu ihrer Mutter: „Schau mal, der Fritz macht dem Nachbarn Ärger.“
(1) Warum? Was hat er vor? (2) Hier mußt du genau erzählen, was Fritz macht.
(3) Wo malt Fritz eigentlich?

Text 3: *Ein lustiger Streich*
Fritz ist so langweilig. Fritz will malen. Ihm kommt eine Idee. Er geht zum Nachbarn Huber. Herr Huber schaut aus dem Fenster. Fritz nimmt einen Pinsel und malt auf das Fenster ein Hasengesicht. Sabine sagt: „Schau, Mutti, schau! Herr Huber ist ein Hase!“

Fragen zum Inhalt:
1. Was für eine Idee hat Fritz?
2. Warum bemalt er das Fenster?
3. Wie macht er das Hasengesicht?
4. Was ruft Sabine?
5. Was macht Herr Huber für ein Gesicht?

Erzählen: Eine kleine Geschichte — Ge 1

Arbeit am Wort — AB 1

Ein lustiger Streich

- Suche passende Wörter. Schreibe auf.

(1) Was macht Herr Huber für ein Gesicht?

(2) Was Fritz malt? Wohin malt er?

(3) Der Anfang der Geschichte: Was Fritz zum Malen holt.

(4) Das Ende der Geschichte?

Ein lustiger Streich

(1) Peter hat eine Idee.
Schreibe in die Denkblase, was er sich überlegt.

(2) Frau Müller kommt mit Sabine gerade vorbei.
Schreibe in die Sprechblase, was Sabine ruft.
Schreibe, was Frau Müller dazu sagt.

Eine passende Überschrift finden AB 3

Die Überschrift

1. Welche Überschrift paßt am besten für unsere Streich-Geschichte?

Versuche folgende Geschichten zu beurteilen: (+) oder (–)
Die richtige Überschrift muß *drei* „+" haben.

Das Hasengesicht

( ) verrät die Lösung
( ) macht neugierig
( ) kurz und treffend

Das lustige Gesicht

( ) paßt zur Bildgeschichte
( ) macht neugierig
( ) verrät die Lösung

Hase mit Hosenträgern

( ) macht neugierig
( ) erzeugt Spannung
( ) verrät nicht zuviel

Zuerst schlecht gelaunt – aber dann . . . !

( ) macht neugierig
( ) verrät nicht zuviel
( ) erzeugt Spannung

Eine tolle Idee

( ) viele Geschichten
( ) macht neugierig
( ) spannend

Fenstermalerei

( ) verrät die Lösung
( ) macht neugierig
( ) erzeugt Spannung

Ein Scherz

( ) erzeugt Spannung
( ) macht neugierig
( ) viele Geschichten

2. Welche Überschrift paßt? Kreuze an!

„Komm, wir werfen um die Wette", schlägt Hans vor. „Ja, aber nur mit Tannenzapfen, Steine sind zu gefährlich", wendet Fritz ein. „Du Angsthase", lacht Hans verächtlich, „wirf du nur mit Tannenzapfen, ich werfe mit Steinen." Fritz schüttelt verständnislos den Kopf. Doch dann beginnt das Wettwerfen. „Wer die Hausecke trifft, ist Sieger", bestimmt Hans. Schon hagelt es Steine und Tannenzapfen. Auf einmal ein entsetzlicher Schrei. Inge steht an der Ecke, wie aus dem Boden gewachsen. Sie hält sich mit beiden Händen das Gesicht zu und brüllt wie am Spieß: „Meine Augen! Ich bin blind!" Erschrocken läuft Fritz zu ihr hin. Er sieht nach. Zum Glück ist Inge nur auf der Wange verletzt. Sie blutet leicht. Ein Tannenzapfen von Fritz hat sie getroffen. Was aber wäre gewesen, wenn ein Stein von Hans . . . ? Aber Hans, der Feigling, hat sich längst aus dem Staub gemacht.

( ) Der gefährliche Kampf
( ) Fast blind
( ) Weitwerfen mit Steinen und Tannenzapfen
( ) Ingrids schlimmes Erlebnis
( ) Der spöttische Hans
( ) Der entsetzliche Schrei
( ) Der Feigling

Zwei Geschichten

Text 1:

Das Hasengesicht

Eines Tages ging Fritz auf dem Gehweg zu Herrn Hubers Wohnungsfenster. Er sucht einen geeigneten Platz zum Malen. Da steht Herr Huber schon am Fenster. Da sagt Fritz: „Ich habe doch solche Langeweile." Da nimmt der seinen Pinsel und seinen Eimer. Da malt Fritz Herrn Huber ein Hasengesicht. Ida und ihre Mutter gehen lachend vorbei.

Text 2:

Der Streich

Fritzchen langweilte sich. Auf einmal fiel ihm etwas ein. „Ha, die Wand von Herrn Huber ist so kahl. Genau! Die male ich an!" Flink nahm er Pinsel und Farbe in einem Topf und marschierte zur Hauswand von Herrn Huber. Eben wollte er anfangen, da kam Herr Huber ans Fenster. Er sah nicht gerade freundlich aus. Da hatte Fritz eine Idee. „Dem spiele ich einen Streich", dachte er. Er malte ihm Ohren, Nagezähne und einen Schnurrbart auf das Fenster. Da kam Frau Müller mit ihrer dreijährigen Sabine vorbei. Die schrie: „Guck, Mami, ein Hase mit Hosenträgern!" Frau Müller mußte lachen.

Aufgaben:

1. Beurteile beide Überschriften. Denke an Rezept Ge 1!
2. Vergleiche beide Geschichten! Welche gefällt dir besser? Warum?
3. Suche in der zweiten Geschichte lustige Stellen heraus und unterstreiche sie.

Die Überschrift

„Das Bad im Tintenfaß"
Sabine liest im Inhaltsverzeichnis eines Buches die Überschriften der Geschichten: „Der hohle Zahn", „Der Ausweg", „Ein Nachmittag im November", „Die tollste Fahrt meines Lebens". Sabine hält inne: „Die tollste Fahrt meines Lebens." „Oh, das ist bestimmt eine spannende Geschichte. Die lese ich!"

Die Überschrift reizt dich zum Lesen der Geschichte, weil du neugierig bist und wissen willst, wie die tolle Fahrt verlaufen ist

Wenn du für eine Geschichte eine Überschrift formulierst, verrate so wenig wie möglich und soviel wie nötig.

TIPS

● Die Überschrift muß
- zum Thema passen
- den Leser neugierig machen
- nicht zu viel verraten, nicht die Lösung verraten
- kurz und treffend sein

Nicht: Wie ich einmal beinahe unter ein Auto gekommen wäre
Sondern: Noch einmal Glück gehabt

Nicht: Wie ich einmal etwas anstellen wollte
Sondern: Ertappt!

Schreibe einige gute Überschriften für die Streichgeschichte auf.

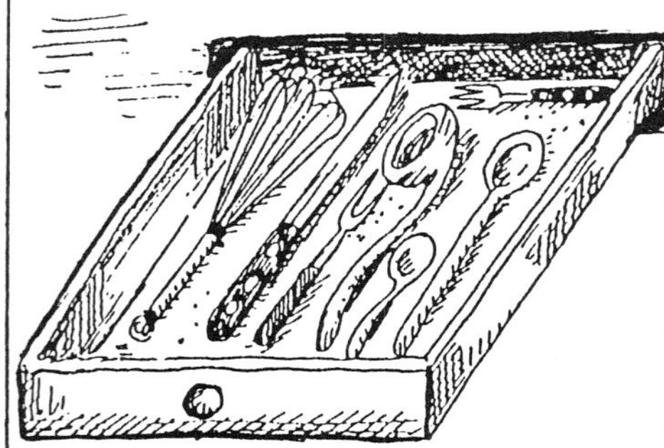

Ge 1

Der Satzanfang

Text 3:

Der Streich

Fritz ist es langweilig. *Fritz* möchte Herrn Huber einen Streich spielen. *Herr Huber* steht am Fenster. *Fritz* holt schnell Farbe und Eimer und einen Pinsel. *Herr Huber* schaut komisch aus. *Fritz* aber denkt sich: „Ich male ihm Hasenohren und einen Schnurrbart." Dann kommen Frau Müller und Sabine vorbei. *Dann* sagt Sabine: „Schau mal, Mami! Fritz spielt Herrn Huber einen Streich!"

Am obigen Fehlerbeispiel merkst du, daß die Sätze häufig mit Herr Huber oder mit Fritz beginnen. Gleiche Satzanfänge wirken langweilig. Aber du kannst sie vermeiden:

TIPS

- Suche lustige Namen, z. B. der Lausbub, der Spitzbub oder der Schlawiner.
- Manchmal paßt auch ein Fürwort, z. B. er.
- Du kannst aber auch die Sätze umstellen und ein anderes Wort an den Satzanfang setzen.
  z. B.: *Schnell* holt Fritz Farbe im Eimer und einen Pinsel.
  Mit der **Umstellprobe** läßt sich leicht herausfinden, wie der Satz am besten klingt.
- Da oder dann kannst du manchmal sogar leicht weglassen.

Übung:

Stelle folgende Sätze einige Male sinnvoll um.
Da guckt gerade Herr Huber mißmutig aus dem Fenster.

Fritz malt mit schwarzer Farbe flink ein Hasengesicht auf das Fenster.

Erzählen: Eine lustige Geschichte **Ge 2**

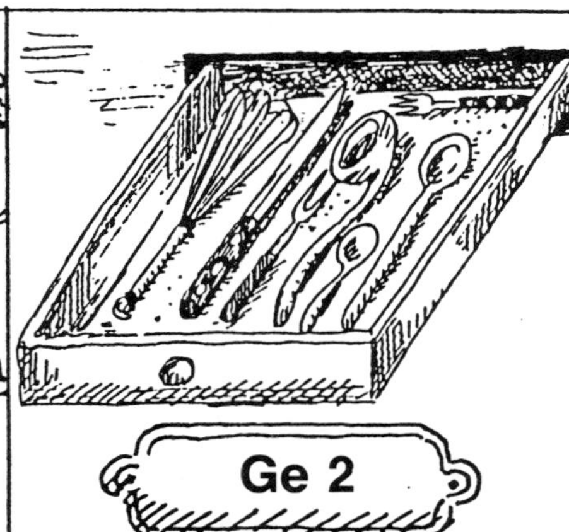

Erzählen: Eine lustige Geschichte	Ge 2
Gestaltungsaufgabe: Eine kleine Geschichte schreiben	

Lernziele

Die Schüler sollen
- die Bildinhalte genau erfassen und versprachlichen
- Gefühle und Gedanken ausdrücken
- eine zusammenhängende Geschichte erzählen
- Hilfen beim Verfassen der Geschichte verwenden

Arbeit an der Geschichte

Die Schüler sollen
- mit Hilfe von Teilbildern den Inhalt der Geschichte erfassen
- Mimik und Gestik deuten
- eine Geschichte überarbeiten

Arbeit am Satz

Die Schüler sollen
- Ausrufesätze für Gefühle verwenden
- die Satzanfänge variieren
- Sätze umstellen

Arbeit am Wort

Die Schüler sollen
- treffende Namen- und Wiewörter finden
- Ausrufe für Gefühle einbauen

Verlaufsskizze

1. Motivationsphase

1.1 Bildgeschichte Ge 2

Ausschnitt: Maske	L	stummer Impuls
Aussprache über Aussehen, Herstellung		
gelenkte Aussprache	L	Was könnte man mit dieser Maske alles machen?
	S	Faschingszug, Party, Tanz
1.2 Zielangabe	L	Ich zeige dir eine lustige Bildgeschichte. Wir schreiben eine lustige Geschichte auf.

2. Mündliche und halbschriftliche Gestaltungsphase

2.1 Bildbetrachtung

Bild 1	L	Was macht Peter?
	S	bemalt eine Tüte, malt eine häßliche Fratze, malt eine Monstertüte

	L	Was hat Peter vor?
	S	erschrecken, Streich spielen
Vermutungen	L	Wie könnte die Geschichte weitergehen?
	S	Er stülpt sich die Maske über. Nina kommt herein. Sie ist ahnungslos. Peter erschreckt sie. Sie rennt davon.
Bild 2	L	zeigt Bild 2. Betrachte die beiden Kinder genau!
	S	Peter stürzt auf Nina zu. Er brüllt. Nina erschrickt, läuft davon.
Teilzusammenfassung:		Wir spielen die Geschichte.

2.2 Gedanken und Gefühle

Folie – Arbeitsblatt 1	L	Was denkt Peter beim Malen?
Bild 1	S	Ho, das wird eine lustige Maske! Hehe, da wird ein Spaß!
Bild 2	L	Was ruft Peter?
	S	Hihih! Ich bin ein Monster!
	S	Huuuu, ich bin ein Vampir!
Bild 2	L	Was ruft Nina?
	S	Hilfe! Mami! Nein!
	L	Wie ist Tina zumute?
	S	ängstlich, erschrickt.
Aufgabe Nr. 4	L	Wie ist Nina zumute, als sie den Spaß erkennt? Wie geht die Geschichte aus?
	S	lacht, schimpft, ärgert sich
	S	Sie sagt: Du bist blöd!
Teilzusammenfassung:	L	Wir bearbeiten Arbeitsblatt 1. Schreibe in die Denk- und Sprechblasen passende Ausrufesätze hinein.

2.3 Arbeit am Wort

Arbeitsblatt 2	L	Suche passende, lustige zusammengesetzte Namen für die Tüte.
	S	Monstertüte, Teufelsfratze, Tütengeist
	L	Wie sieht die Maske aus? Suche Wiewörter (Eigenschaftswörter). Wähle richtig aus!
	S	häßlich – gräßlich – fürchterlich
	L	Suche passende Zeitwörter für gehen!
	S	Peter *stürzt* auf Nina zu. Nina *rennt* aus dem Zimmer. (schreiend davonrennen, davonhasten)
Teilzusammenfassung:	L	Wir bearbeiten Arbeitsblatt 2

2.4 Arbeit am Satz

Arbeitsblatt 3	L	Warum klingen diese Sätze langweilig?
	S	Beginne alle mit dem gleichen Wort: da – dann oder er.
	L	Beginne die Sätze mit einem treffenden Wort. Die Wörter in Klammer helfen dir.
	S	Grinsend stülpt sich Peter die Tüte über den Kopf. Ahnungslos kommt Petra ins Zimmer. Brüllend stürzt sich Peter auf sie.

		Petra erschrickt und läuft heulend davon. Lachend nimmt Peter die Maske wieder ab.
Teilzusammenfassung:	L	Schreibe die Sätze richtig auf.

3. Schriftliche Gestaltung

3.1 Vorbereitung der Gestaltungsaufgabe
Gefühle ausdrücken

Rezept Ge 2	L	In dieser lustigen Geschichte will der Leser erfahren, was die Personen denken (Sprechblase) und wie sich die Personen fühlen.
	L	Wir lesen Aufsatzrezept Ge 2

3.2 Gestaltungsübung

Rezept Ge 2	L	Suche passende Ausrufewörter!

3.3 Selbständige schriftliche Gestaltung

Gestaltungsaufgabe	L	Schreibe eine zusammenhängende Geschichte.
	L	Der Leser will die Gedanken und Gefühle der Personen spüren. Verwende also Ausrufe und Ausrufesätze.
		Suche eine passende Überschrift.

4. Bewertungsvorschlag

Inhalt	*Punkte*		*Sprache*	*Punkte*	
1. Gedanke	2		richtige Sätze	2	
2. Gefühle	2		Ausrufesätze/Wiewörter	2	
3. Geschichte erfaßt	2		Satzanfänge	2	
Inhalt:	6	+	*Sprache:*	6	= 12

Vorschlag für Bewertungsschlüssel

Note 1	12 – 11 Punkte	Note 4	6 – 5 Punkte
Note 2	10 – 9 Punkte	Note 5	4 – 3 Punkte
Note 3	8 – 7 Punkte	Note 6	2 – 1 Punkte

5. Überarbeitung

5.1 Vergleichen und Überprüfen der eigenen Geschichte in Partnerarbeit
mit Hilfe Rezept Ge 2
mit Hilfe Werkzeug Ge 2

5.2 Vergleichen und Beurteilen vorgegebener Geschichten
mit Menü Ge 2
mit Werkzeug Ge 2

5.3 Überarbeitung einer vorgegebenen Geschichte und Sicherung der Ergebnisse in Alleinarbeit
mit Arbeitsblatt 4

Merksätze	(1)	Der Leser möchte spüren, wie den Personen in der Geschichte zumute ist und was sie denken.
	(2)	Verwende Ausrufe und Ausrufesätze für Gefühle.
	(3)	Ausrufe für Angst: O Gott! Schrecklich! Um Himmels willen! Staunen: Ui! Oohh! Aaah! Freude: Juchhe! Hurra! Jippi!

Erzählen: Eine kleine Geschichte **Ge 2**

Arbeit an der Geschichte **AB 1**

(1) Peter malt eine Maske.
Was er sich dabei wohl denkt?

(2) Was ruft Peter, als er Nina mit der Maske erschreckt?

(3) Nina ist zu Tode erschrocken.
Was ruft sie?

(4) Wie geht die Geschichte aus?
Peter nimmt die Maske ab und

Wie ist Nina zumute, als sie den Spaß erkennt? Was sagt sie?
Male selbst ein Bild mit einer Sprechblase!

Schreibe einen Schlußsatz!

Erzählen: Eine kleine Geschichte **Ge 2**

Arbeit am Wort **AB 2**

1. Bilde für die Maske lustige treffende zusammengesetzte Namen.

Tüte	Fratze
Teufel	Gesicht
Monster	Geist

2. Wie sieht die Maske aus? Unterstreiche die passenden Eigenschaftswörter!

häßlich	zierlich	furchtbar
süß	lustig	komisch
gräßlich	schön	elegant

3. Wie *geht* er auf Nina zu? Suche treffende Zeitwörter aus, und schreibe einen Satz auf!

Peter *geht* auf Nina los.

stürzen	stürmen	rennen

4. Wie geht Nina, und was sagt sie genau? Suche treffende Zeitwörter, und bilde einen inhaltsreichen Satz!

Nina *geht* aus dem Zimmer und *sagt* Hilfe.

davonstürzen	losrennen	davonhasten
schreien	toben	plärren

Erzählen: Eine kleine Geschichte **Ge 2**

Arbeit am Satz **AB 3**

Diese Sätze beginnen alle mit dem gleichen Wort, entweder mit *da* oder mit *dann*.
Das klingt nicht gut und wirkt langweilig für den Leser.

Aufgabe:

Reihe jeden Satz anders an. Verwende dabei die Wörter in Klammern.
Schreibe die Sätze darunter.

Peter liegt auf dem Boden und malt eine lustige Teufelsfratze.
(Grinsend) Peter stülpt sich die Tüte über den Kopf.

(Ahnungslos) Da kommt Nina in das Zimmer.

(Brüllend) Da stürzt sich Peter auf sie.

(Die Arme) Dann erschrickt Nina fürchterlich und rennt heulend davon.

(Lachend) Peter nimmt die Maske wieder ab und lacht.

(Als sich Nina beruhigt hat) Da kommt Nina wieder und schimpft.

Erzählen: Eine kleine Geschichte — Ge 2

Überarbeitung — AB 4

Petra erzählt:

Der Tütengeist

Peter bemalt eine Tüte.

____

Er malt eine Geistertüte darauf, um seine kleine Schwester zu erschrecken.

____

____

Jetzt geht die Türe auf.

____

Peter zieht schnell die bemalte Tüte über.

____

Als die Schwester ihn sieht, schreit sie laut.

____

Sie glaubt, es wäre ein Gespenst und läuft schnell davon.

____

____

Merke

(1) Der Leser möchte spüren, wie ______________________________

(2) Verwende ______________________________

(3) Ausrufe

für Angst: ______________________________

für Staunen: ______________________________

für Freude: ______________________________

Geschichten vergleichen

Text 1:

Die Monstertüte

Peter ist ein großer Schlawiner. Gerade hat er wieder einen lustigen Streich ausgeheckt. Aus einer großen Tüte bastelt er eine gräßliche Teufelsmaske. Zuerst pinselt er große und böse Augen darauf. Dann malt er in den breiten, roten Mund noch einige riesige Zähne hinein. Stolz betrachtet er sein Werk und lacht:
„Ha, da werde ich meinem lieben Schwesterchen wieder einmal einen tüchtigen Schrekken einjagen." – „Oh, da kommt sie schon!" Geschwind stülpt er sich die Monstertüte über. Ahnungslos betritt Susi das Zimmer. Da stürzt ein gräßliches Untier brüllend auf sie zu. Das arme Mädchen erschrickt fürchterlich, schreit: „Iiiiihhhh, was ist das?" und rennt weinend zur Mutter in die Küche.
Mit der Maske in der Hand kommt Peter in die Küche und lacht:
„Ätsch, du Häschen, das war doch nur ich, dein böser Bruder!" Susi ist beleidigt.

Text 2:

Der Tütengeist

Peter spielt im Wohnzimmer. Auf dem Sessel liegt eine weiße Einkaufstüte. Plötzlich hat er eine gute Idee:
„Aus dieser Tüte könnte ich ja eine Maske machen und damit die Schwester erschrekken." Er holt seinen Malkasten und malt eine teuflische Fratze darauf. Er setzt die Tüte auf und geht in Susis Zimmer. Susi erschrickt und läuft davon.

Aufgabe:

Beurteile die beiden Texte mit Werkzeug Ge 2.

Gefühle ausdrücken

Wenn Sabine ihre Lieblingsspeise bekommt, sagt sie befriedigt: „*Mmmmm,* das schmeckt lecker!“

Wenn Peter am Heiligen Abend vor dem herrlichen Christbaum steht, staunt er: „*Ooooh!*“

Wenn Ulrikes Ball ein Loch hat, weint sie und spricht traurig: „*Huu,* mein Ball hat ein Loch!“

Und wenn Florian das Tor verfehlt hat, spricht er ärgerlich: „*Zum Kuckuck!* wieder daneben!“

TIPS

- Sich freuen, staunen, traurig oder zornig sein, das sind Gefühle. In einer Geschichte kannst du Gefühle durch **Ausrufewörter** und **Ausrufesätze** ausdrücken.
- Die Ausrufe stehen häufig am Anfang eines Ausrufesatzes und werden groß geschrieben, z. B.

so:		oder so:	
	Oh, so ein Unglück!		Oh! So ein Unglück!
	Brrr, schmeckt das sauer!		Brrr! Schmeckt das sauer!
	Ui, du blutest ja!		Ui! Du blutest ja!

- Weitere Ausrufewörter sind:
  Ei . . . ! Oho . . . ! Juchhe . . . ! O jemine . . . ! Ätsch . . . ! Hoppla! Donnerwetter! Zum Kuckuck! O Gott!

Übung:

Setze in folgende Sätze passende Ausrufewörter von oben ein.

Petra spricht laut und erfreut: „__________, ist das ein schöner Ball!“

Markus spricht zornig: „__________! Der Füller gehört mir!“

Sabine spricht vor Schmerz: „__________! Das tut so furchtbar weh!“

Geschichten vergleichen

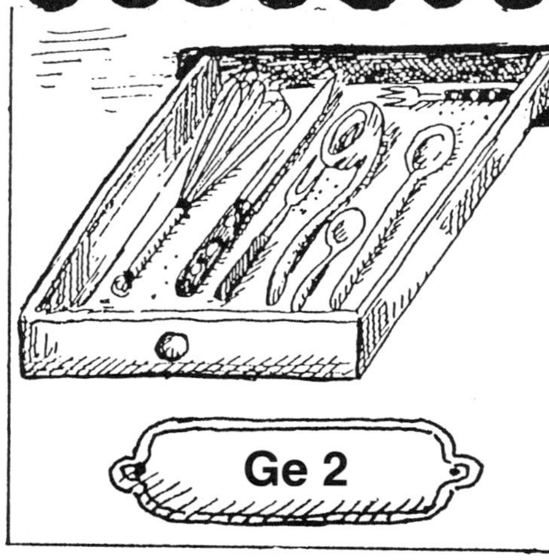

Du möchtest ein guter Aufsatzschreiber werden.
Du kannst lernen, wie man Geschichten erzählt.

Aus guten Geschichten kannst du lernen, wie du es machen kannst.
Aus langweiligen Geschichten kannst du lernen, wie du es nicht machen sollst.
Am meisten aber lernst du, wenn du eine gute und eine langweilige Geschichte miteinander vergleichst.

TIPS

- Lies zuerst beide Geschichten Menü Ge 2 aufmerksam durch.
- Überlege, welche dir besser gefällt. Du kannst sagen: „Die erste Geschichte gefällt dir besser!“ Gut! Frage dich aber auch:
  - Warum gefällt sie mir besser?
  - Welche Stellen gefallen mir besonders gut?
  - Warum gefällt mir die zweite nicht?
  - Warum ist die Geschichte langweilig?
- Mit einem Bleistift kannst du dir lebendige oder lustige oder besonders gute Stellen unterstreichen.
- Sammle gute Geschichten, welche dir gefallen und die besonders lebendig erzählt sind, und lies sie öfters durch.

Übung:

Lies die Geschichten von Menü Ge 2 genau und aufmerksam durch. Unterstreiche die Ausrufe und Ausrufesätze!

Erzählen: Ein Zwiegespräch **Ge 3**

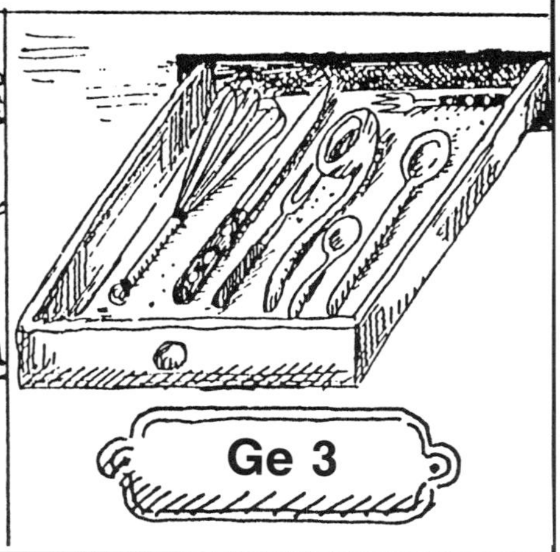

Erzählen: Eine Stelzengeschichte **Ge 3**

Gestaltungsaufgabe: Sätze zu Bildern zuordnen

Lernziele

Die Schüler sollen
- einen Dialog erfinden
- passende Sätze zu Bildern zuordnen
- erzählen, was zwischen den Bildern geschieht

Arbeit an der Geschichte

Die Schüler sollen
- eine Geschichte genau erzählen
- eine zusammenhängende Geschichte verfassen

Arbeit am Satz

Die Schüler sollen
- passende Redesätze auswählen
- verschiedene Satzarten gebrauchen

Arbeit am Wort

Die Schüler sollen
- treffende Zeitwörter aus dem Wortfeld „sagen" verwenden

Verlaufsskizze

1. Motivationsphase

1.1 Zwei Schüler spielen eine Pantomime vor: Einen Balken schleppen

1.2 Schüler versuchen zu erraten, was vorgespielt wurde oder was geschleppt wird: eine Leiter, einen Balken, eine Schlange

1.3 Zielangabe	L	Ich zeige dir eine lustige Bildergeschichte von einer Baustelle.

2. Mündliche Gestaltungsphase

2.1 Den Handlungszusammenhang erkennen und darstellen

stummer Impuls	L	deckt das erste Bild auf.
Fo – Bild 1	S	Meister und Lehrlinge schleppen einen Balken. Jetzt kommt eine Schwelle (Berg, ein Hügel, ein Abhang)
Redesätze	L	Der Lehrling ruft!
	S	Meister, langsamer! Der Balken ist so schwer.
Vermutungen	L	Was könnte geschehen?
	S	Lehrling stolpert, stürzt . . .
stummer Impuls	L	deckt das zweite Bild auf.
Bild 2	S	Lehrling hängt an der Stange. Er zappelt . . .
Redesätze	L	Der Lehrling ruft:

	S	Meister halt! Laß mich herunter! Hilfe!! Senke die Stange ein wenig!
Vermutungen	L	Wie könnte die Geschichte weitergehen?
	S	Der Lehrling fällt herunter. Der Balken erdrückt ihn.
stummer Impuls	L	deckt das dritte Bild auf.
Bild 3	S	Er trägt jetzt Stelzen.
Redesätze	L	Der Lehrling ruft wieder:
	S	Ätsch, ich habe Stelzen. Jetzt bin ich genauso groß wie du.
2.2 Zusammenfassung:	L	zeigt die drei Bilder. Erzähle eine zusammenhängende Geschichte.
	L	Wir versuchen, die kleine Geschichte zu spielen.

2.3 Gestaltungsaufgabe: Der Dialog
- Rezept 3 lesen und erklären.
- Ein Verkaufsgespräch erfinden und spielen.
  Sich mit dem Freund über eine interessante Fernsehsendung unterhalten.
- Dialoge zur Bildgeschichte Ge 3 erfinden und spielen.
- Menü 3 mit verteilten Rollen lesen und beurteilen.
  Welcher Dialog gefällt dir am besten? Warum?

3. Halbschriftliche Gestaltungsphase

3.1 Gestaltungsaufgabe: Erzählabsicht
Werkzeug Ge 3 – Verwende verschiedene Satzarten! Warum?

TIPS

(1) Verschiedene Sätze drücken verschiedene Erzählabsichten aus.
(2) Verschiedene Satzarten im Aufsatz machen die Geschichte abwechslungsreicher.
(3) Verschiedene Satzarten drücken einen anderen Sinn aus.

Beispiele: siehe Werkzeug 3
Der Balken drückte auf meine Schultern. (Lehrling erzählt daheim seinen Eltern.)
Der Balken drückt auf meine Schultern! (... ruft der Lehrling dem Meister zu, weil der Balken ihm Schmerzen bereitet).
Der Balken drückt auf deine Schultern? (... fragt der Meister verwundert seinen Lehrling.)

3.2 Gestaltungsübung mit Arbeitsblatt 1
Passende Sätze auswählen und zuordnen.

1. Bild:
Lehrling: Meister, ich komme nicht mit. (1)
Meister: Geh nicht so langsam! (2)
Lehrling: Der Balken drückt auf meine Schultern. (3)
Meister: Der Balken ist doch nicht schwer. (4)

2. Bild:
Lehrling: Hoppla, ich habe keinen Boden mehr unter den Füßen. (5)
Meister: *Was* ist los? (6) Lehrling: Ich muß mich festhalten! (7)
Meister: Hängst du dich vielleicht an den Balken? (8)

3. Bild:
Meister: Na also, jetzt geht es gleich besser! (9)
Lehrling: Sie dürfen jetzt schneller gehen. (10)

Meister: Wie ist das möglich! (11)
Lehrling: Mit meinen Stelzen bin ich groß und stark. (12).

3.3 Gestaltungsübung mit Arbeitsblatt 2

Einen Dialog mit passenden Redebegleitsätzen aufschreiben und treffende Zeitwörter für „sagen" verwenden.

4. Schriftliche Gestaltungsphase

4.1 Gestaltungsübungen

1. Möglichkeit:
Texte schreiben zwischen Bild 1 und 2, zwischen Bild 2 und 3 sowie einen Schluß nach dem 3. Bild.

2. Möglichkeit:
Zu jedem Bild einen Kurzdialog schreiben.

3. Möglichkeit:
Die Satz-Vorgaben von Ab 1 und 2 mit Redebegleitsätzen verwenden und eine zusammenhängende Geschichte (eine „Dialoggeschichte") schreiben.

4.2 Selbständige schriftliche Gestaltung
„Eine Badegeschichte"

Gestaltungsaufgabe AB 3	L	Schreibe eine zusammenhängende Badegeschichte. Der Leser will wissen, was die beiden Kinder Tim und Tine miteinander sprechen. Verschiedene Satzarten machen deine Geschichte abwechslungsreicher (eine „Dialoggeschichte"). Überlege zuerst, was die beiden auf den verschiedenen Plattformen miteinander sprechen! Wie ist ihnen zumute? Die Geschichte beginnt auf der obersten Plattform in 10 Meter Höhe.

5. Bewertungsvorschlag

Inhalt	*Punkte*		*Sprache*	*Punkte*		
1. Geschichte erfaßt	2		treffende/richtige Sätze	2		
2. Dialoge	2		verschiedene Satzarten	2		
3. Gefühle/Gedanken	2		Ausrufe/Ausrufesätze	2		
4. zusammenhängende Geschichte	2		Zeitwörter für „sagen"	2		
Inhalt:	8	+	*Sprache:*	8	=	16

Vorschlag für Bewertungsschlüssel

Note 1	16 – 15 Punkte	Note 4	8 – 6 Punkte
Note 2	14 – 12 Punkte	Note 5	5 – 3 Punkte
Note 3	11 – 9 Punkte	Note 6	2 – 0 Punkte

6. Schülerarbeiten zum Vorlesen und Vergleichen

6.1 Vergleichen und Überprüfen der Dialoge in Partnerarbeit mit Hilfe Werkzeug Ge 3

6.2 Vergleichen und Beurteilen vorgegebener Dialoge
mit Menü Ge 3
mit Werkzeug Ge 3

6.3 Vergleich der Badegeschichte mit dem Original

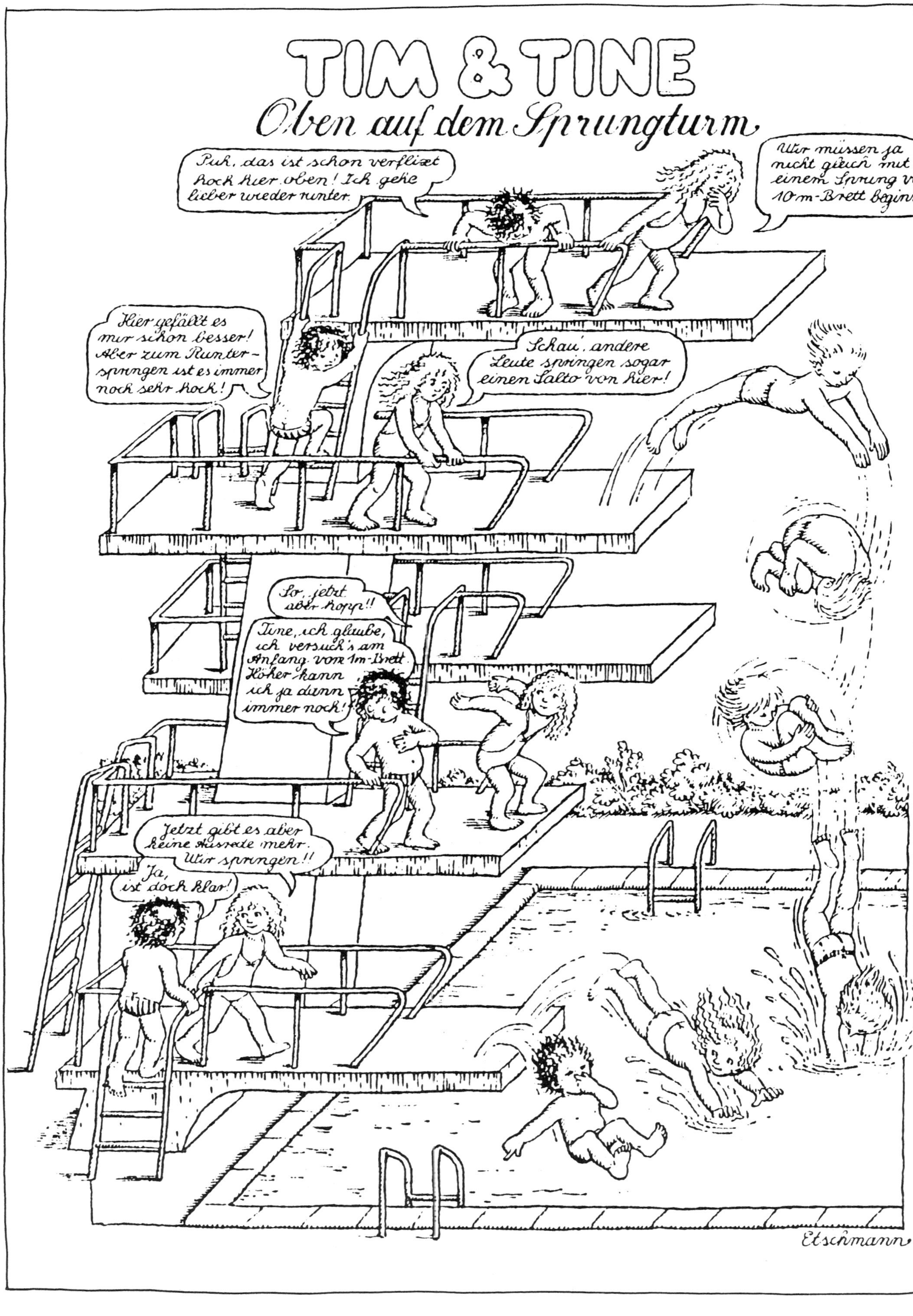
TIM & TINE
Oben auf dem Sprungturm
Puh, das ist schon verflixt hoch hier oben! Ich gehe lieber wieder runter.
Wir müssen ja nicht gleich mit einem Sprung vom 10-m-Brett beginnen.
Hier gefällt es mir schon besser! Aber zum Runterspringen ist es immer noch sehr hoch!
Schau, andere Leute springen sogar einen Salto von hier!
So, jetzt aber hopp!!
Tine, ich glaube, ich versuch's am Anfang vom 1m-Brett. Höher kann ich ja dann immer noch!
Jetzt gibt es aber keine Ausrede mehr. Wir springen!!
Ja, ist doch klar!
Etschmann

Erzählen: Ein Zwiegespräch **Ge 3**

Bildern passende Sätze zuordnen **AB 1**

Eine gute Idee

Welche Redesätze passen zu den Bildern? Wähle aus und kreuze an. Schreibe zu jedem Bild einen oder zwei Erzählsätze!

1. Bild:

Meister:
Der Balken ist doch nicht schwer. ( )
Geh nicht so langsam! ( )
Trage den Balken gleichmäßig! ( )

Lehrling:
Der Balken drückt auf meine Schulter. ( )
Bitte etwas langsamer! ( )
Ich komme nicht mit! ( )

2. Bild:

Meister:
Was ist denn los? ( )
Hängst du dich vielleicht an den Balken? ( )
Laß ihn ja nicht fallen! ( )

Lehrling:
Hoppla! Ich habe keinen Boden unter den Füßen mehr! ( )
Ich muß mich festhalten! ( )
Ich bin nicht so groß wie Sie! ( )

3. Bild

Meister:
Na also, jetzt geht es gleich besser! ( )
Wie ist das möglich? ( )
Du bist jetzt so groß wie ich. ( )

Lehrling:
Die Stelzen waren eine gute Idee! ( )
Jetzt bin ich groß und stark. ( )
Sie dürfen ruhig schneller gehen, Herr Meister! ( )

Erzählen: Eine Stelzengeschichte **Ge 3**

Arbeit am Wort: Das treffende Zeitwort **AB 2**

Der schwere Balken

1. Bild:

Der Lehrling sagt: He, Meister, der Balken ist zu schwer!
Der Meister sagt: Komm, du bist doch kein Würstchen!
Der Lehrling sagt: Können Sie etwas langsamer gehen?
Der Meister sagt: Beeile dich, gleich ist Feierabend!

2. Bild:

Der Lehrling schreit: Hilfe, ich hänge an der Stange!
Der Meister schimpft: Mach keinen Quatsch!
Der Lehrling jammert: Warum glauben Sie mir nicht? Da ist eine Grube!
Der Meister droht: Spiel bloß nicht den Kasper!

3. Bild:

Der Lehrling ...: He, Herr Meister, sind Sie jetzt zufrieden?
Der Meister ...: Was ist jetzt los? Was hast du gemacht?
Der Lehrling ...: Ich habe jetzt meine Stelzstiefel angezogen.
Der Meister ...: Bravo! Das hast du gut gemacht!

Aufgaben:

1. Vergleiche die drei Kurzdialoge mit den Redebegleitsätzen! Welche Redebegleitsätze sind genauer? Warum?
2. Wähle aus dem Wortfeld „sagen" treffende Zeitwörter für Bild 3 aus! reden – bitten – fragen – loben – prahlen – meinen – sich brüsten – sich erkundigen.
3. Schreibe einen Dialog mit passenden Redebegleitsätzen auf.

Erzählen: Eine Dialoggeschichte **Ge 3**

Gedanken und Gefühle schreiben **AB 3**

- Überlege, was Tim und Tine miteinander sprechen.
- Wie ist Tim zumute?

Ge 3

Dialoge vergleichen

Betrachte dazu die vorgegebenen Bilder

Julia schreibt:

1. Bild:

Lehrling: Nicht so schnell, Herr Meister!
Meister: Warum gehst du denn so langsam?
Lehrling: Die Stange ist so schwer.
Meister: Was du nicht sagst? So eine kleine Bohnenstange!

2. Bild:

Lehrling: Hilfe! Jetzt kommt eine Schwelle!
Meister: Komm, spiel nicht den Kasperl!
Lehrling: Meister, Meister! Könnten Sie diese verflixte Stange ein wenig festhalten?

3. Bild:

Lehrling: Juhu, jetzt geht es besser!
Meister: Nanu, was ist jetzt plötzlich los?
Lehrling: Ich habe mir Stelzen an die Beine gebunden!
Meister: Tolle Idee! Dann können wir ja noch schneller gehen!

Petra schreibt:

1. Bild:

Meister: Komm, Kleiner, du schläfst ja ein dahinten!
Lehrling: Ich kann nicht schneller.
Meister: Mann, mach doch etwas mehr Dampf!
Lehrling: Heben Sie doch die Stange etwas höher!

2. Bild:

Lehrling: Vorsicht! Herr Meister, jetzt kommt eine Grube!
Meister: Ach was! Weiter!
Lehrling: Hilfe, ich hänge in der Luft!
Meister: Mach keine Scherze!

3. Bild:

Lehrling: Hallo, Meister! Ätsch, jetzt bin ich genauso groß wie Sie!
Meister: Was ist los? Ich verstehe Bahnhof!
Lehrling: Bitte etwas schneller, Herr Obermeister!
Meister: Was hast du jetzt wieder angestellt?
Lehrling: Mit Siebenmeilenstiefeln geht alles besser!
Meister: Du bist doch ein Oberschlawiner!

Der Dialog

Verkaufsgespräch

Verkäufer: Was möchten Sie?
Kundin: Ich hätte gerne 1 Kilo Rindfleisch.
Verkäufer: Darf es etwas mehr sein?
Kundin: Ja, gerne.

Das ist ein kleiner **Dialog.** Der Verkäufer fragt. Die Kundin antwortet. Jeder von uns führt täglich Dialoge (Zwiegespräche), z. B., wenn du dich mit deinem Freund oder mit deinem Vater oder mit deinem Lehrer verständigen willst.

Die Kundin äußert ihre Wünsche in Frage und Antwort beim Kaufmann. In der Zoohandlung beantwortet der Fachmann die Fragen des Kunden nach der richtigen Pflege eines Goldhamsters.

Einen ausführlichen und längeren **Dialog** führst du mit deinem Freund, wenn du dich mit ihm z. B. über eine Fernsehsendung unterhältst. Bei einem solchen Gespräch stellst du **Fragen,** dein Freund antwortet und erzählt. Du drückst deine Verwunderung aus durch **Ausrufe,** z. B. „Toll! Unglaublich! Nein! Das gibt es doch gar nicht!“ Dein Freund antwortet wieder: „Ehrlich! Das war so!“

Aufgaben:

1. Erfinde ein lustiges Verkaufsgespräch.
   Du möchtest einen Füller verkaufen, der lauter gute Noten schreibt.
   Du möchtest eine Limoflasche verkaufen, die niemals leer wird.
2. Sprich mit einem Freund über ein spannendes Buch.

Die Satzarten

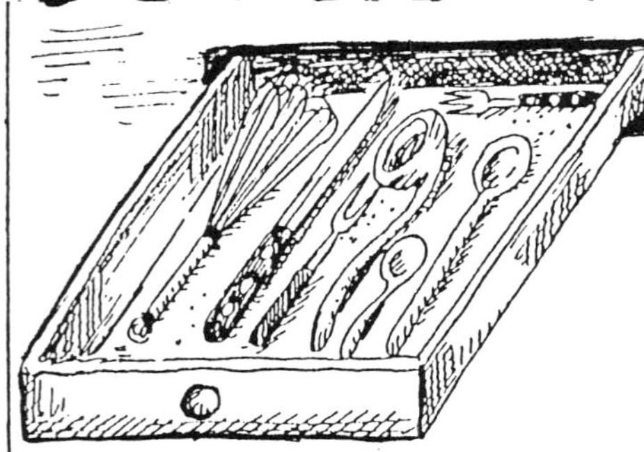

Ge 3

Mutter: Ach du liebe Zeit! Wo warst du denn schon wieder?
Peter: Ich war mit Uli im Wald!
Mutter: Hast du dich geschlagen?
Peter: Nein! Wir haben gespielt und sind auf die Bäume geklettert.
Mutter: Geh sofort ins Bad und wasche dich! Die schöne Hose!

Peter kommt vom Spielen heim. Mutter *ruft aus!*
Mutter *fragt.* Peter *erzählt.* Mutter *fordert* ihn *auf.*

Wenn wir miteinander sprechen oder erzählen, tun wir dies meist in einer ganz bestimmten **Absicht.**

- Wer etwas wissen will, verwendet einen **Fragesatz.**
- Wer etwas ausruft, verwendet einen **Ausrufesatz.**
- Wer etwas erzählt, verwendet einen **Erzählsatz.**
- Wer zu etwas auffordert, verwendet dazu einen **Aufforderungssatz.**

Diese Satzarten sind auch für deine Geschichte wichtige Werkzeuge, wenn du die Absichten der Personen in einer Geschichte darstellen willst.

TIPS

- Die Sätze deiner Geschichte müssen zu den Erzählabsichten und zu den Absichten der Personen passen.
- Verschiedene Satzarten beleben deine Geschichte und machen sie auch abwechslungsreicher.
- Untersuche folgende Sätze. Was sind es für Sätze? Was sagen sie aus?

Lehrling: Meister, der Balken drückt auf meine Schulter.
Lehrling: O je! Der Balken drückt auf meine Schulter!
Meister: He, du dahinten! Geh etwas schneller!
Meister: Warum gehst du nicht schneller?

Erzählen: Die Einleitung **Ge 4**

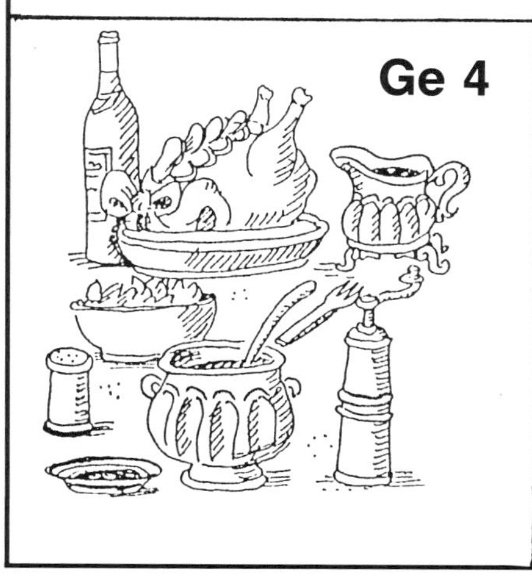

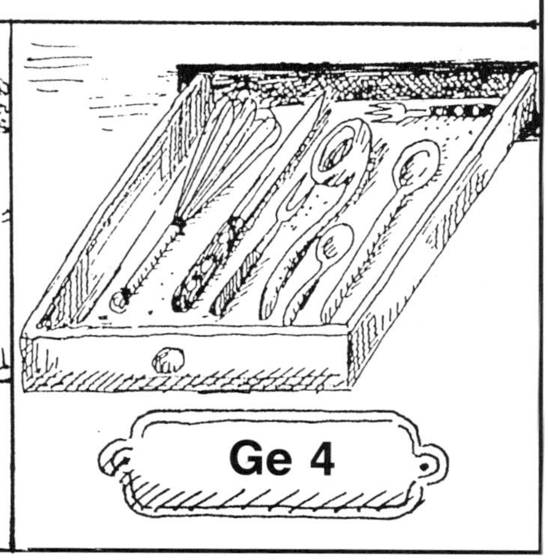

Erzählen: Eine Honigbrotgeschichte **Ge 4**

Gestaltungsaufgabe: Eine Einleitung finden

Lernziele

Die Schüler sollen
- mit Hilfe der Bilder eine zusammenhängende Geschichte erzählen
- den Anfang einer Geschichte lebendig gestalten
- die Einleitung interessant formulieren

Arbeit an der Geschichte

Die Schüler sollen
- Gedanken und Gefühle einbringen
- aus mehreren Einleitungsmöglichkeiten die passende herausfinden und begründen

Arbeit am Wort

Die Schüler sollen
- treffende Eigenschaftswörter verwenden
- treffende Zeitwörter für *kommen* finden
- die Ersatzprobe anwenden können

Arbeit am Satz

Die Schüler sollen
- Ausrufesätze verwenden

Verlaufsskizze

1. Motivationsphase

1.1 L oder S spielt eine Pantomime vor

Pantomime		ein Honigbrot schmieren, mit Genuß hineinbeißen, Wespe schwirrt herbei, ausweichen usf.
1.2 Schüler erraten, was vorgespielt wurde		
Eigenerlebnisse erzählen		
1.3 Zielangabe	L	Ich zeige dir eine ähnliche Bildgeschichte, die wir heute erzählen wollen.

2. Mündliche und halbschriftliche Gestaltungsphase

2.1 Bildanalyse

Stille Bildbetrachtung Spontane Äußerungen	L	Betrachte die Bilder sorgfältig. Mache dich mit dem Inhalt der Bildfolge vertraut.
	L	Das 1. Bild fehlt. Das ist der Anfang der Geschichte. Berate dich mit deinem Partner! Was geht der Geschichte voraus?
	S	Brot holen, abschneiden, Marmelade oder Honig daraufstreichen, hineinbeißen ...

Teilzusammenfassung	L	Du darfst jetzt deine Lösung in das Bild hineinmalen.
2.2 Die Einleitung		
Arbeitsblatt 1	L	Lies jetzt mit deinem Partner die Einleitungsmöglichkeiten auf dem Arbeitsblatt 1 genau durch. Für welche entscheidet ihr euch und warum?
	S	Nr. 3: lebendig, kurz, interessant, macht den Leser neugierig.
Arbeit mit Rezept Ge 4	Ergebnis:	
– Lesen – Aussprache	Der Anfang einer Geschichte soll den Leser für deine Geschichte neugierig machen. Beginne daher deine Geschichte möglichst mit einer wörtlichen Rede.	
Rezept Ge 4	L	Begründe, warum Einleitung 2 besser ist!

2.3 Eine zusammenhängende Geschichte erzählen und beurteilen

Arbeit mit Bildblatt	L	Versuche jetzt mit deinem Partner eine zusammenhängende Geschichte zu erzählen.
Erzählversuche Aufnahme mit Kassettenrekorder		
Anhören einiger Geschichten		
Besprechen eines Negativbeispiels	Ein Junge aß ein Marmeladenbrot zum Frühstück. Plötzlich kam eine Wespe angeflogen und setzte sich auf das Brot. Der Junge sagte: „Geh weg, du Biest!" und rannte davon. Nun holte er eine Kiste. Er nahm sein Marmeladenbrot und ging unter die Kiste. Da sagte er: „Jetzt habe ich endlich Ruhe vor dir, du Biest!" Nun aß er das Brot mit Vergnügen auf.	
Verbesserungsvorschläge	S	Alex muß die Bilder genauer erzählen. Er verwendet das Wort „sagen" öfters. Peter bringt keine Ausrufe! Die Einleitung ist langweilig.
Arbeit am Satz		
Bild 3	L	Wie ist dem Peter zumute?
	S	Er hat Angst, er ärgert sich, er ist wütend, er ist aufgeregt, er schlägt um sich, er rennt davon.
Bild 4	L	Betrachte sein Gesicht!
	S	Er ist mutig, schlau, listig
Bilder mit Sprechblasen	L	Diese Gefühle und Gedanken drücken wir oft durch einen Ausrufesatz und durch einen Redesatz aus.
Arbeitsblatt 2	L	Überlege jetzt, was Peter alles ausrufen und was er sich denken könnte!
	S	Bild 1: Mmmm, ist das ein leckeres Brot! Bild 2: Uiii! Nein! Eine Wespe. Hilfe! Bild 3: Warte! Jetzt habe ich eine Idee! Bild 4: Heee! Du Biest! Du kriegst mein Brot nicht! Bild 5: Hihi! Du Honigdieb! Wo bist du? Bild 6: Mmmm, das Brot war lecker! Hehe! Weg ist das Brot!
Teilzusammenfassung:		Merksatz: Gedanken und Gefühle drücken wir durch einen Ausrufesatz aus.

AB 2: Schriftliches Ausfüllen der Denk- und Sprechblasen.

2.4 Arbeit am Wort

Arbeit mit Werkzeug Ge 4

Negativbeispiel lesen und besprechen	Text:	Gabi schreibt in ihrer Geschichte: Da fliegt eine Wespe herbei. Die Wespe fliegt auf das Honigbrot.
Bildbetrachtung	L	Betrachte die Wespe auf den Bildern treffende Zeitwörter! Sie verhält sich auf jedem Bild anders.
	L	Suche für die Bewegungen der Wespe treffende Zeitwörter. Der Leser der Geschichte will das auch miterleben.
	S	Wespe: surrt herbei, stürzt sich auf das Brot, setzt sich, landet auf dem Brot, schwirrt um die Kiste herum, zieht davon. Peter: steht vergnügt da, erschrickt und fährt hoch, stürmt davon, eilt davon, stürzt darüber, schleppt herbei, versteckt sich, lugt hervor.

Überarbeitung der Negativsätze mit Ersatzprobe

Werkzeug Ge 4

Weitere Übungssätze.	(1)	Plötzlich kam eine Wespe angeflogen. (summt heran)
	(2)	Er haut sie weg. (jagt sie fort, scheucht sie fort)
	(3)	Die Wespe ist auf dem Brot. (sitzt)
	(4)	Sie will das Honigbrot. (naschen)
	(5)	Sie fliegt (schwirrt aufgeregt) um die Kiste herum.
	(6)	Die Wespe entfernt sich. (brummt davon)

3. Schriftliche Gestaltungsphase

3.1 Gestaltungsaufgaben

Rezept Ge 4	(1)	Die Einleitung soll den Leser neugierig machen. Beginne mit einer wörtlichen Rede.
Rezept Ge 2 Arbeitsblatt 2	(2)	Der Leser will auch die Gedanken und Gefühle der Personen in der Geschichte erfahren.

3.2 Selbständige schriftliche Gestaltung

	L	Schreibe jetzt mit Hilfe der Vorgaben eine zusammenhängende Geschichte. Arbeitsblätter 1 bis 3.

4. Bewertungsvorschlag

Inhalt	*Punkte*		*Sprache*	*Punkte*		
1. Gedanken/Gefühle	2		Ausrufesätze	2		
2. Einleitung	2		treffende/richtige Sätze	2		
3. zusammenhängende Geschichte erzählt	2		treffende Zeitwörter und Wiewörter	2		
Inhalt:	6	+	*Sprache:*	6	=	12

Vorschlag für Bewertungsschlüssel

Note 1	12 – 11 Punkte	Note 4	6 – 5 Punkte
Note 2	10 – 9 Punkte	Note 5	4 – 3 Punkte
Note 3	8 – 7 Punkte	Note 6	2 – 0 Punkte

5. Nacharbeit

5.1 Ein positives Beispiel bearbeiten

Menü Ge 4 mit Aufgaben

5.2 Geschichten lesen, hören und beurteilen

Text 1: Das Honigbrot unter der Kiste

Peter ißt ein Honigbrot. Da kommt eine Wespe angeflogen. Da läßt Peter das Brot fallen und rennt davon. Da sieht er eine Kiste und denkt: „Ha, du Honigräuber! Du kannst mich gar nicht ärgern." Er stülpt die Kiste über das Honigbrot und klettert geschwind darunter.
Gemütlich und ungestört verzehrt er sein Brot. Dann hebt er die Kiste wieder hoch und geht zufrieden davon.

Text 2: Die Wespe und das Marmeladenbrot

Ein Junge aß ein Marmeladenbrot zum Frühstück. Plötzlich kam eine Wespe angeflogen und setzte sich auf das Brot. Der Junge rannte weg und holte eine Kiste. Er nahm sein Marmeladenbrot und ging unter die Kiste. Da unten unter der Kiste hatte er Ruhe. Jetzt aß er das Brot mit Vergnügen auf.

Deine Geschichte soll eine Einleitung haben

(1) Peter hatte Hunger. Schnell eilte er in die Küche und schmierte sich ein Honigbrot. Als er fertig war, wollte er gerade kräftig hineinbeißen. Da...

(2) Peter kam vom Fußballplatz voll Hunger nach Hause. Schon an der Haustüre rief er: „Mutti, ich habe Hunger!" Mutti sagte: „Du, Peter, ich habe gerade keine Zeit. Ich muß noch deine Hemden bügeln. Mach dir selbst etwas!" Peter maulte. Widerwillig ging er in die Küche und schmierte sich ein Honigbrot. Da...

(3) Peter aß ein Marmeladebrot. Da...

(4) „Mmmm, das wird ein leckeres Brot!" dachte Peter, als er mit hungrigem Magen ein Honigbrot schmierte. Herzhaft biß er hinein. „Mmmm, das schmeckt!" Da...

(5) Peter schmierte sich ein Brot mit süßer Erdbeermarmelade. Da kam eine freche Biene. Sie wollte auch das Brot.

Aufgaben:

1. Lies die Einleitungsmöglichkeiten genau durch! Für welche entscheidest du dich? Warum?
2. Diese Wörter helfen dir. Setze die Ziffern von oben ein!

   ( ) zu lang und zu ausführlich

   ( ) lebendig, aber falsch

   ( ) lebendig und macht den Leser neugierig

   ( ) langweilig und zu kurz

   ( ) viel zu kurz

Die überlistete Wespe

Peter dachte:

Peter rief:

Peter dachte:

Peter rief:

Peter dachte:

Peter rief:

Aufgabe:

Suche für jedes Bild einen Ausrufesatz!

Gefühle und Gedanken drücken wir oft durch

Die Wespe und das Honigbrot

Suche zu jedem Bild treffende Tunwörter! Wähle passende Wörter aus!

Die Wespe kann herbeisurren, schwirren, sausen, sich stürzen, landen, sich setzen, naschen, herumschwirren, davonziehen, brummen, summen

Peter kann vergnügt dastehen, das Brot verzehren, erschrecken, hochfahren, herbeischleppen, sich verstecken, hervorlugen, davonrasen, einsperren

Wespe:

Peter:

Wespe:

Peter:

Wespe:

Peter:

Wespe:

Peter:

Wespe:

Peter:

Wespe:

Peter:

Ge 4

Die lästige Wespe und das Honigbrot

„Geh weg! Hau ab, du Biest! Wer hat dich gerufen?“ ruft Peter ärgerlich. Eben hat er sich in der Küche ein Honigbrot zubereitet. Schon summt durch das geöffnete Küchenfenster ein ungebetener Gast herein und möchte auch mitessen.
Peter versucht das lästige Tier wegzujagen. Vergeblich. Immer wieder schwirrt die Wespe herbei, um von dem süßen Brot zu naschen. „Das ist aber ein böses Tier!“ denkt Peter ärgerlich und schlägt wie wild um sich. Aber das Insekt läßt sich nicht abschütteln. Peter kriegt es mit der Angst zu tun, wirft das Brot fort und rennt davon. Auf einmal bleibt er stehen. „Ha, ich habe eine Idee! Warte, du kriegst mein süßes Honigbrot nicht!“ Flink holt er einen großen Karton aus dem Keller und schleicht sich in das Zimmer. „Schschschsch!“ zischt Peter und scheucht die hungrige Wespe von seinem Brot weg. Es gelingt ihm, sie wegzujagen. Geschwind stülpt der schlaue Junge seinen Karton über das Brot und setzt sich gleich selbst mit darunter. „Hehehehe!“ lacht Peter schadenfroh. „Jetzt kannst du von meinem Honigbrot nicht mehr naschen!“
Bähhh, macht er, streckt der schon wieder herbeisurrenden Wespe die Zunge heraus und läßt die Kiste wieder zufallen.

Aufgaben:

1. Lies die Geschichte zweimal durch!
   Wie gefällt sie dir! Begründe deine Meinung! Notiere!
2. Wie findest du die Einleitung? Begründe deine Meinung! Notiere!
3. Welche Textstellen gefallen dir besonders gut?
   Unterstreiche sie rot.
4. Suche Ausrufe und Ausrufesätze heraus!
   Unterstreiche sie blau! Schreibe die Sätze auf.
5. Schreibe die Zeitwörter für die Bewegungen der Wespe auf deinen Block!

Die Einleitung

Jede Geschichte hat einen Anfang, z. B.:
Es war einmal ... Eines Tages ...
Als ich heute früh zur Schule ging ...
Der Leser oder der Zuhörer einer Geschichte will nämlich gleich am Anfang wissen, wo und wann du die Geschichte erlebt hast. Er war ja nicht dabei.

Die Einleitung gibt also meistens eine Antwort auf die Schlüsselfragen: Wann? Wo? Wer? Natürlich mußt du nicht in jeder Einleitung eine Antwort auf alle Fragen geben können.

TIPS

- Der Anfang einer Geschichte soll den Leser für deine Geschichte **neugierig** machen.
- Die Einleitung muß deswegen
  – interessant und nicht zu lang sein.
- Der beste Trick ist, wenn du mit einer wörtlichen Rede beginnst. Sie führt nämlich mitten in das Geschehen hinein.

Vergleiche

Zwei mögliche Einleitungen zum gleichen Thema. Welche gefällt dir besser?

(1) Als Markus und Hans einmal beim Schwimmen im Freibad waren, schlossen sie eine Wette ab.

(2) „Wetten, Markus", sprach Hans in der Umkleidekabine im Freibad zu seinem Freund. „Heute springe ich vom 10-Meter-Turm herunter!"

Die Ersatzprobe

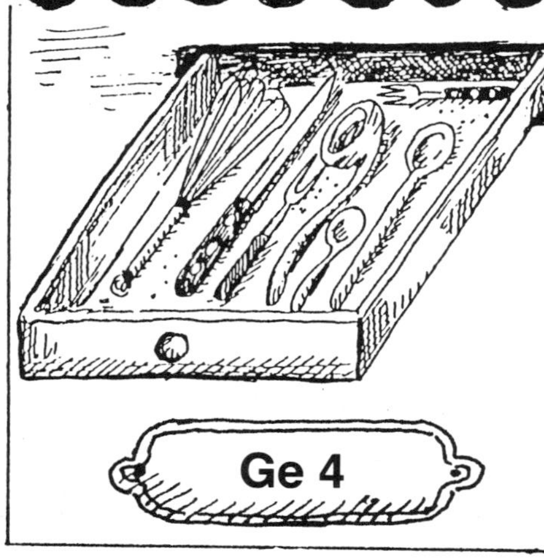

Gabi schreibt in ihrer Geschichte:

Peter ißt ein Honigbrot. Da **fliegt** eine Wespe herbei und **fliegt** auf sein Brot. Erschrocken läßt er das Brot fallen, und die Wespe **fliegt** auf das Honigbrot. Peter denkt: „Warte, du kriegst die süße Beute nicht!" Er holt eine Kiste, verscheucht das lästige Insekt, stülpt die Kiste über das Brot und klettert geschwind darunter. Da **fliegt** die Wespe verärgert hin und her. Peter freut sich.

Du merkst, die Wiederholung des Wortes **„fliegt"** stört in der Geschichte und klingt langweilig. Das Allerweltswort „fliegt" drückt die Flugbewegungen des Insekts **ungenau** aus.

TIPS

- Wörter, die immer wieder in den Sätzen vorkommen, können durch andere gleichbedeutende oder ähnliche Wörter aus einem Wortfeld **ersetzt** werden, z. B. „fliegen": surren, sich stürzen, landen, herumschwirren, brummen, summen.
- Mit Hilfe der Ersatzprobe kannst du Sätze selber überarbeiten und so verbessern, daß deine Geschichte genauer und lebendiger wird.
- Korrekturzeichen:

W A
so: *fliegt* oder so: *fliegt*

W bedeutet „Wiederholung", d. h.: Du wiederholst dieses Wort.

A bedeutet „Ausdruck", d. h.: Dieses Wort oder dieser Ausdruck ist unschön oder falsch.

Übung:

Ersetze in folgenden Sätzen das Wort „fliegen" durch passende Zeitwörter.

Da fliegt eine Wespe herbei und *fliegt* (W) auf das Brot.
Da fliegt eine Wespe herbei und ______ auf das Brot.

Die Wespe *fliegt* (W) auf das Honigbrot.
Die Wespe ______ auf das Honigbrot.

Da *fliegt* die Wespe verärgert und vergeblich hin und her.
Da ______ die Wespe verärgert hin und her.

Erzählen: Der Schluß **Ge 5**

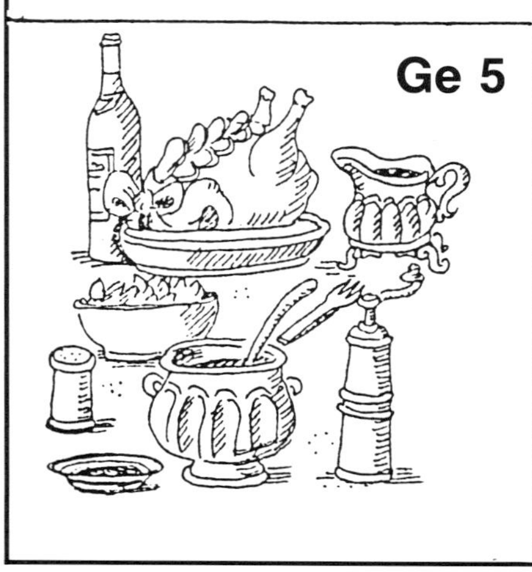

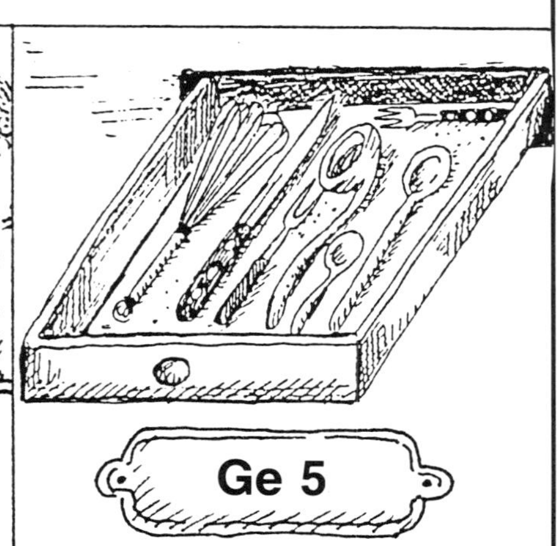

Erzählen: Eine Luftballongeschichte **Ge 5**

Gestaltungsaufgabe: Einen Erzählschluß finden

Lernziele

Die Schüler sollen
- einen Erzählschluß finden
- aus mehreren Möglichkeiten einen passenden Schluß auswählen

Arbeit an der Geschichte

Die Schüler sollen
- eine Geschichte genau und ausführlich erzählen, damit sich der Leser alles besser vorstellen kann
- Geschichten beurteilen
- Geschichten überarbeiten

Arbeit am Satz

Die Schüler sollen
- knappe Sätze erweitern
- Bilder und treffende Sätze einander zuordnen
- inhaltsreiche Sätze bauen

Arbeit am Wort

Die Schüler sollen
- treffende Eigenschaftswörter finden

Verlaufsskizze

1. Motivationsphase

1.1 Lehrer zeigt einen Luftballon und bläst ihn auf

spontane Aussprache

Eigenerlebnisse	L	Fällt dir ein kleines Erlebnis ein? Erzähle!

1.2 Zielangabe

mit Adressatenbezug	L	Ich zeige dir jetzt eine Bildergeschichte mit einem Luftballon. Wir schreiben dazu eine lustige Geschichte, die wir genau und ausführlich erzählen sollen, damit sich der Leser das Ereignis gut vorstellen kann.

2. Mündliche Gestaltungsphase

2.1 Detailerfassung

Bild 1	L	Das ist das erste Bild der Geschichte.
	S	Peter bläst einen Luftballon auf.
	L	Was er sich wohl denkt?
	S	Er denkt sich: Hoffentlich platzt er nicht.
Bild 2	L	Da kommt einer, der meint es offensichtlich gar nicht gut mit ihm.
	S	Uli, ein großer, starker Junge, will ihm den Ballon abnehmen. Er gibt ihn nicht her.
Bild 3	L	So geht die Geschichte weiter. Schau genau!
	S	Sie raufen, streiten. Peter wehrt sich. Ein Nachbar kommt dazu.
Vermutungen	L	Wie die Geschichte wohl weitergeht?
	S	Er nimmt die beiden auseinander; schlichtet den Streit ...
	S	Er kauft jedem einen Luftballon.
Bild 4	L	Herr Huber ist ein lustiger Mann. Schau!
	S	Er nimmt den Ballon und bläst ihn ganz groß auf.
	S	Dann platzt er. Er läßt ihn los ...
	S	Die Katze schaut zu.
Bild 5	L	zeigt wortlos das fünfte Bild
	S	Genau! Der Luftballon braust davon; saust durch die Luft; alle lachen; der Streit ist beendet.

2.2 Gesamtzusammenfassung

Schüler formulieren eine zusammenhängende Geschichte.

3. Halbschriftliche Gestaltungsphase

3.1 Gestaltungsaufgabe

Einen treffenden Schluß erfinden. Folie mit der ganzen Geschichte. Das sechste Bild fehlt.

	L	stummer Impuls
	S	Das letzte Bild fehlt. Wie geht die Geschichte aus?
Vermutungen	L	Wie könnte die Geschichte ausgehen?
	S	Die Jungen vertragen sich wieder. Der Ballon saust davon und bleibt irgendwo liegen.
	S	Die Katze packt den Ballon und saust damit davon.
Bild 6	L	Das ist der Schluß, den sich der Zeichner ausgedacht hat.
	S	Der Ballon landet auf dem Kopf der Katze.
	S	Alle lachen.

3.2 Schlußmöglichkeiten beurteilen

Menü Ge 5

Lösungen:	(4)	Der Leser erfährt, wie die Geschichte ausgeht. Lustig und lebendig.
	(2)	Lebendig, aber der Leser erfährt nicht, wie die Geschichte ausgeht.
	(1)	Richtig, aber langweilig und kurz.
	(3)	Lebendig, aber kurz und langweilig.

3.3 Rezept Ge 5 und Übung

3.4 Arbeit am Wort

Arbeitsblatt 1

L Der Leser soll sich die Geschichte gut vorstellen können. Bei einer Bildgeschichte läßt die Mimik (= Mienenspiel, Augensprache) die Gefühle der Personen erkennen oder wie ihnen zumute ist.

1. Bild: kräftig, stark, angestrengt, mühsam
2. Bild: erschrocken, neidisch, ängstlich
3. Bild: heftig, wütend
4. Bild: neugierig, verwundert, gespannt
6. Bild: lustig, heiter

3.5 Arbeit am Satz

Arbeitsblatt 2

L Eine lebendige Geschichte, in der auch die Gefühle und Gedanken der Personen erzählt werden, liest der Leser gerne.

1. Bild: Das wird ein lustiges Spiel.
2. Bild: Gib den Ballon her!
   D ... d ... der gehört doch mir!
3. Bild: Den Ballon kriegst du nie!
4. Bild: Jetzt platzt er gleich.
5. Bild: Papa, was machst du da?
6. Bild: Ui, schaut einmal! Die Katze hat einen Hut auf!

Arbeitsblatt 3

L Der Leser will ein Erlebnis oder ein Ereignis genau und ausführlich erfahren. Mit inhaltsreichen Sätzen, das sind Sätze mit mehreren Aussagen, kannst du dem Leser eine Geschichte genau erzählen.

(1) Eifrig bläst Peter seinen Luftballon auf.
(2) Der neidische Uli will ihm den Ballon wegnehmen.
(3) Der wütende Peter wehrt sich und schreit.
(4) Herr Huber erscheint, beruhigt die Streithähne und bläst den Ballon wieder auf.
(5) Plötzlich läßt er ihn los, und der Ballon zischt durch die Luft.
(6) Platsch, da landet der Ballon auf dem Kopf der Katze Tinka.

4. Schriftliche Gestaltungsphase

4.1 Gestaltungsaufgaben

Rezept Ge 5 — Der Schluß soll lebendig, aber nicht zu lang sein.

Rezept Ge 4 (Wiederholung) — Die Einleitung soll den Leser neugierig machen.

Rezept Ge 2 (Wiederholung und Vertiefung) — Der Leser will die Gedanken und Gefühle der Personen in der Geschichte erfahren.

4.2 Gestaltungsübung

Arbeitsblatt 4
Gemeinsame Beurteilung der Geschichte in Klassenarbeit
Selbständige Bearbeitung der 4. Aufgabe: Erfinde einen passenden Schluß.

4.3 Selbständige schriftliche Gestaltung

mit Arbeitsblatt 5: Die Theaterprobe
Gestaltungsaufgaben siehe 4.1

5. Bewertungsvorschlag

Inhalt	*Punkte*		*Sprache*	*Punkte*
1. Gedanken	2		verschiedenartige Sätze	2
2. Gefühle	2		inhaltsreiche Sätze	2
3. Einleitung	2		Wiewörter	2
4. (eigener) Schluß	2		Zeitwörter	2
Inhalt:	8	+	*Sprache:*	8

Vorschlag für Bewertungsschlüssel

Note 1	16 – 15 Punkte	Note 4	8 – 6 Punkte
Note 2	14 – 12 Punkte	Note 5	5 – 3 Punkte
Note 3	11 – 9 Punkte	Note 6	2 – 0 Punkte

6. Überarbeitung

6.1 Vergleichen und Überprüfen der eigenen Geschichte in Partnerarbeit
mit Hilfe Werkzeug Ge 5 – Tips

6.2 Überarbeitung der vorgegebenen Geschichte
Werkzeug Ge 5

6.3 Vorlesen und Beurteilen von Schülerarbeiten

Text 1: Der Luftballon

Peter bläst einen Luftballon auf. Sein Freund Rudi packt ihn an den Armen. Peter erschrickt und läßt dabei den Luftballon los. Er zischt durch das ganze Zimmer. Jetzt wird Peter wütend und greift Rudi an. Da kommt Herr Strauß ins Zimmer. Er spricht: „Was ist denn hier los?" Die beiden Buben antworten: „Eh, nichts, gar nichts!" Da sagt Herr Strauß: „Das glaube ich euch nicht!" Schließlich erzählt Rudi, was passiert ist. Dann nimmt Herr Strauß den Luftballon und bläst ihn wieder auf. Dann läßt er ihn los. Gerade als die Katze des Hausmeisters durch die offene Türe hereinspaziert, landet der Luftballon auf ihrem Kopf. Alle lachen.

Text 2: *Der große Luftballon*

Peter bläst einen großen Luftballon auf. Da kommt Uli und hält Peter fest. Und will ihm den Ballon wegnehmen. Die beiden streiten. Da kommt Herr Sturm und sagt: „Ich blase euch den Luftballon wieder auf." Danach läßt er ihn sausen. Der Ballon fliegt auf die Katze. Alle lachen.

Erzählen: Einen Schluß erfinden — Ge 5

Arbeit am Wort — AB 1

Eine Luftballongeschichte

Aufgaben:

1. Betrachte die Bilder genauer. Diesmal sollst du dein Augenmerk besonders auf die **Mimik** der dargestellten Personen richten. An der Mimik kannst du ablesen, wie den Personen zumute ist und was sie denken.

2. Suche für jedes Bild aus den vorgegebenen Eigenschaftswörtern zwei passende aus und schreibe sie darunter.

   ängstlich – überrascht – verblüfft – wütend – erschrocken – heftig – verwundert – traurig – heiter – lustig – kräftig – stark – neugierig – zufrieden – zornig – erstaunt – angestrengt – mühsam – boshaft – falsch – neidisch – gespannt.

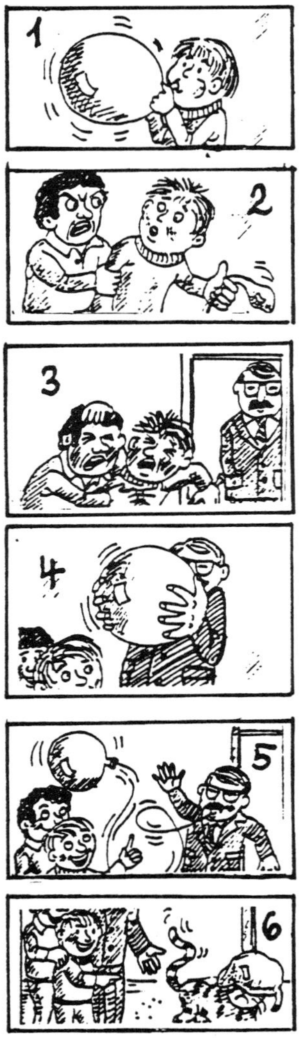

Eine Luftballongeschichte

○ Uwe riß den kleinen Peter grob zu Boden. Peter packte seinen Gegner an den Haaren und schrie zornig:

○ Der Ballon zischte durch die Luft. Peter rief fröhlich:

○ Der starke Uwe packte ihn und zischte boshaft:

Uwe stotterte erschrocken:

○ Der Ballon landete auf dem Kopf der Katze. Die beiden Jungen lachten und Peter meinte:

○ Der kleine Peter blies mühsam einen Luftballon auf und dachte dabei:

○ Herr Sturm blies den Ballon kräftig auf. Die Katze schlich herbei und schaute neugierig zu. Peter dachte:

„Das wird ein lustiges Spiel."
„Gib den Luftballon her!"
„Jetzt platzt er gleich!"
„Ui, schaut! Die Katze hat einen Hut auf!"
„D... d... der gehört doch mir!"
„Den Ballon kriegst du nie!"
„Papa, was machst du?"
„Dich mache ich nieder!"

Aufgaben:

1. Schau genau! Du stellst fest: Bilder und Sätze passen nicht zueinander. Ordne die Sätze den Bildern richtig zu!
2. Versuche herauszufinden, was die Personen auf den Bildern sich gedacht oder gerufen haben!
3. Wähle aus den vorgegebenen Sätzen passende aus!

Eine Luftballongeschichte

(1) Peter bläst seinen Luftballon auf. (2) Uli will den Ballon haben. (3) Es gibt Krach. (4) Vater bläst ihn wieder auf. (5) Er läßt die Luft heraus. (6) Der Ballon landet auf der Katze Tinka.

Aufgaben:

1. Lies die Geschichte genau durch. Wie findest du sie? Begründe deine Meinung.
2. Die Geschichte muß genauer und ausführlicher erzählt werden, damit sich der Leser alles besser vorstellen kann.
3. Baue inhaltsreiche Sätze. Die Angaben in Klammern helfen dir dabei.

****

(1) Peter bläst seinen Luftballon auf. (eifrig)

(2) Uli will den Ballon haben. (neidisch, wegnehmen, ihm)

(3) Es gibt Krach. (Peter, wütend, sich wehren, schreien)

(4) Herr Huber bläst ihn wieder auf. (erscheint, beruhigen, die Streithähne)

(5) Er läßt ihn einfach los. (plötzlich, zischen, Ballon, Luft)

(6) Der Ballon landet auf der Katze Tinka. (platsch, auf dem Kopf)

Erzählen: Einen Schluß erfinden — Ge 5

Gestaltungsübung: Erlebnis mit einem Freund — AB 4

Reingefallen!

„Juhu, wir fahren an den Bach zum Schiffchenschwimmen!“ rief ich, als ich von der Schule heimkam.
Vati brachte mich und meinen Freund Uli mit dem Auto an den Bach. Sofort fingen wir mit der Arbeit an. Zuerst entfernten wir die Äste aus dem Bach und bauten kleine Häfen für unsere Schiffe. „So, jetzt bauen wir einen Damm!“ schlug Uli vor. Sofort schleppte er mächtige Steine und Äste herbei. „Verdammt, da steckt ein dicker Prügel im Sand!“ schimpfte Uli. Schwitzend und keuchend zerrte er an dem Ast, der tief im Sand steckte. Plötzlich gab der Ast nach und Uli, der mit dem Rücken zum Bach stand, stürzte mit dem Hinterteil ins Wasser. Erschrocken schrie ich auf: „Um Gottes willen! Vater! Uli ist in den Bach gefallen!“ Mein Vater stürmte aufgeregt herbei. Aber mein Freund hatte sich bereits ans Ufer herangearbeitet, und wir halfen ihm aus dem Wasser. Mein Vater fragte ihn besorgt: „Hast du dir weh getan? Was ist denn passiert?“ Schlotternd und zitternd berichtete Uli von dem blöden Ast.

Aufgaben:

1. Lies die Erlebnisgeschichte genau durch. Was gefällt dir? Was nicht?
2. Ist die Geschichte so erzählt, daß du sie miterleben kannst? Wenn ja, warum?
3. Welche Stellen gefallen dir gut? Welche Stelle kannst du dir besonders gut vorstellen?
4. Du hast schon gemerkt: Der Schluß fehlt. Erfinde einen passenden Schluß!

Erzählen: Eine lustige Geschichte **Ge 5**

Gestaltungsübung – Probeaufsatz **AB 5**

Die Theaterprobe

Peter schimpft: „Ich mag nicht mehr in der Schulspielgruppe mitspielen. Und schon gar nicht mehr bei dieser ewigen Proberei!"
„Das verstehe ich nicht", meint die Mutter. „Schulspiel ist doch eine feine Sache!"
„Aber nicht, wenn sie Dornröschen spielen, und ich den Küchenjungen machen muß, der immer vom dicken Koch eine Ohrfeige kriegt."

Aufgaben:

Aus einem Witz läßt sich eine lustige Geschichte erzählen. Versuche es mit dem Witz oben. Die Bilder mit den Sprechblasen helfen dir.

Olivia schreibt:

Die lästigen Schulspielproben

Eines Tages kam Peter schlechtgelaunt von der Schule heim. Mutter schüttelte verwundert den Kopf: „Was war denn heute los?" Peter maulte: „Ich gehe nicht mehr in das blöde Schulspiel. Diese ewige blöde Proberei habe ich jetzt endgültig satt! Ich mag nicht mehr. Ich bin doch nicht doof." Mutter wunderte sich noch mehr: „Aber, Peter, was ist denn jetzt los? Du bist doch immer gerne in das Schulspiel gegangen." Da fing Peter zu heulen an: „Aber jetzt nicht mehr, wenn sie Dornröschen spielen!" Die Mutter versuchte ihren heulenden Sohn zu beruhigen: „Dornröschen ist doch ein feines Spiel!" Da schrie Peter zornig: „Gar nicht! Weil ich den Küchenjungen machen muß, der immer vom dicken Koch eine Ohrfeige kriegt!" Da lachte Mutter und rief: „Aber Peter. Das ist doch gut, dann haben die Zuschauer wenigstens etwas zum Lachen!"

Ge 5

Die lustige Luftballonreise

Mutter hat Peter vom Supermarkt einen Luftballon mitgebracht. „Juhu, ich habe einen Luftballon", ruft er und springt auf die Straße hinaus. Dort bläst er ihn auf. Auf einmal packt ihn einer von hinten an den Armen und ruft: „Her mit dem Luftballon!" Erschreckt läßt Peter den Ballon los, und die Luft entweicht. „Her, mit dem Ballon!" schreit der andere. „Nein", schreit Peter, „den kriegst du nicht. Der gehört mir!" Der andere packt ihn am Pulli. Peter zieht seinen Gegner am Haar. Wild stoßen und treten sie sich. Auf einmal kommt Herr Strauß aus dem Haus und ruft: „Ja, was ist denn hier los!" Dann hebt er den Luftballon auf und bläst ihn auf. Die beiden Kämpfer hören zu raufen auf und schauen zu, wie Herr Strauß den Ballon immer stärker aufbläst. Die Katze schaut zu. „Gleich platzt er!" schreit Peter. Plötzlich läßt Herr Strauß die Kugel los. Zischend saust der Ballon durch die Luft und ...

Wie geht die Geschichte aus? Suche aus den folgenden Schlußmöglichkeiten eine passende aus. Begründe deine Wahl.

(1) Gerade als die Katze des Hausmeisters durch die offene Tür hereinspaziert, landet der Luftballon auf ihrem Kopf.

(2) Wuschsch, da saust der Ballon durch die Luft und bleibt auf dem Tisch liegen.

(3) landet auf dem Kopf der Katze Katinka. Erschrocken läuft sie davon. Alle lachen.

(4) Da landet der Ballon auf dem Kopf der Katze. Erschrocken springt sie davon und schüttelt ärgerlich das lästige Ding ab. „Vati, das war jetzt ein lustiger Einfall von dir!" meint Peter lachend.

Aufgaben:

1. Lies die vorgeschlagenen Schlußmöglichkeiten oben genau durch. Für welche entscheidest du dich? Warum?
2. Folgende Sätze helfen dir. Setze die Ziffern von oben ein!
   ( ) Der Leser erfährt, wie die Geschichte ausgeht. Lustig und lebendig
   ( ) Lebendig, aber der Leser erfährt nicht, wie die Geschichte ausgeht.
   ( ) Richtig, aber langweilig und kurz.
   ( ) Lebendig, aber kurz und langweilig.

Der Schluß

„Und wenn sie nicht gestorben sind, dann leben sie noch heute." – So enden viele Märchen.
Jede Geschichte hat einen Schluß oder einen Schlußsatz. Er soll die Geschichte abrunden.

Der Leser möchte wissen, wie die Geschichte ausgegangen ist. Er möchte wissen, wie der Hauptperson zumute ist. Er möchte auch erfahren, wie der Schreiber über die Person denkt. Der Schluß läßt die Geschichte ausklingen oder bringt manchmal auch eine kleine Überraschung für den Leser und regt zum Nachdenken an.

TIPS

- Der Schluß soll nicht lang und langweilig, sondern lebendig sein.
- Am Ende wird eine Geschichte mit einem Schlußsatz noch abgerundet. Der Schreiber soll nicht einfach abbrechen.
  Beispiele: Dann ging ich heim.
  Als der Gong ertönte, stellten wir uns auf.
  Ich war froh, als die schreckliche Fahrt zu Ende war.
  Im Stillen dachte ich mir: Das war vielleicht ein aufregender Tag.
- Der Schluß kann aber auch aus einigen wenigen Sätzen bestehen.
  Beispiel:
  Oma wollte ja nur zuschauen beim Drachensteigen. Dabei hatte sie mir meinen Drachen gerettet. „Danke, Oma! Das hast du toll gemacht!"
- Das ist jetzt mein eigener Schluß für die „Luftballongeschichte":

Zwei Geschichten vergleichen

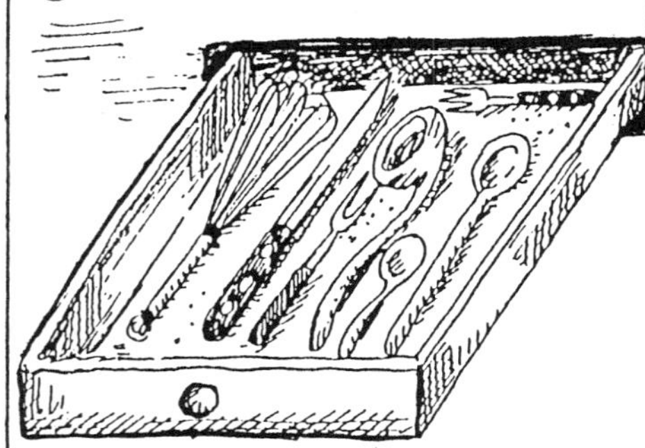

Ge 5

Du möchtest wissen, wie du gute Geschichten schreiben kannst. Durch das Vergleichen von guten und weniger guten Beispielen kannst du herausfinden, welche Mittel und Zutaten du für eine gute Geschichte verwenden mußt.

TIPS

- Lies deine Geschichte zweimal halblaut und genau durch. Du kannst sie auch deinem Partner vorlesen.
  Überlege anschließend: Was gefällt dir an den beiden Geschichten? Was gefällt dir nicht? Versuche auch deine Meinung zu begründen.
- Schau dir nun beide Geschichten an. Was fällt dir an den Überschriften auf. (vergleiche Rezept Ge 4)
- Der Anfang einer Geschichte soll den Leser neugierig machen. (siehe Rezept Ge 4) Vergleiche und prüfe!
- Suche Gedanken und Gefühle heraus und unterstreiche sie. (Rezept Ge 2)
- Verschiedene Satzarten und inhaltsreiche Sätze beleben eine Geschichte (siehe Rezept Ge 3 und AB 4)
- Schreibe treffende Zeit- und Wiewörter heraus.
- Wie werden die beiden Geschichten beendet?

Text 1: *Der fliegende Luftballon*

Peter bläst seinen Riesenballon auf. Da kommt Uli. Da gibt es Krach, denn Uli und Peter wollen den Ballon aufblasen. Da kommt der Vater. Er bläst ihn auf. Er läßt die Luft heraus, und er landet auf dem Kopf der Katze Katinka. Die Katze läuft davon. Uli muß lachen.

Text 2: *Wenn zwei sich streiten, freut sich der dritte*

Mutter schenkt Peter einen Luftballon. „Juhu, ich habe einen Luftballon", ruft er und läuft auf die Straße. Dort bläst er ihn auf.

Auf einmal packt ihn einer am Arm, schüttelt ihn und schreit: „Her mit dem Ballon. Der gehört jetzt mir!" Peter erschrickt und läßt den Ballon los, so daß die Luft entweicht. Der arme Bub denkt: „Haha, du kriegst meinen Luftballon nicht." Da reißt ihn der Bösewicht am Pullover hin und her. Peter läßt sich das nicht gefallen und zieht ihn wütend am Haar. Da kommt Herr Huber aus dem Haus heraus und ruft: „Ja, was ist denn da los? Hört ihr auf zu raufen!" Peter schreit zornig: „Der Luftballon gehört mir!" Herr Huber nimmt ihm den Ballon aus der Hand und sagt lachend: „So und jetzt gehört er mir" und bläst ihn zu einer großen Kugel auf. Verblüfft hören die beiden auf zu raufen und schauen Herrn Huber neugierig zu. Plötzlich gleitet ihm der Ballon aus der Hand. Zischend saust das Ding durch die Luft und landet auf dem Kopf der Katze. Erschrocken läuft sie davon. Alle lachen.

Erzählen: Die ausführliche Geschichte **Ge 6**

Eines Tages trifft bei Michaels Eltern ein Telegramm von Onkel Martin ein.

Telegramm Art ______ **Deutsche Bundespost** Verzögerungsvermerke

Bezeichnung der Aufgabe-TSt: aus Frankfurt | Aufgabe-Nr.: 125 | Wortzahl | Aufgabetag: 11. 3. 93 | Uhrzeit: 16[30]

Datum: 11.3. Uhrzeit: 16[40]
Empfangen
Platz: 4 Namenszeichen: Holz
Empfangen von

Die stark umrahmten Teile sind vom Absender auszufüllen.
Via/Leitweg | Gebührenpflichtige Dienstvermerke
Name des Empfängers: Michael Franke
Straße, Hausnummer usw.: Fichtenweg 12
Bestimmungsort-Bestimmungs-TSt: 8900 Augsburg

Datum: 11.3. Uhrzeit: 16[35]
Gesendet
Platz: 16 Namenszeichen: [illegible]
Leitvermerk

Haus abgebrochen
Schatz gefunden
Onkel Martin

Wortgebühren ____ DM ____ Pf | ____ Wörter geändert ____
Sonstige Gebühren ____ DM ____ Pf | ____ Wörter gestrichen ____
Zusammen ____ DM ____ Pf | ____ Wörter hinzugesetzt ____
Angenommen ____ | Auf ungenügende Anschrift/Dienstschluß hingewiesen ____

Absender (Name und Anschrift, ggf. Ortsnetzkennzahl und Fernsprechrufnummer, diese Angaben werden nicht mittelegrafiert)

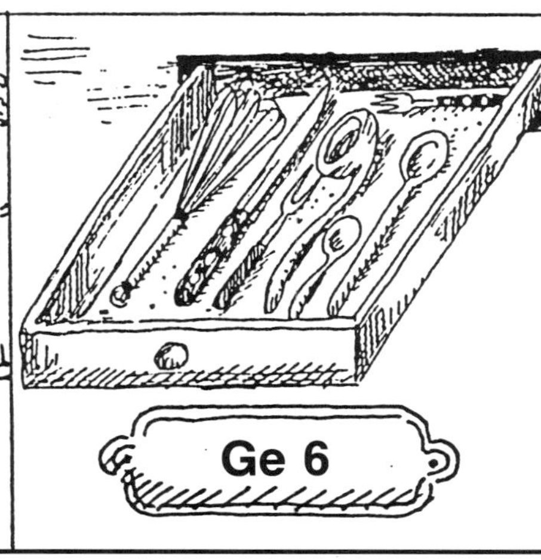

Erzählen: Ein Erlebnis	**Ge 6**
Gestaltungsaufgabe: Ausführlich erzählen	

Lernziele

Die Schüler sollen
- ein Erlebnis ausführlich erzählen
- so genau und ausführlich erzählen, daß der Leser keine Fragen mehr hat
- Unwichtiges von Wichtigem unterscheiden
- das Hauptgeschehen einer Erzählung genau und ausführlich ausbauen

Arbeit an der Geschichte

Die Schüler sollen
- einen knappen Text und eine Erzählgeschichte vergleichen – Erzähltexte vergleichen
- Stichwortgeschichten ausführlicher erzählen

Arbeit am Satz

Die Schüler sollen
- Fragesätze aufschreiben
- Sätze erweitern

Arbeit am Wort

Die Schüler sollen
- treffende Zeitwörter verwenden
- die Ersatzprobe anwenden

Verlaufsskizze

1. Motivationsphase

1.1 Folie: Schatzkiste
Vermutungen

1.2 Folie: Telegramm
Eines Tages trifft bei Michaels Eltern ein Telegramm von Onkel Martin ein.

	L	„Haus abgebrochen. Schatz gefunden. Onkel Martin.“
	S	In dem Telegramm steht nur das Allerwichtigste. Jedes Wort kostet Geld. Das sind nur wichtige *Stichwörter.*
	L	Michael fährt mit seinem Vater sofort zu Onkel Martin. Dort stellt er seinem Onkel viele Fragen, weil er alles ganz genau wissen will.
	S	. . .
	L	Schreibt einige Fragen dazu auf!
	S	Was für ein Haus? Wo wurde es abgebrochen. Wie hat er den Schatz gefunden?
1.3 Zielangabe	L	Wir wollen heute kurze Geschichten ausführlicher und genauer erzählen.

2. Mündliche Gestaltungsphase

2.1 Textvergleich

Telegrammgeschichte – Erzählgeschichte Menü Ge 6	L	Onkel Martin erzählt seine Schatzgräbergeschichte. Text 1: Telegrammgeschichte Haus abgebrochen. Schatz gefunden. Onkel Martin. Text 2: Erzählgeschichte Das Geheimnis des Gartenhauses (siehe S. 83)
	L	Vergleicht!
	TA	

Telegrammgeschichte	Erzählgeschichte
Kurztext	ausführlich
Stichwörter	verschiedene Sätze
ungenau	wichtige Einzelheiten

2.2 Textbetrachtung

Arbeitsblatt 1 Geschichten aus der Erzählstunde	L	In der Schule erzählen Kinder oft Geschichten. Welche gefallen dir besser, längere Erzählgeschichten oder kurze stichwortartige Telegrammgeschichten?
	S	Lange, ausführliche Geschichten sind mir lieber.
Menü Ge 6	L	Untersuche diese beiden Geschichten! Welche ist eine Telegrammgeschichte, welche eine Erzählgeschichte? Begründe deine Meinung.
	S	*Text 1:* Telegrammgeschichte – kurz – nur das Wichtigste – keine Einzelheiten – ungenau *Text 2:* Erzählgeschichte – lang – wichtige Einzelheiten – verschiedene Satzarten – ausführlicher – genauer.
Erkenntnis:	Merke:	
	(1)	Eine Telegrammgeschichte ist ein Kurztext in Stichworten.
	(2)	Dieser Kurztext informiert den Leser nur über das Wichtigste.
	(3)	Eine Erzählgeschichte ist ein ausführlicher Text.
	(4)	Eine solche Geschichte erzählt dem Leser alles genau mit wichtigen Einzelheiten, so daß der Leser keine Fragen mehr hat.
Sicherung mit AB 1		

3. Halbschriftliche Gestaltungsphase

3.1 Gestaltungsaufgabe

Rezept Ge 6: Ausführlicher erzählen Folie/Vorlesen Arbeitsblatt 2	L	Peter erzählt ein Erlebnis: Warum ich einmal zu spät kam. Einmal sah ich auf dem Schulweg, wie zwei Spatzen stritten. Auf einmal stolperte ich und stürzte. O weh! Mein Knie. Meine Hose! Da lief ich noch einmal heim und ließ mich von meiner Mutti verbinden. Dann kam ich zu spät.
Spontanäußerungen	S	kurz, ungenau ...
	L	Der Lehrer hat unter den Aufsatz geschrieben: Eine nette Idee, aber du mußt ausführlicher erzählen.

Erklärung	L	Was heißt ausführlicher erzählen?
	S	genauer erzählen, wie alles war, wichtige Einzelheiten und so genau, daß der Leser keine Fragen mehr hat
Fragen aufschreiben AB 2	L	Schreibt einige Fragen auf!
	S	Warum haben die Spatzen gestritten? Warum ist Peter gestolpert? Wie hat er sich verletzt? Was hat er sich gedacht? Was hat er gefühlt? Hat er sich geärgert? Was hat der Lehrer gesagt? Was war mit der Hose?

Beantwortung der Fragen im Klassengespräch

3.2 Zusammenfassung
siehe Rezept Ge 6

3.3 Übung	L	Erzähle Peters Geschichte noch einmal, aber ausführlicher und genauer.

4. Schriftliche Gestaltungsphase

4.1 Wiederholung der Gestaltungsaufgabe
siehe Rezept Ge 6

4.2 Gestaltungsübung: Arbeit am Satz
siehe Werkzeug Ge 6

Beispielsätze	L	Peter schreibt. Einmal sah ich auf dem Schulweg zwei Spatzen. Sie stritten. Ich stolperte. Mutter verband mich.
Meinungen der Schüler.	S	kurze Sätze, ungenau, unklar
	L	Man kann unklare Einzelsätze zu inhaltsreichen Sätzen erweitern.
Tafel oder Folie Werkzeug Ge 6		Peter berichtet. Mutter fragt. „Ich gehe." „Wohin?" „Ich gehe ins Schwimmbad." „Wann?" „Ich gehe in einer Stunde ins Schwimmbad." „Mit wem?" „Ich gehe in einer Stunde mit Hans ins Schwimmbad."
	L	Wie kann man kurze Einzelsätze erweitern?
	S	Ich kann weitere Satzglieder einbauen.
Erkenntnis: Werkzeug Ge 6	(1)	In einer Erzählgeschichte verwende ich inhaltsreiche Sätze.
	(2)	Inhaltsreiche Sätze machen eine Geschichte ausführlich.
	(3)	Mit der Erweiterungsprobe kann ich Einzelsätze überprüfen.

4.3 Gestaltungsübung

Erweiterungsprobe Werkzeug Ge 6		*1. Übung:* Beispielsätze Sie stritten .... um einen Wurm.

	Ich stolperte ... über einen Stein.
	Mutter verband ... meine Wunde.
	2. Übung:
	Kofferpacken: Sprechspiel
Schüler 1	Ich fahre in den Urlaub und packe Wäsche ein.
Schüler 2	Ich fahre in den Urlaub, packe Wäsche und mein Badezeug ein.
Schüler 3	Ich fahre in den Urlaub, packe Wäsche, Badezeug und Bücher ein.

4.4 Selbständige schriftliche Gestaltung

1. Möglichkeit: Fragen aufschreiben
Uli erzählt: Zu spät gekommen
Einmal war ich auf dem Weg in die Schule, als ich im Park ein Eichhörnchen sah. Es war so lustig. Es hat sich füttern lassen. Dann bin ich zu spät gekommen.

Aufgabe: Schreibe zuerst einige Fragen an Uli auf.
Schreibe dann eine ausführliche Geschichte auf.

2. Möglichkeit: Eine Tiergeschichte
Einmal bin ich zum Eidechsenfangen gegangen. Weil die Sonne verschwunden ist, haben sich die Eidechsen verkrochen. Da habe ich Blindschleichen gesucht. Einmal wälzte ich einen großen Stein um, da saß eine Schlange darunter. Da bin ich erschrocken.

Aufgabe: Erzähle diese Telegrammgeschichte als ausführliche Erzählgeschichte.
● Darf man Eidechsen fangen? Was sagst du dazu?

3. Möglichkeit: Eine Einkaufsgeschichte
Tomaten gekauft – ins Netz gepackt – Netz zerrissen

Aufgabe: Erzähle die Stichwortgeschichte als ausführliche Erzählgeschichte.

5. Bewertungsvorschlag

Inhalt	*Punkte*		*Sprache*	*Punkte*	
1. ausführlich	2		1. inhaltsreiche Sätze	2	
2. Hauptgeschehen genau	2		2. Satzarten	2	
3. Einleitung	2		3. treffende Zeitwörter	2	
4. Schluß	2		4. Ausrufesätze	2	
Inhalt:	8	+	*Sprache:*	8	= 16

Vorschlag für den Bewertungsschlüssel

Note 1	16 – 15 Punkte	Note 4	8 – 6 Punkte
Note 2	14 – 12 Punkte	Note 5	5 – 3 Punkte
Note 3	11 – 9 Punkte	Note 6	2 – 0 Punkte

6. Nacharbeit

6.1 Verbindung zu Einheit GE 5 „Eine Luftballongeschichte"
siehe AB 4 – Ausführlich erzählen

6.2 Texte zum Vergleichen und Überarbeiten
siehe Werkzeug Ge 5

6.3 Text mit Arbeitsaufgaben AB 3

Erzählen: Eine ausführliche Geschichte **Ge 6**

Arbeit am Text **AB 1**

Geschichten aus der Erzählstunde

Untersuche sie, ob es Geschichten in Stichworten oder Erzählgeschichten sind.

Glück gehabt!

Gestern fuhr ich mit der Straßenbahn zur Schule. Auf einmal kam der Schaffner und verlangte die Fahrkarten. Im letzten Augenblick fiel mir ein, daß ich sie am Abend zuvor in meinen Geldbeutel gesteckt hatte.

Das ist noch einmal gut gegangen!

Gestern morgen habe ich auf der Fahrt zur Schule in der Straßenbahn aufregende Minuten erlebt.
Meine Freunde und ich machten gerade die letzten Hausaufgaben, als der Schaffner erschien und die Fahrkarten kontrollierte. Ich griff in die Tasche. O mein Gott! Da war keine Fahrkarte. „Wird's bald!" drängte der Schaffner. „Ja, ja! Einen Augenblick, bitte, ich habe sie bestimmt dabei!" Ich warf Bücher und Hefte auf die Sitzbank. Nichts! Nichts! „Vielleicht ist sie zwischen die Hefte gerutscht!" meinte Sonja. „Los, jetzt! Her mit der Karte! Entweder du zeigst die Karte oder du zahlst nach", zischte der Schaffner. Da fiel mir ein – im letzten Augenblick, daß ich die Karte am Abend zuvor in den Geldbeutel gesteckt hatte. „Das war dein Glück!" brummte der Schaffner.

Aufgaben:

Vergleiche die Telegrammgeschichte und die Erzählung.
a) Beide sind verschieden lang. Warum?
b) Warum soll die Erzählung ausführlich und genau sein?
c) Setze folgende Begriffe in die Merksätze richtig ein!

Stichworten – das Wichtigste – genau – Fragen
Kurztext – ausführlicher – Einzelheiten

Merke

1. Eine Telegrammgeschichte ist ein ________ in ________

2. Der Kurztext informiert den Leser nur über ________

3. Eine Erzählgeschichte ist ein ________ Text.

4. Eine solche Geschichte erzählt dem Leser alles ________ mit allen wichtigen ________, so daß der Leser keine ________ mehr hat.

Erzählen: Eine ausführliche Geschichte **Ge 6**

Arbeit am Text **AB 2**

Peter erzählt:

Zu spät gekommen!

Einmal sah ich auf dem Schulweg, wie zwei Spatzen stritten. Auf einmal stolperte ich und stürzte. O weh! Meine Knie. Meine Hose! Schnell lief ich heim und ließ mich von meiner Mutter verbinden. Da kam ich zu spät zur Schule.

Herr Lehrer Huber hat daruntergeschrieben:
Eine nette Idee. Mir gefällt deine Geschichte. Aber du mußt ausführlicher erzählen.

Was meint der Lehrer mit „ausführlicher erzählen?"
Der Leser kann die Geschichte nicht miterleben, weil einiges fehlt. Seine Klassenkameraden stellen Fragen an ihn:

Schreibe einige auf! Verwende W-Fragen!

Wie? ______________________

Was? ______________________

Wann? ______________________

Wo? ______________________

Warum? ______________________

Eine Geschichte überarbeiten — AB 3

Geschichte: Die Tomaten sind zu schwer

Eines Tages ging ich zum Einkaufen, um Tomaten zu kaufen. Ich suchte mir die schönsten Tomaten aus. Ich ging zur Verkäuferin und sagte: „Packen Sie die Tomaten bitte in ein Netz. Ich bin nach Hause gegangen. Vor meiner Haustür wollte ich gerade aufsperren, da plötzlich rollten die Tomaten aus dem Netz und sind auf den Boden gefallen. Platsch! O Gott, jetzt muß ich noch einmal einkaufen gehen.

Aufgaben:

1. Lies die Geschichte zuerst einmal aufmerksam durch!
2. Lies jetzt noch einmal die Geschichte Satz für Satz genau, und unterstreiche alle Zeitwörter und Wiewörter, die deiner Ansicht nach nicht passen.
3. Suche treffende Wörter und schreibe sie darüber. (Ersatzprobe!)

Geschichte: Petra geht einkaufen

Einmal ging ich in den Garten spielen. Da rief Mutti aus dem Küchenfenster: „Petra, gehst du bitte einkaufen?" Ich rief: „Was denn, Mama?" „Tomaten!" – „Ja, ich gehe!"
Im Supermarkt bin ich zum Tomatenstand gegangen. Und packte ein: Tomaten im Netz, ich ging zur Kasse und zahlte.
Jetzt ging ich heim. Als ich daheim am Gartentor war, ist das Netz gerissen.

Aufgaben:

1. Lies die Geschichte aufmerksam durch!
2. Beachte Rezept Ge 6 und Werkzeug Ge 6.
3. Füge dort ein Auslassungszeichen ( ) ein, wo deiner Meinung nach noch ausführlicher erzählt werden muß. Ergänze fehlende Satzglieder. (Erweiterungsprobe!)

Schatzgräbergeschichten

Eine Telegrammgeschichte

Eines Tages trifft bei Michaels Eltern ein Telegramm von Onkel Martin ein.

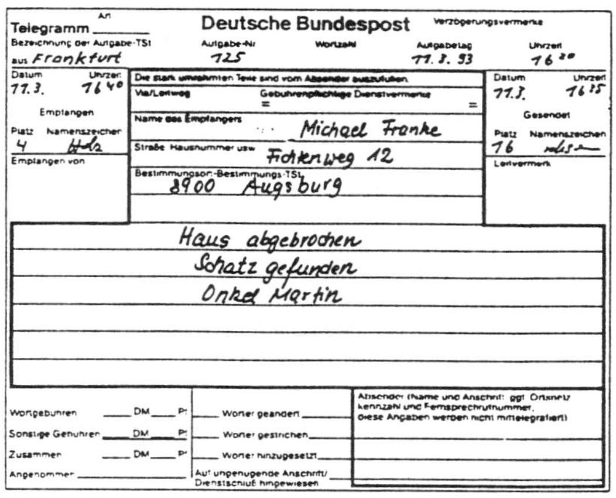

Telegramm An
Deutsche Bundespost
Verzögerungsvermerke
Bezeichnung der Aufgabe-TSt aus Frankfurt
Aufgabe-Nr 125
Wortzahl
Aufgabetag 11.3.93
Uhrzeit 16[20]
Datum 11.3. Uhrzeit 16[40]
Empfangen
Platz 4 Namenszeichen Holz
Empfangen von
Die stark umrahmten Teile sind vom Absender auszufüllen.
Via/Leitweg
Gebührenpflichtige Dienstvermerke = =
Name des Empfängers Michael Franke
Straße Hausnummer usw. Fichtenweg 12
Bestimmungsort-Bestimmungs-TSt 8900 Augsburg
Datum 11.3. Uhrzeit 16[35]
Gesendet
Platz 16 Namenszeichen
Leitvermerk

Haus abgebrochen
Schatz gefunden
Onkel Martin

Wortgebühren ___ DM ___ Pf
Sonstige Gebühren ___ DM ___ Pf
Zusammen ___ DM ___ Pf
Angenommen ___
___ Wörter geändert ___
___ Wörter gestrichen ___
___ Wörter hinzugesetzt ___
Auf ungenügende Anschrift/Dienstschluß hingewiesen ___
Absender (Name und Anschrift; ggf. Ortsnetzkennzahl und Fernsprechrufnummer, diese Angaben werden nicht mittelegrafiert)

Michael fährt mit seinem Vater zu Onkel Martin. Er stellt an seinen Onkel viele Fragen!

Onkel Martin erzählt:

Eine Erzählgeschichte

Das Geheimnis des alten Gartenhauses

„In unserem Garten stand eine alte, windschiefe Holzhütte, in der nur noch nutzloses Gerümpel lag. Eines Tages beschloß ich, die morsche Hütte abzureißen und ein neues, schönes Gartenhäuschen zu bauen.
Mit einer Spitzhacke riß ich zuerst den Bretterboden im Inneren der Hütte heraus. Dann entfernte ich mit der Hacke die Balken auf dem Boden. Einmal schlug ich daneben. Wong! Da klang etwas dumpf und hohl. Seltsam! Neugierig grub ich weiter und schaffte Erde und Sand mit einer Schaufel zur Seite. Da! Eine rostige Blechkiste! Mühsam hob ich die alte Kiste heraus und stellte sie auf den Rasen. Endlich ließ sich der Deckel mit einem Schraubenzieher lösen. Gespannt öffnete ich. O Gott, kaum zu glauben. Ich traute meinen Augen nicht: Lauter alte Silbermünzen!" – „Onkel Martin", rief Michael, „du bist ein richtiger Schatzgräber!"

Ausführlich erzählen

Peter erzählt ein Erlebnis:

Warum ich einmal zu spät kam

Einmal sah ich auf dem Schulweg, wie zwei Spatzen stritten. Auf einmal stolperte ich und stürzte. O weh! Meine Knie. Meine Hose! Da lief ich noch einmal heim und ließ mich von meiner Mutter verbinden. Dann kam ich zu spät.

Herr Lehrer Huber hat daruntergeschrieben:
Eine nette Idee! Mir gefällt deine Geschichte. Aber du mußt ausführlicher erzählen.

Was meint der Lehrer mit „ausführlicher erzählen"?
Der Leser kann sich nicht in die Geschichte hineindenken, weil einiges fehlt.

Peters Klassenkameraden stellen Fragen an ihn:
Wie kam es zum Sturz?
Was hast du dir gedacht?
Hast du Schmerzen gehabt?
Wo bist du gestürzt?
Was war mit der Hose?
Was hat der Lehrer gesagt?
Warum bist du eigentlich gestolpert?

TIPS

- Der Adressat will den Sinn der Geschichte verstehen. Du darfst nichts Wichtiges auslassen.
- Erzähle so genau, daß der Leser oder Zuhörer keine Fragen mehr hat.
- Baue das Hauptgeschehen (den Hauptteil) genauer aus. Was hast du dir gedacht, gefühlt, gespürt, gehört, gesehen?
- Die Schlüsselfragen helfen dir!

Übung:

Erzähle Peters Geschichte noch einmal, aber genauer und ausführlicher.

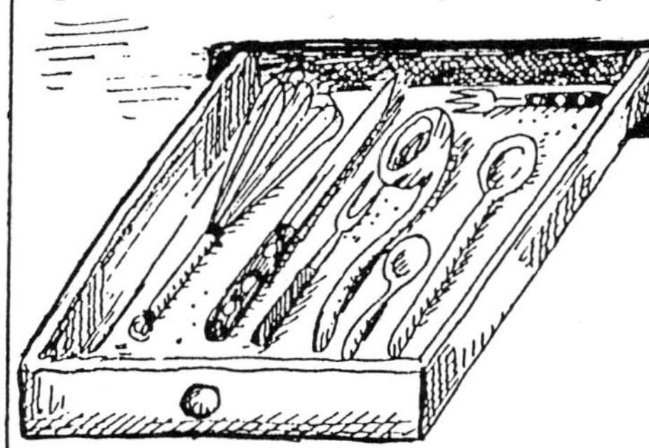

Ge 6

Die Erweiterungsprobe

Peter berichtet. Mutter fragt.

Peter: „Ich gehe."
Mutter: „Wohin?"
Peter: „Ich gehe ins Schwimmbad."
Mutter: „Wann?"
Peter: „Ich gehe in einer Stunde ins Schwimmbad."
Mutter: „Mit wem?"
Peter: „Ich gehe in einer Stunde mit Hans ins Schwimmbad."

Auskünfte sollen immer möglichst genau und umfassend sein, wenn du einen Gesprächspartner informieren oder ihm etwas erzählen willst.

Einfache, unklare und knappe Einzelsätze können mit weiteren Bausteinen (Satzgliedern) zu informativen, inhaltsreichen Sätzen ausgebaut werden. Korrekturzeichen meist V

Solche Satzglieder können sein:

- Ergänzungen im Wem- oder Wenfall
- Zeitangaben (in einer Stunde)
- Ortsangaben (ins Schwimmbad)
- Eigenschaftswörter als Beifügungen (ins warme Schwimmbad)

Deine Erlebnisgeschichte sollst du ausführlich erzählen. Deshalb mußt du in deiner Geschichte inhaltsreiche Sätze verwenden.

Mit der **Erweiterungsprobe** können die Einzelsätze überprüft werden.

Übung:

Erweitere folgende Einzelsätze zu inhaltsreichen Sätzen!

Ich schreibe.
Ich reise. Wann? Wo? An wen? Wohin?
Ich steige.

Erzählen: Vergangenes erzählen **Ge 7**

Eine Lesegeschichte

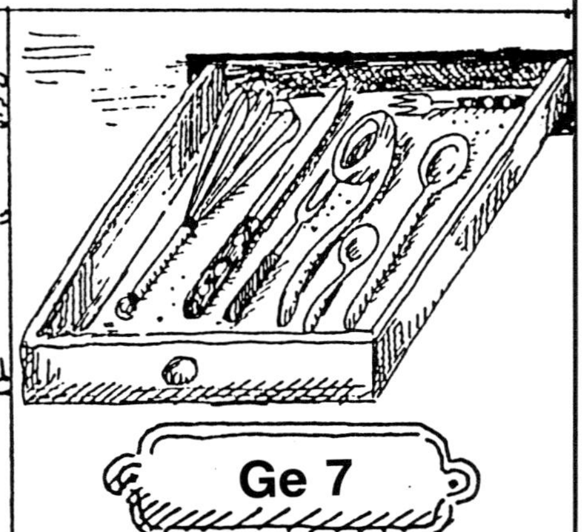

Erzählen: Eine Lesegeschichte — Ge 7

Gestaltungsaufgabe: Vergangenes erzählen

Lernziele

Die Schüler sollen
- eine Bildergeschichte ausführlich in der Ichform erzählen
- in der Vergangenheit erzählen
- inhaltsreiche Sätze verwenden

Arbeit an der Geschichte

Die Schüler sollen
- sich in die Situation hineindenken und überlegen, was sie denken und wie ihnen zumute ist
- eine passende Einleitung finden
- einen runden Schluß finden

Arbeit am Wort

Die Schüler sollen
- Ausdrücke für Ärger und Freude verwenden
- treffende Zeitwörter der Bewegung und der Ruhe finden

Arbeit am Satz

Die Schüler sollen
- Zeitwörter in der Vergangenheit verwenden
- Zeitangaben an den Anfang eines Satzes setzen
- Wörter austauschen

Verlaufsskizze

1. Motivationsphase

1.1 Pantomime	L	Lehrer spielt pantomimisch die Geschichte vor
1.2 Schüleräußerungen		
1.3 Ähnliche kleine Erlebnisse erzählen		
	L	Oft verursachen Kleinigkeiten einen großen Ärger. Fällt dir dazu eine kleine Geschichte ein?
1.4 Zielangabe	L	Ich zeige dir eine Bildergeschichte, die wir erzählen wollen, wobei wir besonders Tinas Gefühle darstellen.

2. Mündliche Gestaltungsphase

2.1 Erschließen des Inhaltes der Bildergeschichte

Sprachlich freier Ausdruck	L	Wie denkst du über Tina?
Kräftigung der Vorstellung	L	Wie bewegt sich Tina? Was macht sie alles? Du darfst dir Bewegungen vorstellen.

Bewegungen in Sprache umsetzen	L	Wir suchen für die Bewegungen treffende Zeitwörter.
	S	rutschen – fallen – nach hinten werfen – aufspringen – weglaufen – wegrennen – sitzen – hocken
Teilzusammenfassung	TA	

2.2 Gestimmtheiten

Gefühle bewußtmachen und auf einfache Weise versprachlichen

Bild 1	L	Wie fühlt sich Tina, als sie zu lesen beginnt?
	S	sie freut sich, locker, gelöst
Bild 2	L	Wie fühlt sich Tina, als ihr die Haare ins Gesicht fallen?
TA	S	mißmutig, ärgert sich, gereizt
zwischen Bild 2 und 3	L	Wie fühlt sich Tina, als ihr die Haare immer ins Gesicht fallen?
TA	S	sie ärgert sich, wird wütend
Bild 3	L	Wie fühlt sich Tina, als sie davonrennt?
TA	S	wütend, ärgerlich
zwischen Bild 3 und 4	L	Was tut sie, und wie fühlt sie sich?
	S	holt ein Band, bindet sich die Haare vor dem Spiegel, fest, entschieden, energisch
Bild 4	L	Wie fühlt sich Tina, als sie wieder auf dem Stuhl sitzt?
TA	S	ruhig, befreit, erleichtert, gelöst
Teilzusammenfassung		
Sprachübung	L	Suche zu jedem Bild 2–3 Sätze. Verwende die gefundenen Wörter
	S	Lösungsmöglichkeiten:
Bild 1		Tina sitzt auf deinem Stuhl auf der Terrasse und liest eifrig. „Ein tolles Buch!“ denkt sie.
Bild 2		Mißmutig streicht sie sich die Haare aus der Stirn. „Blöde Haare! Sie stören mich beim Lesen!“ denkt sie ärgerlich.
Bild 2/3		Immer wieder fallen ihr die Haare ins Gesicht, wenn sie sich über das Buch beugt. „Verflixt! Gleich hole ich eine Schere und schneide sie ab! Angestrengt blickt sie in das Buch: „Jetzt wird es spannend!“ Schon wieder rutschen die vorwitzigen Strähnen herab.
Bild 3		Zornig springt sie auf, wirft das Buch weg und rennt in das Wohnzimmer.
Bild 3/4		Wütend holt sie ein Band aus der Schublade, stellt sich vor den Spiegel und bindet sich energisch die Haare zurück. „Jetzt ist aber Ruhe!“
Bild 4		Ungestört kann sie ihr spannendes Buch genießen. Tina freut sich.

3. Halbschriftliche Gestaltungsphase

3.1 Arbeit am Wort

Vorgaben auf dem Arbeitsblatt 1:
Wörter, die ein Gefühl ausdrücken.

	L	Welche Ausdrücke und Eigenschaftswörter passen zu den Bildern? Ordne richtig zu! Wähle aus! Streiche die unpassenden Wörter durch.
	S	Bild 1: ruhig – gelassen Bild 2: geduldig – mißgelaunt Bild 3: ärgerlich – wütend Bild 4: heiter – ungestört

Vorgaben auf dem Arbeitsblatt 1:
Wörter der Ruhe und Bewegung

	L	Welche Zeitwörter passen? Ordne richtig zu! Wähle aus! Streiche die unpassenden Wörter durch!
	S	Bild 1: hocken – rutschen Bild 2: fallen – stören Bild 3: aufspringen – wegrennen Bild 4: binden – sitzen

3.2 Arbeit am Satz

Arbeitsblatt 2	L	Erzähle die Geschichte in der Vergangenheit.
Erkenntnis:		Merke: Wenn eine Geschichte etwas erzählt, was vergangen ist, soll es der Leser schon im ersten Satz erfahren. Solche Sätze könnten so anfangen: Eines Tages ... Vor langer Zeit ... Eines schönen Sommertages ...

4. Schriftliche Gestaltungsphase

4.1 Gestaltungsaufgaben

Begriffserklärung: Erzählperspektive
Rezept Ge 7

Ich-Form	L	Erzähle die Geschichte so, als ob sie dir selbst passiert wäre.
Er/sie-Form	L	Erzähle die Geschichte so, wie sie Lisas Mutter erlebt hat.
Textvergleich: Menü Ge 7		Aufgabe: Vergleiche die beiden Geschichten. Wer erzählt? Welche Unterschiede bestehen in der Erzählweise?

4.2 Selbständige schriftliche Gestaltung

1. Möglichkeit:
Erzähle ein einfaches Erlebnis zum Rahmenthema:
„Da habe ich mich richtig geärgert."
Erzähle aber so ausführlich, daß der Leser alles gut miterleben kann.

2. Möglichkeit – Arbeitsblatt 3
Gestaltungsübung oder Probeaufsatz mit Vorgaben.
Ein Erlebnis mit einem Tier
oder:
Ein Erlebnis mit dem Wind

Gestaltungsaufgabe:
Schreibe eine ausführliche Geschichte in der Ich-Form. Der Leser will die Aufregung und den Ärger der Personen miterleben. Vergiß die Überschrift nicht!

5. Bewertungsvorschlag

Inhalt	*Punkte*		*Sprache*	*Punkte*		
1. Gedanken	2		1. Inhaltsreiche verschied. Sätze	2		
2. Gefühle	2		2. Eigenschaftswörter	2		
3. Einleitung	2		3. Vergangenheit	2		
4. Schluß	2		4. treffende Zeitwörter	2		
Inhalt:	8	+	*Sprache:*	8	=	16

Vorschlag für Bewertungsschlüssel

Note 1	16 – 15 Punkte	Note 4	8 – 6 Punkte
Note 2	14 – 12 Punkte	Note 5	5 – 3 Punkte
Note 3	11 – 9 Punkte	Note 6	2 – 0 Punkte

6. Nacharbeit

6.1 Geschichten lesen, hören und beurteilen
siehe Menü Ge 7 mit folgenden Arbeitsaufgaben:

1. Stelle fest, ob die Mimik mit treffenden Wiewörtern wiedergegeben ist.
   Schreibe diese Wörter aus einer Geschichte heraus.
2. Mit welchen Sätzen sind Gedanken und Gefühle ausgedrückt?
   Unterstreiche die Sätze!
3. Kannst du die Einleitung und den Schluß beim Lesen sofort erkennen? Vergleiche Einleitung und Schluß in beiden Geschichten. Sind die Geschichten gegliedert?

6.2 Selbständige Überarbeitung einer Geschichte von Menü Ge 7

1. Arbeit am Wort – Ersatzprobe, siehe Nr. 7 Werkzeug Ge 7
2. Arbeit am Satz – Erweiterungsprobe, siehe Rezept Ge 6

Erzählen: Vergangenes erzählen — Ge 7

Arbeit am Wort — AB 1

Eine Lesegeschichte

(1) Suche für jedes Bild passende Wiewörter, die ein Gefühl ausdrücken.
Wähle aus den vorgegebenen Wörtern aus!

ärgerlich – heiter – zufrieden – wütend – traurig – ängstlich – verdrossen – ungestört – ruhig – energisch – mißmutig – geduldig – gelassen.

(2) Suche treffende Zeitwörter für den Zustand der Ruhe oder der Bewegung.
Wähle aus!

laufen – hetzen – rennen – sitzen – hocken – ruhen – schlafen – lesen – rutschen – fallen – streichen – nach hinten werfen – aufspringen.

Erzählen: Vergangenes erzählen **Ge 7**

Arbeit am Satz **AB 2**

Ärger beim Lesen

An einem schönen Sommertag *sitzt* Lisa auf der Terrasse und *liest* ein spannendes Buch.

Sie *ist* in ein aufregendes Abenteuerbuch vertieft.

Aber immer wieder *fallen* ihr die langen Haare ins Gesicht und *stören* beim Lesen.

Geduldig *streicht* sie ihr dichtes Haar zurück.

Vergeblich! Schon wieder *stören* die verflixten langen Strähnen. Gerade dann, wenn die Geschichte spannend wird.

„Blöde Zotteln", *murmelt* sie ärgerlich und *wirft* den Kopf nach hinten.

„Jetzt reicht's mir!" *ruft* sie, *springt* auf und *rennt* ins Haus.

Mutti *meint:* „Was ist denn los? Was hast du?" – „Ach, die doofen Haare hängen mir immer ins Gesicht und stören beim Lesen!" *ärgert* sich Lisa.

„Dann binde sie doch hoch!" *rät* Mutti.
„Danke, Mama. Gute Idee!"

Lisa *bindet* mit einer schönen roten Schleife die Haare hoch und *liest* jetzt ungestört das Buch zu Ende.

Aufgabe:

Setze den Satzkern in die Erzählvergangenheit!
Erzähle die Geschichte in der Erzählvergangenheit.

Erzählen: Vergangenes ausführlich erzählen **Ge 7**

Gestaltungsübung – Probeaufsatz **AB 3**

Ein Erlebnis mit einem Tier

Nina darf mit ihrem Onkel einen Besuch im Tierpark machen. Dort kann man auch auf Ponys reiten, aber...

Gestaltungsaufgabe:

Erzähle eine aufregende Geschichte so ausführlich, daß der Leser alles gut miterleben kann.
Lies deine Rezepte nach!

Ein Erlebnis mit dem Wind

Eines Tages fuhr ich mit meinem Opa und meiner Oma zum Drachensteigen auf eine Wiese beim Schwimmbad. Der Drachen stieg sehr hoch. Dann kam er uns aus und flog davon in Richtung Schwimmbad. Opa und ich starteten sofort. Aber Oma war schneller...

Gestaltungsaufgabe:

Schreibe eine ausführliche Erlebnisgeschichte in der Ich-Form. Der Leser will die Aufregung und den Ärger der Personen miterleben. Vergiß die Überschrift nicht. Beachte die Rezepte...!

Zwei Geschichten zum Vergleichen

Text 1: *Lisa erzählt.*

Ärger beim Lesen

An einem schönen Sommertag saß ich auf der Terrasse und las in einem spannenden Buch.
Die Geschichte gefiel mir sehr. Aber meine langen Haare ärgerten mich. Immer wieder fielen sie mir ins Gesicht und störten mich beim Lesen. Zuerst strich ich mir geduldig die dichten Haare zurück. Vergeblich! Wieder und immer wieder störten die verflixten langen Strähnen. Gerade dann, als die Geschichte richtig spannend wurde. „Blöde Zotteln", dachte ich ärgerlich und warf den Kopf nach hinten. Ich las weiter. Dann wurde es mir zu dumm. „Jetzt reicht's mir!" rief ich, sprang auf und rannte ins Haus. Mutti meinte: „Was hast du denn?" – „Ach, die doofen Haare hängen mir immer ins Gesicht und stören beim Lesen!" rief ich wütend. Mutti lachte und riet mir: „Ganz einfach! Dann binde sie doch mit einem Band zurück!" – „Danke, Mutti! Das ist eine gute Idee!" sprach ich und band mit einer schönen roten Schleife die Haare hoch.
Warum nicht gleich so! dachte ich und las ungestört in meinem spannenden Buch weiter.

Text 2: *Lisas Mutter erzählt.*

Lisa ärgert sich

An einem schönen Sommertag saß meine Tochter Lisa auf der Terrasse und las in einem spannenden Buch, während ich im Wohnzimmer bügelte. Lisa war ganz in ihr Buch vertieft. Ich sah, wie sie sich immer die Haare aus dem Gesicht strich. Ärgerlich stöhnte sie: „Blöde Haare! Ich schneide sie noch alle ab." Dann las sie wieder weiter. Einmal murmelte sie: „Blöde Zotteln", und warf ihren Kopf nach hinten. Plötzlich stürmte sie ins Wohnzimmer und rief wütend: „Jetzt reicht's mir!" Erschrocken fragte ich sie: „Was ist denn los? Was hast du?" – Lisa antwortete ärgerlich: „Andauernd stören mich meine doofen Haare beim Lesen!" – „Dann binde sie einfach nach hinten!" riet ich ihr. Erfreut rief Lisa: „Mutti, das ist eine gute Idee!" Nach einiger Zeit kam sie wieder ins Wohnzimmer. Sie hatte die Haare mit einer schönen roten Schleife nach hinten gebunden. „Siehst du, jetzt hast du bestimmt keinen Ärger mehr!" meinte ich lachend. Dann las sie ungestört in ihrem Buch weiter.

Die Erzählperspektive

Ein und dasselbe Erlebnis kannst du aus verschiedenen Blickrichtungen (= Perspektiven) erzählen. Für den Zuhörer oder für den Leser wird jedesmal eine etwas andere Erzählung daraus.

Du kennst die Geschichte von Till Eulenspiegel, der den Bäcker mit Eulen und Meerkatzen hereingelegt hat. Wenn du die Geschichte erzählst, kannst du einmal die **Rolle des allwissenden Erzählers** einnehmen: Du erzählst die Geschichte so, daß du alle Gedanken und Stimmungen jeder einzelnen Person in der Geschichte kennst, z. B. die Wut des Bäckers, die Schadenfreude des Till oder die Freude der Kinder über die lustigen Backwaren.

Du kannst aber auch in die **Rolle einer einzelnen Figur** schlüpfen und aus ihrer Sicht (= Perspektive) das ganze Geschehen so erzählen, wie es z. B. die Bäckersfrau erlebt hat. Die Geschichte beginnt dann so: Einmal hatte mein Mann einen neuen Gesellen eingestellt. Eines Abends mußte er zu einer Sitzung und beauftragte den neuen Gesellen, alleine zu backen. Da fragte der Kerl: „Meister, was soll ich backen?“ usw.

Oder Till selbst erzählt, was er in Braunschweig erlebt hat. Die Geschichte beginnt dann so: Als ich einmal nach Braunschweig kam, traf ich einen Bäckermeister vor seinem Geschäft . . .

Eine Erzählaufgabe:

Erzähle die Windgeschichte auf AB 3 so, wie sie Oma erlebt hat.

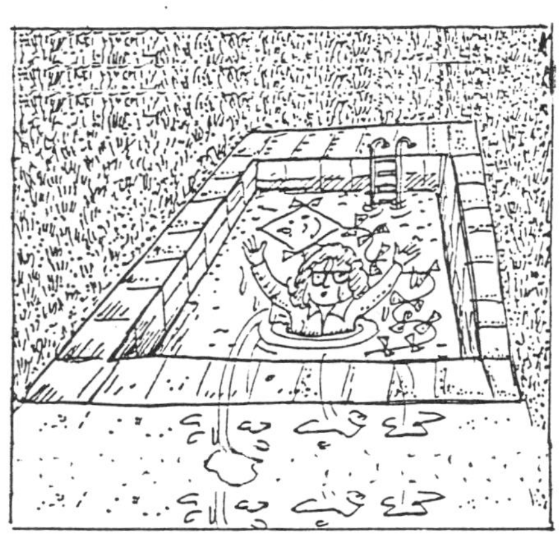

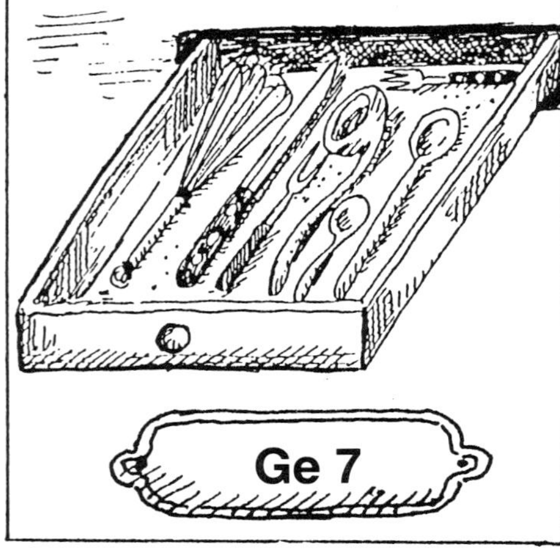

Die Ersatzprobe hilft dir beim Überarbeiten

Satzgegenstand	Satzkern	Satzergänzungen	Orts-/Zeitangabe
Schlaue Kinder	nehmen	frische Schulmilch	zur Pause.
Frauen von heute	lieben	Blütenduft	aus der Dose.
Kluge Katzen	brauchen	echtes Rindfleisch	vom Metzger.

- Satzgegenstand, Satzaussage (Satzkern) und die Satzergänzungen sind Satzglieder.
- Diese Satzglieder kannst du gegen andere austauschen oder ersetzen, z. B.: Schlaue Kinder brauchen Blütenduft zur Pause.
- Du siehst, der ***Sinn*** *des Satzes* ändert sich.

TIPS

- Du kannst aber auch den Satzkern ersetzen.
  Z. B. Schlaue Kinder *nehmen* frische Schulmilch zur Pause.
- Ersetze den Satzkern „nehmen“ durch andere Zeitwörter. (lieben, brauchen, trinken, kaufen)
- Du siehst, manchmal ändert sich der Sinn des Satzes und manchmal nicht. Achte beim Überarbeiten darauf!

Diese **Ersatzprobe** hilft dir beim Überarbeiten deiner Geschichten. Verunglückte oder ungenaue Wörter oder Satzglieder kannst du durch andere treffende Wörter und Ausdrücke aus einem Wortfeld ersetzen. (= Ersatzprobe)

Beispielsätze:

Lisa *geht*	ins Wohnzimmer und *murmelt*	ärgerlich: „Blöde Haare!“
Lisa *rennt*	ins Wohnzimmer und *ruft*	ärgerlich: „Blöde Haare!“

Das Haus

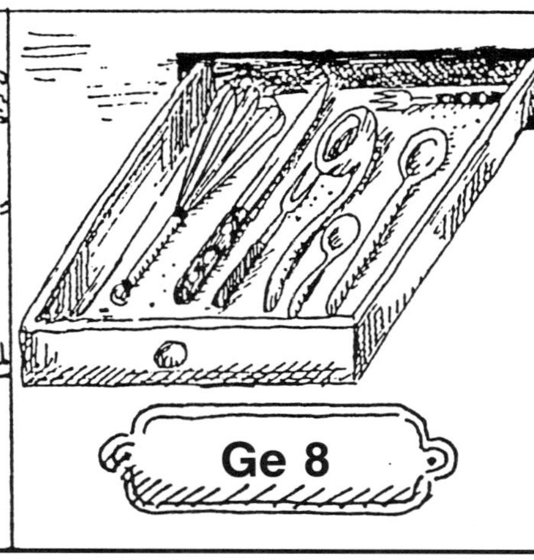

Erzählen: Ein Schreibspiel — **Ge 8**

Gestaltungsaufgabe: Ein Gespräch aufschreiben

Lernziele

Die Schüler sollen
- eine Streithandlung im Anschluß an ein Einzelbild niederschreiben
- sich mit einer Bild- bzw. Spielfigur identifizieren
- Rede und Gegenrede beachten
- sachliche Argumente und persönliche Angriffe unterscheiden
- den Gemütszustand der Personen berücksichtigen
- das Rollenspiel als Dialog aufschreiben

Arbeit an der Geschichte

Mit Hilfe eines Dialogspiels soll der Einbau von Sprechakten (wörtliche Rede) in Erzähltexten (siehe Ge 9) aktiviert werden.
Die Schüler sollen
- Spieltext und wörtliche Rede miteinander vergleichen
- einen Spieltext in ein Spiel umsetzen

Arbeit am Satz

Die Schüler sollen
- die wörtliche Rede im Text erkennen
- Redebegleitsätze verwenden
- die Satzzeichen richtig setzen

Arbeit am Wort

Die Schüler sollen
- treffende Zeit- und Eigenschaftswörter im Redebegleitsatz verwenden

Verlaufsskizze

1. Motivationsphase

1.1 Rate-Pantomime Zwei Schüler führen ein Streitgespräch pantomimisch vor	L	Was haben sich diese beiden Personen wohl zu sagen?
	S	Sie reden miteinander.
	S	streiten, sagen sich Grobheiten ins Gesicht.
1.2 Zielangabe	L	Ein solches Streitgespräch spielen und schreiben wir heute auf.

2. Bildanalyse

2.1 Mündliches Erzählen

Spontane Äußerungen	L	Katja und Hans begegnen sich auf der Straße.
Vermutungen zum Inhalt	S	Jeder geht mit seinem Tier spazieren;
	S	sie streiten über Schnecke und Hund

2.2 Inhalt eines Streitgespräches

Lösungsversuche	L	Beachte die Überschrift: „Haus“
	S	Katja lobt ihre Rennschnecke.
	S	Hans lobt seinen Hund.

2.3 Fortsetzung

Bild 2	L	zeigt Bild 2.
Folie Ge 9	S	Der Hund bringt die Hundehütte.
	S	Katja ärgert sich.

3. Rollenspiel

3.1 Szenische Darstellung mit oder ohne Requisiten

Mehrere Partnergruppen spielen ihre Lösung in Form eines Rollenspiels vor.

3.2 Spielkorrekturen

- sparsame textliche und sprachliche Hinweise
- mimische und gestische Vorschläge

3.3 Schreibhandlung

Rollenspiel in einen dialogischen Text aufschreiben
Arbeitsblatt 1

4. Beurteilen der Dialogietexte

4.1 Vorlesen in Partnergruppen

Gruppe 1:

Christiane:	Sven:
Ha, ha, meine Schnecke hat ein eigenes Haus, aber dein armer Hund hat gar nichts!	Was du nicht sagst! Deine doofe Schnecke kannst du dir auf den Hut stecken!
Ich habe keinen Hut, und den von meinem Vater darf ich nicht nehmen. Häng dir deinen Hut an den Hosenknopf.	Ich habe keinen Hosenknopf, und wenn du keinen Hut hast, dann steck die Schnecke in den Schuh!
Ich habe keine Schuhe. Das sind Socken. Du alter Opa.	Wenn ich ein Opa bin, dann bist du eine alte Hexe!
Hehe, ich kann doch gar nicht hexen!	Komm, vertragen wir uns wieder!
Hast recht. Ich wollte dich ja auch nur ein bißchen ärgern.	Halb so schlimm! Alles in Ordnung! Wiedersehen, Christiane.
Wiedersehn, Sven!	

Gruppe 2:

Elisabeth:	Nina:
Ha, ha, meine Schnecke hat ein Haus, aber dein Hund hat keins.	Doch doch, er hat eins. Bei uns zu Hause.
Aha, zu Hause. Wer beweist mir das?	Komm mit, dann zeig ich dir's. Es steht bei uns im Garten.
So, im Garten? Aber das ist bestimmt nicht so schön wie ihr Haus.	Schau es dir doch einmal an. Es ist viel schöner und viel viel größer!

Kann schon sein, aber wenn er reinkommt, dann ist es kalt. Im Schneckenhaus ist es ganz warm. Hehe!

In seinem Hundehaus sind Decken. Keine Angst! Mein Flori braucht nicht zu frieren!

Pah, dein Flori. Dieser Straßenköter!

Was sagst du? Straßenköter? Du blöde Ziege verstehst doch nichts von Hunden! Wiedersehen!

Du eingebildete Gans! Nie mehr rede ich mit dir!

4.2 Textvergleich

Stellungnahme der Klasse:

Gruppe 1: beschimpfen sich bloß; sprechen überhaupt nicht von den beiden Tieren; bleiben nicht beim Thema; reden ruhig, aber sie vertragen sich wieder;

Gruppe 2: sprechen zuerst von Schneckenhaus und Hundehütte; bleiben beim Thema und gehen aufeinander ein; dann beschimpfen sie sich und geben sich Namen; vielleicht fällt ihnen nichts mehr ein; finden keinen richtigen Schluß; werden wütend und gehen zornig auseinander;

Erkenntnis:

(1) Wir bleiben beim Thema und verwenden keine häßlichen Schimpfwörter.
(2) Wir suchen eine passende Lösung. (siehe Ge 9)

5. Schriftliche Gestaltungsphase

5.1 Ein Streitgespräch aufschreiben

Möglichkeiten:
1. Als Spieltext in einem Rollenbuch
Rezept Ge 8
Lesen und besprechen
Text lesen mit verteilten Rollen spielen

TIPS

- Personen sind vorgegeben.
- Redeteile werden übernommen oder neue erfinden
- Verschiedene Satzarten verwenden

Übung: Das eigene Haus

Katja: Ha, ha, die Schnecke hat ein eigenes Haus, aber dein Hund hat keines.
Hans: Von wegen! Er hat eins bei uns zu Hause.
Katja: Aha, zu Hause! Wer beweist mir das?
Hans: Komm mit, dann zeig ich dir's. Es steht bei uns im Garten.
Katja: Soso, im Garten! Aber das ist bestimmt nicht so schön wie ihrs.

2. Als Gespräch im Wechsel mit „wörtlicher Rede"
Werkzeug Ge 8
Lesen und besprechen
mit verteilten Rollen lesen

TIPS

- Wörtliche Rede sind die Teile, die wörtlich aufgeschrieben werden und zwischen Redezeichen gesetzt werden.
- Redebegleitsatz ist der Teil, der angibt, *wer* spricht und *wie* er spricht.
- Das Zeitwort im Redebegleitsatz verrät bereits, in welcher Stimmung sich die Gesprächspartner befinden.

Übung 1: Das eigene Haus

Katja *sagt (lachend):* „Ha, ha, die Schnecke hat ein eigenes Haus, aber dein Hund hat keins."
Hans *antwortet (ruhig):* „Von wegen! Er hat eins bei uns zu Hause."
Katja *fragt (hämisch):* „Aha zu Hause. Und wer beweist mir das?"
Hans *schlägt vor:* „Komm mit, dann zeig ich dir's. Es steht bei uns im Garten. Sogar ein sehr schönes! Schau es dir an!"
Katja *schreit* ihn *(frech)* an: „Mensch, hältst du mich für doof? Soll ich vielleicht wegen dieser Hütte durch die ganze Stadt latschen?"
Hans *entgegnet (listig):* „Gut! Dann bringen wir die Hütte her! Warte so lange! Wir sind gleich wieder da!"
Katja *zischt (verächtlich):* „Du Sprüchemacher! Da bin ich aber gespannt!"

Aufgabe:

Unterstreiche die wörtliche Rede rot, den Redebegleitsatz grün. Füge in die Redebegleitsätze passende Eigenschaftswörter ein!

5.2 Übung der wörtlichen Rede
mit Arbeitsblatt 2

5.3 Vergleich von Spieltext und Erzählung mit wörtlicher Rede
Menü Ge 8

Spieltext	Erzählung mit wörtlicher Rede
Rollenbuch	zusammenhängender Text
untereinander	fortlaufender Text mit Redeteilen
Regieanweisungen	Redebegleitsätze mit Eigenschaftswörtern
Keine Redezeichen	Redezeichen
verschiedene Satzarten	verschiedene Satzarten
Spiel	lebendige Geschichte

TIPS

Erkenntnis: Die wörtliche Rede macht unsere Geschichte lebendig.

Anwendung: Gestaltungsaufgabe: lebendig erzählen
Werkzeug Ge 8 Erzähle jetzt eine lustige Tiergeschichte mit der Überschrift „Das Haus".

Erzählen: Lebendig erzählen **Ge 8**

Ein Schreibspiel **AB 1**

Das eigene Haus

Aufgabe:

Denke dich mit deinem Partner in die beiden Kinder Kathi und Hans hinein. Schreibt euer Streitgespräch auf. Verwendet dabei die beiden Spalten.

Kathi	Hans
Ha, ha, die Schnecke hat ein eigenes Haus, aber dein Hund . . .	

Lustige Mini-Tiergeschichten

Fritz erzählt   Ich habe den musikalischsten Kanarienvogel

Sein Freund erkundigt sich   Warum? Kann er gut singen

Nein, singen kann er nicht   berichtet Fritz

Aber, wenn mein Bruder singt   sagt er augenzwinkernd,   dann sitzt der Vogel in der Ecke und weint

Aufgaben:

1. Unterstreiche die wörtliche Rede rot, den Redebegleitsatz grün.
2. Setze jetzt die Satzzeichen richtig ein.
3. Kontrolliere dich selbst und vergleiche mit Rezept 8.

Im Zirkus klingelt das Telefon.

Ich habe da eine superirre Nummer   sagt einer am anderen Ende der Leitung.

Und die wäre   fragt der Direktor neugierig

Bei mir springt einer durch einen brennenden Reifen   antwortet der Anrufer

Alter Hut   meint der Direktor.   So was macht heute jeder bessere Löwe.

Aber bei mir springt der Dompteur   sagt der am anderen Ende.

Wer spricht denn dort   fragt der Direktor

Der Löwe   sagt der Anrufer

GE 8

Spieltext und wörtliche Rede

Ein **Spieltext** in einem Rollenbuch besteht aus vielen Sätzen, die von Schauspielern auswendig gelernt und auf der Bühne gesprochen werden.

Die **wörtliche Rede** sind Teile, die in einer Geschichte wörtlich aufgeschrieben sind und zwischen Redezeichen stehen.

Vergleiche jetzt die beiden Texte. Findest du noch andere Unterschiede?

Text 1: **Das eigene Haus**

Katja (lacht): Ha, ha! Meine Schnecke hat ein eigenes Haus. Aber dein Hund hat keines!
Hans: Von wegen! Er hat eines bei uns zu Hause!
Katja: Aha. Zu Hause? Und wer beweist mir das?
Hans: Komm mit, dann zeig ich dir's! Es steht bei uns im Garten.
Katja (schreit): Mensch, hältst du mich für doof? Soll ich wegen der Hütte durch die ganze Stadt latschen?
Hans (listig): Gut, wenn du nicht willst, dann bringen wir die Hütte. Warte, gleich sind wir wieder da.
Katja: Pah! Da bin ich aber gespannt!

Text 2: **Das eigene Haus**

Eines schönen Tages geht Katja mit ihrer Rennschnecke spazieren. Da begegnet ihnen Hans mit seinem Hund Pucki. Hansi macht sich lustig über Katjas Freundin. „Du brauchst gar nicht zu spotten. Ha, ha! Meine Schnecke hat ein eigenes Haus. Aber dein Hund hat keines!" Hans schaut die Schnecke an und dann seinen Hund. „Von wegen! Er hat eines bei uns zu Hause!" meint er schlagfertig. Katja blickt ihn mißtrauisch an und ruft schnippisch: „Aha! Zu Hause? Und wer beweist mir das?" Hans tritt einen Schritt auf Katja zu und schreit sie an: „Komm mit, dann zeig ich dir's! Es steht bei uns im Garten. Aber Katja läßt sich nichts gefallen und brüllt zurück: „Mensch, hältst du mich für doof? Soll ich wegen der Hütte durch die ganze Stadt latschen?" Hans grinst listig und schlägt vor: „Gut, wenn du nicht willst, dann bringen wir die Hütte. Warte, gleich sind wir wieder da! Komm Pucki!" Sprach's und schon rannten beide davon. Katja schrie ihnen nach: „Pah! Da bin ich aber gespannt!"

Aufgaben:

1. Sprecht und spielt den Text 1.
2. Unterstreiche die wörtliche Rede in Text 2 mit Rotstift.

Der Spieltext

Einkaufsgespräch

Petra erzählt einen Witz. Eine Dame verlangt in einem Metzgerladen 4½ Kilo Schweinefleisch. Der Metzger legt ein großes Stück auf die Waage: „Darf es etwas mehr sein?“ fragt er. „Nein, nein, bitte genau 4½ Kilo.“ Die Dame schaut neugierig. Der Metzger fragt höflich: „Sonst noch einen Wunsch?“ Die Dame antwortet: „Nein, nein“, und geht. „Halt! Halt!“ ruft ihr der Metzger nach. „Sie haben Ihr Fleisch vergessen!“ – „Nein, nein! Ich bin auf Diät gesetzt und wollte nur sehen, wieviel 4½ Kilo in Wirklichkeit sind.“

Verkaufsgespräche, Witze und heitere Kurzgeschichten kann man gut als **Wechselgespräch (Dialog)** aufschreiben und nachspielen, zuerst müssen aber die Rollen festgelegt werden.

TIPS

- Die handelnden Personen sind meist vorgegeben (Metzger und Dame). Man kann aber auch neue dazu erfinden (eine Verkäuferin, Kunden).
- Die vorgegebenen Redeteile können verwendet werden. Denkt euch aber auch weitere Sätze aus.
- Lebendig wird der Dialog, wenn verschiedene Satzarten verwendet werden.
- Die Regieanweisungen (**wie** die Spieler sprechen und **was** sie tun) werden hinter die Namen geschrieben.

So könnte der Spieltext lauten:

Im Metzgerladen

Metzger:	Sie wünschen?
Dame:	Bitte 4½ Kilo Fleisch!
Metzger:	(erstaunt) 4½ Kilo? Ja, was für Fleisch? Vom Schwein oder vom ...
Dame:	(unterbricht) Das ist egal!
Metzger:	Ja, brauchen Sie es zum Braten oder zum Kochen?
Dame:	Wenn's sein soll, dann von jedem etwas!
Metzger:	Also für ein Gulasch. Da haben wir etwas im Angebot. Hier!
Dame:	(winkt ab) Ist schon recht!
Metzger:	(legt es auf die Waage) Darf es etwas mehr sein?
Dame:	Nein! Nein! Bitte ganz genau 4½ Kilo!
Metzger:	(schaut auf die Waage) Das sind jetzt ganz genau 4 Kilo und 501 Gramm!
Dame:	(schaut neugierig auf den Fleischberg) Aha!
Metzger:	Darf es sonst noch etwas sein?
Dame:	Nein! Nein! Alles klar! (geht)
Metzger:	Halt! Halt! Sie haben Ihr Fleisch vergessen!
Dame:	(dreht sich um) Nein! Nein! Wissen Sie, ich bin auf Diät gesetzt und wollte nur sehen, wieviel 4½ Kilo in Wirklichkeit sind.

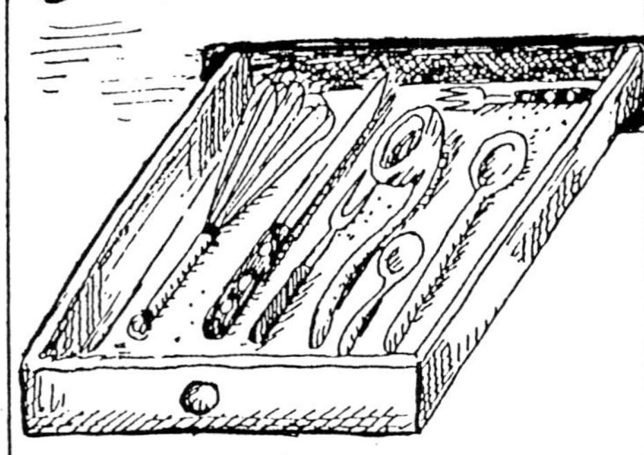

Die wörtliche Rede

Ge 8

Fritz erzählt: „Ich habe den musikalischsten Kanarienvogel."
Sein Freund erkundigt sich: „Warum? Kann er gut singen?"
„Nein, singen kann er nicht", berichtet Fritz.
„Aber wenn mein Bruder singt", sagt er augenzwinkernd,
„dann sitzt der Vogel in der Ecke und weint."

Die Teile, die wörtlich aufgeschrieben sind (genauso wie sie gesprochen werden), heißen **wörtliche Rede** oder **direkte Rede.** (—————)

Der Teil, der angibt, wer etwas gesagt hat, ist der **Redebegleitsatz.** (– – – – – – – –)
Das Zeitwort verrät bereits, in welcher Stimmung die Gesprächspartner sind.

TIPS

- Beachte die Satzzeichen!
- Nach dem Doppelpunkt beginnt die wörtliche Rede, die mit Redezeichen („) eingeleitet und mit (") beendet wird.
  Beispiel: Fritz erzählt: „Ich habe den musikalischsten Kanarienvogel."
- Der Redebegleitsatz kann auch nach der wörtlichen Rede stehen.
  Beispiel: „Nein, singen kann er nicht", berichtet Fritz.
- Der Redebegleitsatz kann auch dazwischen eingeschoben sein.
  Beispiel: „Aber wenn mein Bruder singt", sagt er augenzwinkernd,
  „dann sitzt der Vogel in der Ecke und weint."
- Die wörtliche Rede macht deine Geschichte lebendig. (Rezept Ge 9)

Das Haus

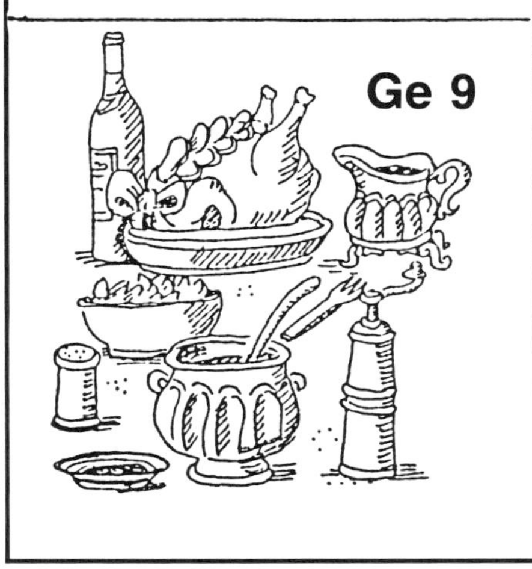

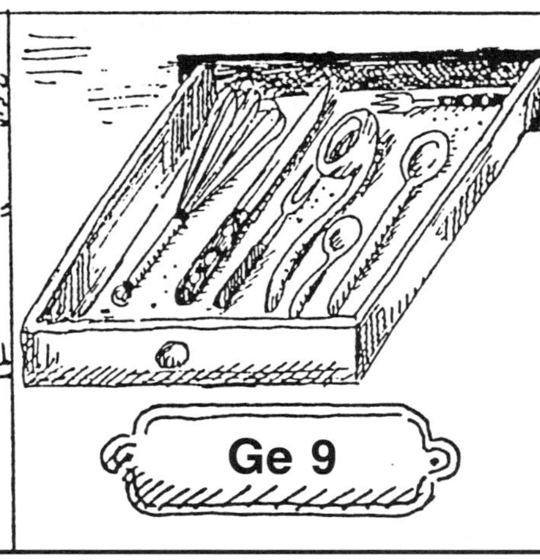

Erzählen: Eine lustige Tiergeschichte **Ge 9**

Gestaltungsaufgabe: Lebendig erzählen

Lernziele

Die Schüler sollen
- die wörtliche Rede als Stilmittel für lebendiges Erzählen erkennen und verwenden
- durch einen abwechslungsreichen Satzbau eine Erzählung lebendig gestalten

Arbeit an der Geschichte

Die Schüler sollen
- die bisher gelernten Rezepte anwenden
- einen Negativtext mit einem Positivtext vergleichen
- einen Erzähltext beurteilen und überarbeiten

Arbeit am Wort

Die Schüler sollen
- für „sagen" treffende Zeitwörter verwenden, welche den Gemütszustand des Sprechers wiedergeben

Arbeit am Satz

Die Schüler sollen
- Rufsätze und Ausrufewörter verwenden
- Sätze umstellen, um einen abwechslungsreicheren Satzbau zu erreichen

Verlaufsskizze

1. Motivationsphase

1.1 Tafelskizze als stummer Impuls		
	L	zeichnet eine Schnecke und einen Hund an die Tafel.
Freie Aussprache	S	Katja und Hans streiten; Hund hat kein Haus.
	L	Die Geschichte hat eigentlich kein richtiges Ende gefunden.
	S	Wir wollen sie zu Ende erzählen.
1.2 Zielangabe	L	Wir erzählen eine lustige Tiergeschichte. Du sollst sie so lebendig erzählen, daß sie der Leser gerne liest.

2. Mündliche Gestaltungsphase

2.1 Einen Erzählanfang erfinden Rezept Ge 4		
Bild 1	L	Wie beginnt die Geschichte eigentlich? Das hat der Zeichner nicht gezeichnet.
	S	Eines Tages spazierte Peter mit seinem Hund durch die Straße. Da begegnete er Petra, die gerade ihre schnellste Schnecke für das nächste Wettrennen trainierte.

2.2 Den Mittelteil erzählen

Bild 1	L	Das Hauptgeschehen hat der Zeichner in zwei Bildern dargestellt. Das erste Bild kennt ihr bereits, auf dem sich Katja und Hans ein Rededuell liefern. Erzählt!
siehe auch Menü Ge 8	L	Verbindet die Redeteile mit einigen Erzählsätzen.
	S	Petra war sehr stolz auf ihre Lisa. Darum sprach sie zu Hans: „Haha, meine Schnecke ist sehr schnell und schleppt sogar ihr Haus noch mit, aber dein armer Hund schleicht daher und hat nicht einmal ein eigenes Haus!“
	L	Hans aber war nicht auf den Mund gefallen und antwortete ruhig:
	S	„Von wegen! Flori hat daheim im Garten ein eigenes schönes Haus.“
	L	Katja glaubte ihm aber nicht recht und sprach spöttisch:
	S	„Aha, zu Hause! Wer beweist mir das?“
	L	Hans schlug listig vor:
	S	„Komm mit, dann zeig ich dir Floris Hundehaus. Es steht bei uns im Garten. Da kannst du es dir ruhig anschauen! Los! Komm!“
	L	Auf so einen Vorschlag war Katja nicht gefaßt. Sie ärgerte sich und schrie:
	S	„Bist du verrückt? Soll ich durch die ganze Stadt latschen, und was mach ich mit meiner Lisa inzwischen?“

2.3 Eine Geschichte ausführlich weitererzählen
Rezept Ge 6

Vermutungen	L	Wie geht jetzt die Geschichte weiter?
Lösungsvorschläge	S	Katja rennt davon; sie geht mit; versöhnt;
Bild 2	L	Ich zeige dir das zweite Bild. Diese lustige Lösung hat sich der Zeichner ausgedacht.
Stilles Betrachten Freie Aussprache		
Bild 1/2	L	Was geschieht zwischen Bild 1 und 2? Was sagt Hans?
	S	„Gut, dann bringen wir das Hundehaus her. Warte so lange! In der Zwischenzeit kannst du deine Rennschnecke weiter trainieren!
	S	Katja grinste höhnisch: „Na, da bin ich aber gespannt, wie du das machen willst.“ Und wartete.
Bild 2	L	Es dauerte nicht lange. Tatsächlich.
	S	Hans führte seinen Hund an der Leine an der verdutzten Katja vorbei. Flori trug auf seinem Rücken – sein eigenes Haus.
	L	Hans lachte und sprach triumphierend:
	S	„Mein Hund hat auch ein Haus. Sogar mit Fernseher und Radio.“

2.4 Einen Schluß erfinden

Rezept Ge 5

L Wie geht die Geschichte aus? Zuhörer und Leser erwarten eigentlich noch etwas, was der Zeichner nicht mehr gezeichnet hat.

S Katja gab kleinlaut zu: „Gut! Du hast gesiegt! Jetzt steht es 1 zu 1!“

S Katja lobte: „Du hast aber einen sehr klugen Hund. Der trägt sogar sein eigenes Haus.“

3. Halbschriftliche Gestaltungsphase

3.1 Gestaltungsaufgabe: Lebendig erzählen.

a) Textvergleich

Text 1:
Peter ging mit seinem Hund Strolchi im Park spazieren. Dabei trafen sie Evi mit ihrer Rennschnecke Wally. Evi gab furchtbar an. Sie stritten sich, weil ihre Schnecke ein Haus hatte und der Hund nicht. Da wurde es Peter zu dumm. Er rannte heim. Dann kam er mit seinem Hund wieder. Und er trug auf seinem Rücken sein eigenes Haus. Da lachte Evi.

Text 2:
Eines Tages ging Peter mit seinem Hund Niko spazieren. Da traf er seine Freundin Katja. Beinahe hätte er ihre Rennschnecke zertreten. „O Gott, was ist das?“ rief er. „Ist das dein neues Haustier?“ – Pah! Gib doch du nicht so an mit deinem Straßenköter!“ sprach sie frech. „Meine Schnecke hat ein eigenes Haus. Dein Hund nicht.“ Hans antwortete ruhig: „Niko hat sein Haus daheim im Garten. Warte, gleich holen wir es.“ Peter rannte mit Niko nach Hause. Bald waren sie wieder zurück. Katja blieb vor Verblüffung der Mund offen. „Na, was sagst du jetzt? “ rief er triumphierend. „Mein Hund hat und trägt auch sein Haus genau wie deine Schnecke. Hehe!“ sprach er und marschierte mit Niko an der verärgerten Freundin vorbei, während die Schnecke ihnen erstaunt nachguckte.

b) Aussprache:
Text 1: langweilig, kurz, trocken, keine Redeteile;
Text 2: frisch, lebendig, Rufsätze und Ausrufe, Redeteile.

c) Erkenntnis: Rezept Ge 9
Lesen und besprechen

TIPS

- Eine Geschichte wirkt auf Leser und Zuhörer frisch und lebendig, wenn der Schreiber Personen sprechen läßt.
- Ausrufewörter und -sätze drücken ein Gefühl aus und wirken ebenfalls lebendig.
- Schallwörter machen eine Geschichte lebendig, z. B. Platsch!

3.2 Arbeit am Satz

Anwendung der Wörter in Sätzen

Arbeitsblatt 1
Aufgabe 1 und 2

Juchhe, es schneit!
Hurra, wir machen eine Schneeballschlacht!
Aufgepaßt, wir greifen an!
Donnerwetter, unsere Bälle treffen gut!
Ha, die Gegner laufen davon!
Prima, wir haben gewonnen!

Erkenntnis 1:

Merke:

Juchhe! Hurra! Donnerwetter! drücken Freude und Fröhlichkeit aus!

Aufgabe 2

Oh, es kommt kein Wasser mehr!
Nanu, was ist los?
O Schreck! Die Leitung ist eingefroren!
Mein Gott, was soll ich heute kochen?
Wie schlimm! Die Kinder haben Hunger, wenn sie von der Schule kommen.

Erkenntnis 2:

Merke:
O je! Ach Gott! O Schreck! drücken Schrecken und Ängstlichkeit aus.

3.3 Arbeit am Wort und am Satz mit Menü Ge 9

4. Schriftliche Gestaltungsphase

4.1 Gestaltungsaufgaben
Anwendung der bisherigen Rezepte

L Du bist Peter (oder Katja) und hast die Geschichte selbst erlebt. Erzähle also in der Ich-Form und in der Vergangenheit.

L Erzähle eine frische und lebendige Geschichte.

Wiederholen der bisherigen Gestaltungsaufgaben (Rezepte Ge 4, 5, 6)

4.2 Gestaltungsübung
mit Hilfe der Vorgaben
Arbeitsblatt 1
Aufgabe 1 und 3.

4.3 Selbständige schriftliche Gestaltung
Der Anfang einer Geschichte als Vorgabe

„Wer andern eine Grube gräbt, fällt selbst hinein"

Es war im Sommer. Uli, der Sohn eines Nachbarn spritzte gerade im Garten die Blumen, als er Silke sah. „Ha", dacht er, „der spiel ich einen Streich." Ahnungslos näherte sich Silke dem Grundstück. Frech rief er ihr zu: „Na, du alte Ziege! Wie geht es dir?" Silke war entsetzt über so viel Bosheit und brachte kein Wort heraus. Der Junge aber ergriff die Gelegenheit und richtete den Schlauch auf sie . . .

Aufgabe:

1. Kannst du dir denken, wie die Geschichte weitergeht?
2. Wie muß sie weitererzählt werden, damit die Überschrift stimmt?

5. Bewertungsvorschlag

Inhalt	*Punkte*		*Sprache*	*Punkte*		
1. lebendig erzählt	2		wörtliche Redeteile Rufesätze	2		
2. ausführlich	2		inhaltsreiche Sätze	2		
3. Einleitung/Schluß	2		variabler Satzbau	2		
4. Gefühle/Gedanken	2		treffender Wortschatz	2		
Inhalt:	8	+	*Sprache:*	8	=	16

Vorschlag für Bewertungsschlüssel

Note 1	16 – 15 Punkte	Note 4	9 – 6 Punkte
Note 2	14 – 12 Punkte	Note 5	5 – 3 Punkte
Note 3	11 – 9 Punkte	Note 6	2 – 0 Punkte

6. Überarbeitung

6.1 Vergleichen und überprüfen der eigenen Geschichte in Partnerarbeit mit Hilfe der Werkzeuge und Rezepte

6.2 Gemeinsame Überarbeitung einiger Sätze mit Hilfe Werkzeug Ge 9 Umstellprobe

Vorgabe: Peter ging mit seinem Hund spazieren.
Da traf er seine Freundin Evi im Park.
Evi hatte ihre Rennschnecke dabei.

Anwendung der Umstellprobe Werkzeug Ge 9

Eines Tages ging Peter mit seinem Hund spazieren.
Im Park traf er seine Freundin Evi.
Ihre Rennschnecke hatte Evi auch mitgebracht.

6.3 Geschichten lesen, hören und beurteilen

Text 1: *Ein Streit*

Sonja hatte einmal eine junge Schnecke auf der Straße gefunden. Sie hat sie sofort in ein Glas getan und aufgezogen. Peter, ihr Nachbar, hatte einen Hund. Eines Tages trafen sich die beiden Kinder im Park. Peter hatte wie immer seinen Hund dabei. Sonja sagte, daß Peters Hund nicht so ein schönes Häuschen hat wie ihre Schnecke. Peter ging gleich in seinen Garten und kam nach fünf Minuten wieder. Da sah Sonja etwas Komisches auf dem Rücken von Peters Hund. Es war seine Hundehütte. Sonja lief weinend nach Hause zurück. Peter lachte.

Arbeit am Satz — AB 1

Aufgabe 1:

Vergleiche beide Texte.
Welche Sätze gefallen dir besser? Warum?

a) Meine Schnecke hat ein eigenes Haus

b) Was das schon ist!

c) Und was hat dein Hund? He? Nichts!

d) Laß mich in Ruh mit deinem blöden Haus!

Haha, *meine* Schnecke hat ein eigenes Haus!

Pah, was das schon ist!

Hehe, schau dein Hund! Was hat der? Hmmm? Nichts!

Zum Kuckuck! Laß mich in Ruh mit deinem blöden Haus!

Aufgabe 2:

Wie können folgende Sätze lebendiger gestaltet werden?
Wähle aus den vorgegebenen Ausrufewörtern aus!

a) Es schneit

b) Wir machen eine Schneeballschlacht.

c) Wir greifen an.

d) Unsere Bälle treffen.

e) Die Gegner laufen davon.

f) Wir haben gewonnen.

a) Es kommt kein Wasser mehr.

b) Was ist los?

c) Die Leitung ist eingefroren.

d) Was soll ich heute kochen?

e) Die Kinder haben Hunger, wenn sie von der Schule kommen.

Juchhe, . . . ! Hurra! Oh, . . . ! Prima! O je, . . . ! O Schreck! Ha, . . . ! Ach Gott! Wie schlimm! Donnerwetter! Aufgepaßt!

Aufgabe 3:

Auch diese Sätze kannst du *lebendiger* gestalten.
Ersetze das Wort *sagen* durch ein treffendes Zeitwort!

a) Katja *sagte:* „Meine Schnecke hat ein eigenes Haus."

b) Hans *sagte:* „Aber mein Hund hat auch ein eigenes Haus."

c) Katja *sagte:* „Hehe, wo ist denn das Haus? Ich sehe nichts."

d) Hans *sagte:* „Wenn du wartest, dann holen wir es."

schimpfen, vorschlagen, antworten, rufen, erwidern, entgegnen, jubeln, flüstern, spotten, schreien, brüllen

Ge 9

Ein gewagter Sprung

„Herbert, heute springen wir vom Fünfmeterturm", sprach mein Freund im Schwimmbad beim Ausziehen. Unter der Brause kühlten wir uns ab. Puh, war das Wasser frisch! Ich rieb mich tüchtig ab, bis mir wieder warm wurde.
Franz stürmte schon die Treppen zum Sprungturm hinauf. Mit einem kühnen Hechtsprung stürzte er sich hinab und verschwand in der Flut. Dann tauchte er wieder auf: „Bravo, Franz!" klatschte ich. Mir selber war es unheimlich zumute. „Ach, wenn ich nur nicht heraufgestiegen wäre!" dachte ich. Franz erblickte mich auf dem Turm und rief: „Feigling, spring doch!" Donnerwetter, was soll ich nur tun? dachte ich verzweifelt. Ich drückte die Augen zu, sprach mir Mut zu und zählte eins, zwei, drei. Jetzt – ein Sprung! – Platsch, war ich auf dem Wasser aufgeschlagen und untergetaucht. Ach, wie froh war ich, als ich wieder an der Oberfläche war. Oh, was für eine Menge Wasser hatte ich geschluckt! Ich pustete und spuckte. Geschafft! dachte ich.
Dann schwamm ich noch ein wenig, ehe ich auf die Spielwiese lief, um ein Sonnenbad zu nehmen.

Aufgaben:

1. Ulla meint: „Die Schwimmbadgeschichte ist ausführlich und lebendig geschrieben." Begründe Ullas Meinung.
2. Unterstreiche zuerst die Textstellen, die die Geschichte besonders lebendig machen. Schreibe sie dann in die entsprechenden Kästchen.

Wörtliche Rede	
Ausrufe	
Schallwörter und Fragen	

Lebendig erzählen

Ein gewagter Sprung

„Herbert, heute springen wir vom Fünfmeterturm“, sagte mein Freund beim Ausziehen. Unter der Brause kühlten wir uns ab. Ui, war das Wasser frisch! Ich rieb mich tüchtig ab, bis mir wieder warm wurde. Franz stürmte schon die Treppen zum Sprungturm hinauf. Mit einem kühnen Hechtsprung stürzte er sich hinab und verschwand in der Flut.
Dann tauchte er wieder auf: „Bravo, Franz!“ klatschte ich. Mir selber war es unheimlich zumute. „Ach, wenn ich nur nicht heraufgestiegen wäre!“ dachte ich. Franz erblickte mich und rief: „Feigling, spring doch!“ Donnerwetter, was sollte ich tun? Ich drückte die Augen zu, sprach mir Mut zu und zählte eins, zwei drei. Jetzt – ein Sprung! – Platsch, war ich auf dem Wasser aufgeschlagen und untergetaucht. Ach, wie froh war ich, als ich wieder an der Oberfläche war. „Oh, was für eine Menge Wasser hatte ich geschluckt!“ Ich pustete und spuckte.
Dann schwamm ich noch ein wenig, ehe ich auf die Spielwiese lief, um ein Sonnenbad zu nehmen.

TIPS

- Deine Geschichte wird lebendig und frisch, wenn du Personen sprechen läßt. Die wörtliche Rede bringt Abwechslung in deine Erzählung (WZ 8)
- Schallwörter und lautmalende Wörter machen deine Geschichte lebendig, z. B.: Ui! Platsch!
- Ausrufe drücken ein Gefühl aus. Ausrufewörter und -sätze machen deine Geschichte ebenfalls lebendig, z. B.: Donnerwetter! Bravo! Ach!

  Andere Ausrufewörter sind:
  Hurra, . . .! Mensch, . . .! Verflixt, . . .! Herrschaft, . . .! Gott sei Dank . . .! O je, . . .! O Schreck, . . .! Keine Angst . . .! Prima, . . .! Ei, wie . . .! Paß auf, . . .! Hoppla, . . .! Zum Kuckuck, . . .!

Übung

Bilde mit Hilfe der Ausrufewörter passende Sätze, z. B. Hurra, heute ist hitzefrei! Mensch, Peter! Du, ich habe meine Geldbörse im Supermarkt vergessen.

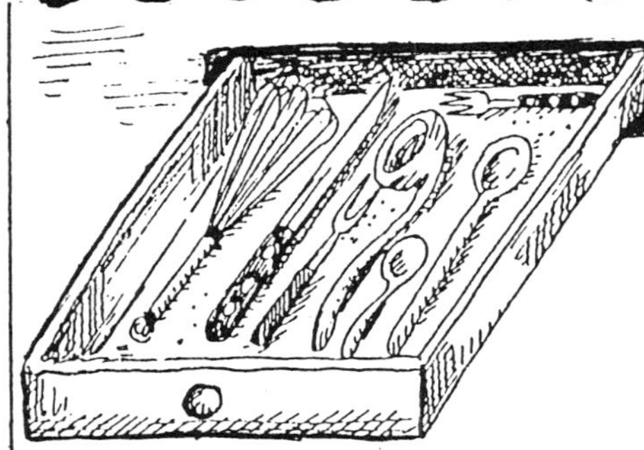

Ge 9

Die Umstellprobe

Ein gleichförmiger Satzbau langweilt den Leser.
Ein abwechslungsreicher Satzbau macht deine Geschichte lebendig.

Wie? Mit der Umstellprobe!!!
Die Umstellprobe hilft, den Sinn eines Satzes **klar** und **verständlich** auszudrücken.
Beispiel:

Satzanfang	Satzkern		Satzende
Meister Eder	*steckt*	den Pumuckl	*in seine Manteltasche.*
In seine Manteltasche	*steckt*	**Meister Eder**	den Pumuckl.
Den Pumuckl	*steckt*	**Meister Eder**	*in seine Manteltasche.*

Beim Umstellen der Satzglieder merkst du:
- Jeder Satz klingt ein wenig anders.
- Jeder Satz hat seinen Höhepunkt an einer anderen Stelle.
- Der Satzkern aber steht immer an der gleichen Stelle.

TIPS

- Wenn du lebendig erzählen willst, dann gestalte die Sätze deiner Geschichte möglichst abwechslungsreich.
- Stelle das Sinnwort an den Anfang des Satzes. Dort ist es besonders hervorgehoben und betont, z. B.:

  Zum Einkaufen geht Herr Eder in die Stadt.

  Er schlüpft in den Mantel und setzt den Hut auf.

  Den Pumuckl steckt Meister Eder in die Manteltasche.

  Dann verläßt er das Haus.

Erzählen: Die ausführliche und lebendige Geschichte **Ge 10**

Eine Einkaufsgeschichte

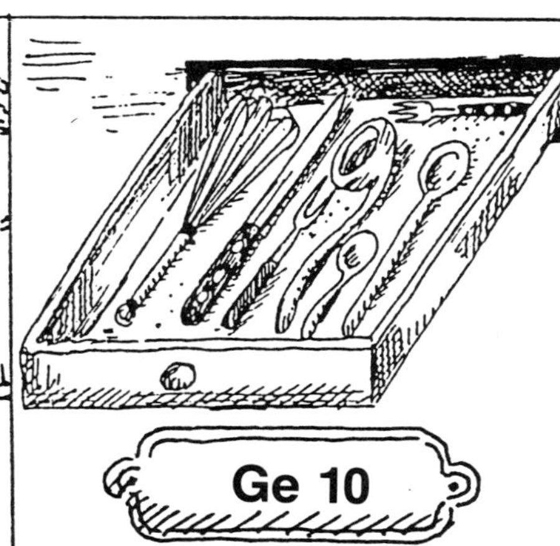

Erzählen: Ein Erlebnis — **Ge 10**

Gestaltungsaufgaben: Ausführlich und lebendig erzählen

Lernziele

Die Schüler sollen
- die Geschichte folgerichtig weitererzählen
- ausführlich und genau erzählen, daß der Leser keine Fragen mehr hat
- Gedanken und Gefühle äußern, damit der Leser das Geschehen miterleben kann
- lebendig erzählen, daß der Leser die Geschichte gerne liest
- einen passenden Schluß finden

Arbeit an der Geschichte

Die Schüler sollen
- die Lösung nicht vorwegnehmen
- mit Hilfe von Bildvorgaben Fortsetzungsmöglichkeiten finden und eine passende auswählen

Arbeit am Satz

Die Schüler sollen
- Redeteile zur Verlebendigung verwenden
- Ausrufesätze zur Verdeutlichung von Gefühlen und Gedanken einbauen
- inhaltsreiche Sätze verwenden
- verschiedenartige Satzarten einsetzen

Arbeit am Wort

Die Schüler sollen
- emotional besetzte Zeitwörter verwenden
- den Wortschatz für die Fortsetzungsmöglichkeiten in Stichwörtern notieren

Verlaufsskizze

1. Motivationsphase

1.1 Einkaufszettel als stummer Impuls

	L	Erzähle eine Einkaufsgeschichte.
Spontanes freies Erzählen		
1.2 Anfang der Geschichte		
Folie – AB 1	L	Ich zeige dir den Anfang der Geschichte.
	S	Vor einigen Tagen schickte Mutter Peter in den Supermarkt.
	S	Mutter richtete ihm den Einkaufskorb mit dem Geldbeutel und dem Einkaufszettel auf dem Tisch her. Peter klemmte den Korb auf den Gepäckträger und …
Folie Bild 2	L	Überlege, wie die Geschichte weitergehen könnte.
1.3 Zielangabe	L	Wir wollen eine ausführliche, lebendige Geschichte erzählen.

2. Mündliche Gestaltungsphase

2.1 Freies Erzählen der Schüler L Es gibt verschiedene Möglichkeiten, wie die Geschichte weitergehen und enden könnte.

Lösungsvorschläge der Schüler

2.2 Gelenktes Erzählen mit Arbeitsblatt 1

4 Bilder

1. Möglichkeit:
   kurz entschlossen umkehren, auf dem Weg und am Straßenrand suchen, Zettel finden, glücklich, einkaufen
2. Möglichkeit:
   kurz zögern, zaudern, weinen, Frau geht vorbei, mitleidig, tröstet, heimfahren
3. Möglichkeit:
   nachdenken und überlegen, was Mutter aufgeschrieben; einkaufen; richtig (falsch) eingekauft.
4. Möglichkeit:
   kopflos, sich nicht heimtrauen, Eis kaufen, Fußballplatz fahren, Eis essen und spielen;

2.3 Notieren der Tafelstichwörter
Arbeitsblatt 1

2.4 Zusammenhängendes Erzählen im Erzählkreis

L Erzähle eine ausführliche und lebendige Geschichte
Welche Gestaltungsrezepte mußt du beachten?

Wiederholen der Gestaltungsrezepte

3. Halbschriftliche Gestaltungsphase

3.1 Gestaltungsaufgabe
Nichts vorwegnehmen! (Menü Ge 10)
Zwei angefangene Geschichten zum Vergleichen.

Text 1: Der verlorene Einkaufszettel
Peter sollte für seine Mutter zum Einkaufen gehen. Bevor Peter losfuhr, legte er den Einkaufszettel in den Einkaufskorb.

Unterwegs sauste er lustig an den Leuten vorbei. *Plötzlich flog ihm* der Einkaufszettel aus *dem Korb.* Als er am Supermarkt ankam, stellte er sein Fahrrad ab und wollte den Zettel aus dem Korb nehmen. Da sah er, daß er nicht mehr im Korb lag. Er suchte überall. . . .

Text 2: Der verflixte Zettel
Peter sollte für seine Mutter zum Einkaufen gehen. Bevor Peter losfuhr, legte er den Einkaufszettel in den Einkaufskorb.

Unterwegs sauste er lustig an den Leuten vorbei. Bald kam er am Supermarkt an und stellte sein Fahrrad ab. Nun nahm er den Korb vom Gepäckträger ab und wollte den Einkaufszettel aus dem Korb holen. Da stutzte er. Dann guckte er genauer hinein! Wo ist der Zettel? dachte er. „Das darf doch nicht wahr sein!" murmelte er. . . .

Aufgaben:

1. Lies die angefangenen Geschichten zweimal durch.
   Welche gefällt dir besser? Warum?
2. Die folgenden Sätze helfen dir beim Vergleichen. Setze richtig ein.

Feststellungen:

1. Der Schreiber von Text 1 verrät bereits am Anfang, daß der Zettel aus dem Korb gefallen ist. Damit ist dem Leser die Lösung bekannt, und die Spannung ist weg.

2. Der Schreiber von Text macht das nicht. Er verrät nach und nach, was mit dem Zettel los ist. Der Leser wird hingehalten und erfährt erst nach und nach die Lösung. Die Spannung bleibt erhalten.

Erkenntnis:

1. Wenn ich eine Erlebnisgeschichte erzähle, darf ich nichts vorwegnehmen.
2. Ich darf nicht gleich alles verraten, um die Neugierde des Lesers zu erhalten.

3.2 Teilgestaltungsaufgabe
als Vorbereitung für die selbständige schriftliche Ausarbeitung.

L — Erzähle die Stelle, als Peter den Zettel aus dem Korb holen will, genau, ausführlich und lebendig! Überlege, wie ihm zumute ist.

Lösungsmöglichkeit:

Bald kam er am Supermarkt an und stellte sein Fahrrad ab. Schnell nahm er den Einkaufskorb vom Gepäckträger und wollte den Einkaufszettel herausholen. Da stutzte er und schaute noch einmal hinein. Wo ist der Zettel? dachte er und kramte unter den beiden Stoffbeuteln herum, die ihm Mutter für die Lebensmittel hineingelegt hatte. Nervös griff er in die Hosentaschen und in die Jackentaschen. Nichts! Wirklich nichts, nichts! Der Zettel blieb verschwunden. „Das darf doch nicht wahr sein!" murmelte er vor sich hin. Aufgeregt ging er um das Fahrrad herum und guckte verzweifelt nach allen Seiten. „Verloren, aber wo?" überlegte er angestrengt. Er war dem Weinen nahe. „Was mach ich jetzt bloß?" sprach er halblaut vor sich hin. Das hörte eine ältere Dame, die gerade vorbeiging. ...

4. Schriftliche Gestaltungsphase

4.1 Wiederholung der Gestaltungsaufgaben
Rezept Ge 10
Der Leser und der Schreiber
Lesen und besprechen

TIPS

- Erzähle alle wichtigen Einzelheiten. (Rezept Ge 6)
- Baue das Hauptgeschehen genau aus. (Rezept Ge 6)
- Schreibe inhaltsreiche Sätze. (Werkzeug Ge 6)
- Lasse Personen sprechen. (Rezept Ge 9)
- Ausrufe und Ausrufewörter machen deine Geschichte lebendig. (Rezept Ge 9)
- Ein abwechslungsreicher Satzbau erfreut den Leser. (Werkzeug (Ge 9)

4.2 Wahl der Fortsetzungsmöglichkeit
Arbeitsblatt 1
Hilfen verwenden

L — Wähle auf Arbeitsblatt 1 eine Fortsetzungsmöglichkeit aus, und schreibe eine zusammenhängende Geschichte. Du darfst das Wortmaterial verwenden.

5. Bewertungsvorschlag

Inhalt	*Punkte*		*Sprache*	*Punkte*	
1. ausführlich	2		variable Sätze	2	
2. lebendig	2		Ausrufesätze wörtliche Redeteile	2	
3. Gefühle/Gedanken	2		emotionale Zeitwörter	2	
4. Schluß	2		Vergangenheit	2	
5. Ideen-Kreativität	2		besondere Ausdrücke	2	
Inhalt:	10	+	*Sprache:*	10	= 20

Vorschlag für Bewertungsschlüssel

Note 1	20 – 18 Punkte	Note 4	11 – 8 Punkte
Note 2	17 – 16 Punkte	Note 5	7 – 6 Punkte
Note 3	15 – 12 Punkte	Note 6	5 – 0 Punkte

6. Überarbeitung

6.1 Vergleichen und Überprüfen der eigenen Geschichte in Partnerarbeit mit Hilfe der Rezepte und Werkzeuge

6.2 Arbeit an der Geschichte

a) Gestaltungsaufgabe: Erzähle lebendig!

Text 1: Peter verliert den Einkaufszettel
Peter mußte zum Einkaufen fahren. Peter fuhr los. Als er angekommen ist, suchte Peter den Einkaufszettel. Wo ist er denn nur? Vielleicht habe ich ihn daheim vergessen? Peter kaufte Maggi, Schokolade, Obst und Gemüse. Dann fuhr er wieder nach Hause. Mama schimpfte sehr.

Aussprache:

(1) Peter verliert den Einkaufszettel.
Überschrift verrät schon alles.
besser: Der verflixte Einkaufszettel.
Falsch eingekauft!
Ein dummes Mißgeschick

(2) Die Geschichte ist langweilig. Wörtliche Redeteile fehlen.

(3) Wo suchte Peter überall?
Lösung:
im Geldbeutel, in den Hosentaschen, in der Hemdtasche, auf der Straße, am Straßenrand;

6.3 Arbeit am Wort:
Arbeitsblatt

(1) Peter kaufte die *Sachen* ein. (Brot, Nudeln, Eier und Zucker)
(2) Peter *ging* in den Supermarkt. (rannte, eilte, hastete)
(3) Peter *kaufte ein* und radelte nach Hause. Mutter fragte: „Was hast du *eingekauft?*" (bringen, holen)
(4) Peter *fuhr* zurück. Als er wieder zum Supermarkt *fuhr*, dachte er nach. Er kaufte ein und *fuhr* wieder heim. (sausen, radeln, strampeln)

Erzählen: ausführlich und lebendig — Ge 10

Eine Einkaufsgeschichte — AB 1

Den Einkaufszettel verloren

Vor einigen Tagen schickte Mutter Peter zum Einkaufen in den Supermarkt. Peter schrieb sich einen Einkaufszettel und legte ihn mit dem Geldbeutel in den Korb, den er sich auf den Gepäckträger klemmte.

Das ist der Anfang einer Einkaufsgeschichte.
Überlege dir, wie die Geschichte weitergehen könnte.
Es gibt verschiedene Möglichkeiten. Suche jetzt eine aus und erzähle.

Ge 10

Zwei Geschichten zum Vergleichen

Text 1: *Der verlorene Einkaufszettel*

Peter sollte für seine Mutter zum Einkaufen gehen. Bevor Peter losfuhr, legte er den Einkaufszettel in den Einkaufskorb.
Unterwegs sauste er lustig an den Leuten vorbei. *Plötzlich flog ihm* der Einkaufszettel aus *dem Korb.* Als er am Supermarkt ankam, stellte er sein Fahrrad ab und wollte den Zettel aus dem Korb nehmen. Da sah er, daß er nicht mehr im Korb lag. Er suchte überall ...

Text 2: *Der verflixte Zettel*

Peter sollte für seine Mutter zum Einkaufen gehen. Bevor Peter losfuhr, legte er den Einkaufszettel in den Einkaufskorb.
Unterwegs sauste er lustig an den Leuten vorbei. Bald kam er am Supermarkt an und stellte sein Fahrrad ab. Nun nahm er den Korb vom Gepäckträger ab und wollte den Einkaufszettel aus *dem Korb* holen. Da stutzte er. Dann guckte er genauer hinein! Wo ist der Zettel? dachte er. „Das darf doch nicht wahr sein!" murmelte er. ...

Aufgaben:

1. Lies die angefangenen Geschichten zweimal durch.
   Welche gefällt dir besser? Warum?
2. Die folgenden Sätze helfen dir beim Vergleichen. Setze richtig ein.

Feststellungen:

1. Der Schreiber von Text 1 verrät bereits am Anfang, daß ______________________

   ____.

2. Der Schreiber von Text 2 macht das ______________________________.

Er verrät ______________________________. Deswegen

verspricht die Geschichte ______________________________.

TIPS

- Wenn ich eine Erlebnisgeschichte erzähle, darf ich nichts vorwegnehmen.
- Ich darf nicht gleich alles verraten. Das weckt die Neugierde des Lesers.

Eine Geschichte ausführlich und lebendig erzählen

Der Leser

Sicherlich bist du auch der Meinung, daß man eine Geschichte gern liest, wenn ein Geschehen so ausführlich und genau erzählt wird, daß du dich so hineindenken kannst, als wärest du selbst dabei.
Und wenn du als Leser keine offenen Fragen mehr hast, dann hat der Erzähler deinen Wissensdurst bestimmt gestillt. Eine Geschichte darf für den Leser nicht langweilig oder trocken und eintönig dahinplätschern, daß man beim Lesen gleich einschlafen könnte.
D. h., die Personen einer Geschichte sprechen laut oder leise miteinander, sie flüstern oder rufen einander zu. Wenn sie sich ärgern und wütend sind, dann schreien und toben sie. Wenn sie sich freuen, dann hüpfen und springen sie herum, schlagen sich auf die Schultern und rufen „Juchhe", „Hurra" und „Juhu!"

Der Schreiber

Jetzt weißt du, was der Leser von einer Geschichte erwartet.
Jetzt weißt du aber auch, **wie** du eine Geschichte verfassen mußt, damit sie dem Leser gefällt.

- Erzähle alle wichtigen Einzelheiten,
  damit der Leser keine Fragen mehr hat. (Rezept Ge 6)
- Baue das Hauptgeschehen genau aus.
  Schlüsselfragen helfen dir. (Rezept Ge 6)
- Schreibe inhaltsreiche Sätze. (Werkzeug Ge 6)
- Wenn du Personen sprechen läßt,
  wird deine Geschichte lebendig und frisch. (Rezept Ge 6)
- Ausrufesätze und -wörter machen deine Geschichte
  ebenfalls lebendig. (Rezept Ge 9)
- Ein abwechslungsreicher Satzbau erfreut den Leser. (Werkzeug Ge 9)

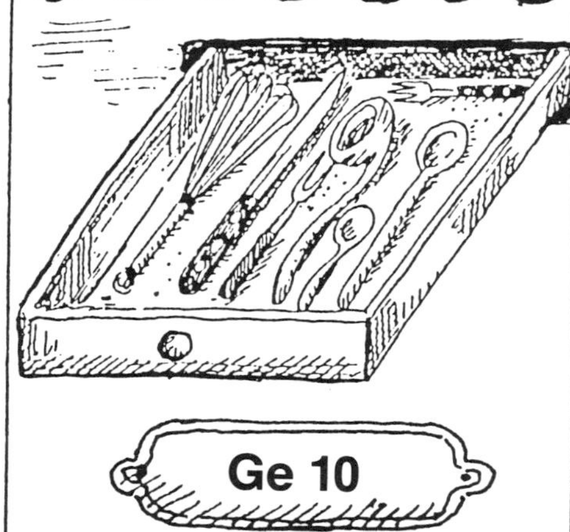

Eine Geschichte überarbeiten

Du bekommst deinen Aufsatz vom Lehrer korrigiert zurück. Er sagt: „Du sollst deinen Aufsatz noch einmal überarbeiten.“ Du weißt, was das heißt, wenn du die Korrekturzeichen des Lehrers gut kennst. Sie helfen beim Überarbeiten deiner Geschichte.

Beispiel:

Der verlorene Einkaufszettel	Überschrift? (Rezept Ge 1)
Peter mußte zum Ein?kaufen fahren.	Einleitung? (Rezept Ge 4)
Sa W *Peter fuhr* los.	W Wiederholung! Ersatzprobe! (Werkzeug Ge 7)
Sa *Als* er angekommen ist, suchte er den Einkaufszettel. V V	V Ausführlicher! (Rezept Ge 6) Erweiterungsprobe (Werkzeug Ge 6)
Sa *Als* er den Zettel nicht fand, weinte er.	Sa Satzanfänge! (Werkzeug Ge 9) Umstellprobe!
WR Eine alte Frau fragte ihn, *warum er weine.*	WR Wörtliche Rede! (Rezept Ge 9)
Sa *Peter* erzählte alles. V	V Ausführlicher! (Rezept Ge 6)
WR Die Frau *tröstete ihn und* schickte ihn heim.	WR Wörtliche Rede! (Rezept Ge 9)
Daheim erzählte er alles.	Schluß? (Rezept Ge 5)

Aufgabe:

Versuche, mit Hilfe der Überarbeitungshinweise die Geschichte zu verbessern.

Kuh auf Stallsuche

Duisburg (dpa)
In der Adresse geirrt hatte sich diese Kuh in Duisburg auf der Suche nach ihrem Stall. Sie war aus dem Schlachthof ausgebrochen, hatte auf der wilden Flucht parkende Autos demoliert und war schließlich in eine Bank gestürmt. Angestellte und Kunden flohen in Panik vor dem wütenden Tier. Nach dem Bankbesuch konnte es endlich gefangen werden.

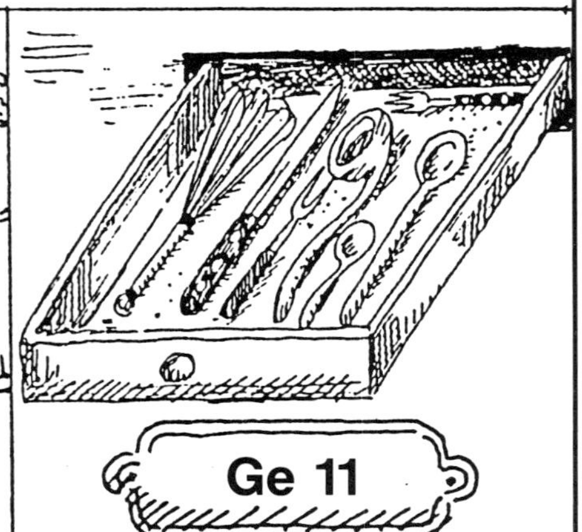

Erzählen: Eine Tierbildgeschichte	**Ge 11**
Gestaltungsaufgabe: Ausführlich und lebendig schreiben Den Aufbau beachten	

Lernziele

Die Schüler sollen
- einen vorgegebenen Erzählkern ausführlich und lebendig wiedergeben
- den Anfang und den Schluß der Geschichte mit Hilfe von Bildern und der eigenen Phantasie sinnvoll ergänzen
- beim Erzählen den Aufbau beachten

Arbeit an der Geschichte

Die Schüler sollen
- sich mit Hilfe von Bildern eine Situation genau vorstellen und sich in den Inhalt hineindenken
- Schlüsselfragen aufschreiben
- gegebene und gedachte Elemente sinnvoll ergänzen
- Stichwörter notieren
- den Hauptteil ausführlich und genau erzählen

Arbeit am Satz

Die Schüler sollen
- Ausrufesätze für Angst und Furcht finden
- Ausrufesätze der Erleichterung finden

Arbeit am Wort

Die Schüler sollen
- treffende Zeitwörter für Bewegungen finden

Verlaufsskizze

1. Motivationsphase

1.1 Titel eines Zeitungsartikels
TA „Kuh auf Stallsuche“
als stummer Impuls

Spontane Äußerung	L	Wovon könnte der Zeitungsartikel handeln?
1.2 Zeitungsausschnitt	L	Eine lustige Geschichte ...
1.3 Tafelanschrift	L	Was wir wissen wollen: Wie das Tier entkommen ist → Einleitung Was in der Stadt geschah ... Was in der Bank geschah → Hauptteil Wie die Kuh eingefangen wurde → Schluß
1.4 Zielangabe	L	Wir erzählen eine ausführliche Geschichte.

2. Mündliche Gestaltungsphase

2.1 Ein Thema aufschlüsseln und den Aufbau vorbereiten

Werkzeug Ge 11 W-Fragen	L	Wir versuchen diese Geschichte in drei Teilen aufzubauen und mit Schlüsselfragen aufzuschließen.
Teilüberschriften finden	S	Einleitung: Flucht aus dem Schlachthof Hauptteil: In der Sparkasse Schluß: Eingefangen!
Arbeitsblatt 1	L	Wir schreiben Schlüsselfragen auf.
auch als Folie Einleitung: Rezept 4	S	Einleitung: Flucht aus dem Schlachthof! – Wie ist die Kuh entkommen? – Wer war dabei? – Warum konnte die Kuh flüchten?
Hauptteil: Rezept 6		Hauptteil: In der Sparkasse – Wie kam sie in die Sparkasse? – Wie verhielten sich die Kunden? – Was machten die Angestellten? – Was hat sich alles zugetragen? – Was machte der Direktor?
Schluß: Rezept 5		Schluß: Wieder eingefangen! – Wie wurde die Kuh eingefangen? – Wer fing sie ein?
Aufnotieren von Fragen mit Hilfe Arbeitsblatt 1		

2.2 Den Hauptteil genauer erzählen

	L	Wir stellen uns die Geschichte mit Hilfe der Bilder vor und erzählen den Zeitungsbericht genauer und ausführlicher.
	L	zeigt Bild 2 und 3. Besuch in der Sparkasse.
	S	Mündliches Erzählen. (TA) Bild 2: Kuh stürmt in die Bank ... Kunden erschrecken, schreien, flüchten ... Kassenwart droht, wehrt ab Bild 3: Kuh tobt, ist wütend, trampelt herum, zertrümmert mit Hörnern die Scheiben, Kassenwart schimpft, ärgert sich
	L	Wie könnte die Geschichte weitergehen?
	S	vermuten.
	L	zeigt Bild 4. Filialleiter, Direktor rennt zum Telefon. Er ruft die Polizei, die Feuerwehr ...
	L	Erzählt, was zwischen Bild 3 und 4 geschieht.
	S	Mündliches Erzählen: (TA) Die Kunden verstecken sich ... schimpfen ... ärgern sich ... schreien ... rennen aufgeregt herum ... stürzen davon ... Der Filialleiter erreicht endlich das Telefon ... ruft die Polizei ... die Feuerwehr ... einen Tierarzt ...
Aufnotieren von Stichwörtern mit Hilfe Arbeitsblatt 2		

2.3 Die Einleitung erzählen

L zeigt Bild 1

S Mündliches Erzählen:
Kuh springt vom Viehwagen ... rennt aufgeregt herum ... entdeckt das offene Tor ... Metzger, Fleischer hinterher ...

siehe Rezept Ge 4 und 11

L Erzähle eine passende Einleitung. Wie beginnt der Erzähler seine Geschichte?

S Eines Tages ... Letzte Woche ...

S „Halt! Paßt auf! Die Kuh dort springt vom Wagen! Haltet sie auf!" ruft der Lastwagenfahrer, als die Rinder vor dem Schlachthof ausgeladen wurden.

2.4 Den Schluß erzählen

L zeigt Bild 5. Betrachtet unser Bild. Wie endet die Geschichte?

S Der Sparkassendirektor atmete auf. Am Eingang erschienen Feuerwehrmänner mit langen Stricken ... schlichten die Männer vom Schlachthof ... Ein ganz mutiger Mann beruhigte sie ... führte sie davon ... Alle atmeten erleichtert auf.

2.5 Zusammenfassung

Rezept Ge 11
Lesen und besprechen

1. Den Aufbau einer Erzählung beachten.
2. Schlüsselfragen stellen.
3. Eine zusammenhängende Geschichte erzählen mit Hilfe der Stichwörter.

3. Halbschriftliche Gestaltungsphase

3.1 Gestaltungsaufgabe

Wiederholung Rezept Ge 6 — Die lebendige Erzählung

3.2 Gestaltungsaufgabe

Wiederholung Rezept Ge 9 — Die ausführliche Erzählung

3.3 Gestaltungsaufgabe

Arbeit am Wort

L Die Aufregung der Personen und der Kuh will der Leser spüren.

S Die Kunden laufen aufgeregt hin und her. Die wütende Kuh springt hin und her.

L Wir suchen Zeitwörter, die Aufregung ausdrücken.

TA hin und her rennen, aufgeregt herumsausen,

S entsetzt davonstürmen, herumjagen, herumspringen, gereizt, anstoßen, zertrümmern, umwerfen, umstürzen, bestürzt davonrennen und sich verstecken.

3.4 Gestaltungsaufgabe

Arbeit am Satz

L Was die Personen in der Geschichte empfinden, soll der Leser oder Zuhörer spüren.

L Betrachte die Bilder 2 und 3.
Was empfinden die Leute, als die wütende Kuh auftaucht?

S Angst, Furcht, Schrecken kann man mit Ausrufewörtern und -sätzen ausdrücken.

S, TA O Gott! Mein Gott! O Schreck! Um Gotteswillen!

S Freude, Erleichterung und Aufatmen, als das störrische Tier weggebracht wird.

S, TA Gott sei Dank! Hab ich gelacht! Geschafft!

4. Schriftliche Gestaltungsphase

4.1 Wiederholung

Gestaltungsaufgaben und Rezepte Ge 6, 9, und 11

4.2 Gestaltungsübung mit Vorgaben

Menü Ge 11 — L — Beurteile folgende Geschichte.

Benjamin erzählt: Kuh auf Stallsuche
Gestern brachte ein Lastwagen Kühe zum Schlachthof. Über eine Rampe trieb Herr Müller die Kühe zur offenen Türe ins Schlachthaus. Wie es kommen mußte, eine Kuh wollte nicht hinein und brach aus. Die Männer riefen: „Haltet sie! Haltet sie!" und sprangen hinterher. Aber sie rannte voller Eile gegen viele Autos und lief kreuz und quer durch die Stadt, weil sie ihren Stall suchte. Dabei geriet sie in eine Sparkasse. Nach 10 Minuten kam sie wieder heraus. In der Bank sah es aus wie in einem Schweinestall. Vor der Bank wurde sie gefangen und wieder zum Schlachthof zurückgebracht.

Vergleich mit den Rezepten Ge 6, Ge 9, Ge 11

Aussprache

1. Keine Absätze gebildet.
2. Der Hauptteil wird nicht ausführlich genug erzählt. Was geschah in der Bank? Was dachten sich die Leute?
3. Nicht lebendig genug erzählt: Ausrufe und Ausrufesätze fehlen.
4. Was sprechen und rufen die Personen?
5. Die Aufregung der Kuh und der Kunden ist nicht zu spüren.

4.3 Selbständige schriftliche Gestaltung

Gestaltungsaufgaben

Erzähle jetzt eine zusammenhängende Geschichte so genau, ausführlich und lebendig, daß sich der Leser das Geschehene sowie die Gedanken und Gefühle der Personen gut vorstellen kann.
Beachte den Aufbau der Geschichte.

1. Möglichkeit:
Kuh auf Stallsuche
mit Perspektivenwechsel (Herr Müller erzählt; oder in der Ich-Form)

2. Möglichkeit:
Arbeitsblatt 3
Der Elefant im Blumenladen

5. Bewertungsvorschlag

Inhalt	*Punkte*		*Sprache*	*Punkte*	
1. ausführlich	2		inhaltsreiche Sätze	2	
2. lebendig	2		wörtliche Rede, Fragen	2	
3. Gefühle/Gedanken	2		emotionale Ausdrücke	2	
4. Aufbau/Einleitung/Schluß	2		sprachliche Gestaltung	2	
5. Kreativität	2		besonders eigenständiger Ausdruck	2	
Inhalt:	10	+	*Sprache:*	10	= 20

Vorschlag für Bewertungsschlüssel

Note 1	20 – 19 Punkte	Note 4	11 – 8 Punkte
Note 2	18 – 16 Punkte	Note 5	7 – 6 Punkte
Note 3	15 – 12 Punkte	Note 6	5 – 0 Punkte

6. Überarbeitung

6.1 Geschichten lesen, hören und beurteilen

Text 1: *Kuh auf Stallsuche*

Gestern brachte ein Lastwagen Kühe zum Schlachthof. Über eine Rampe trieb Herr Müller die armen Tiere in das Schlachthaus.
Zuerst lief alles ganz gut. Ein Rind nach dem andern stolperte über die Bretter ins Schlachthaus hinein. Aber der Lisa war das alles zu dumm. Sie wollte zurück in ihren Stall und beschloß zu fliehen. Sie entdeckte das offene Tor und rannte davon. Herr Müller fluchte: „Wie kann das nur passieren?" und schrie die Helfer an: „Warum habt ihr nicht aufgepaßt?" Lisa galoppierte die Straße entlang in die Stadt hinein. Herr Müller und seine Helfer rannten schreiend hinterher. Aber der Kuh war es viel zu laut, und sie stürmte voller Angst in eine Sparkasse hinein. Da erschrak sie, weil es nicht ihr Stall war. Der Sparkassendirektor rief die Polizei und die Feuerwehr an. Da kam schon der Herr Müller schnaufend an: „Jetzt hab ich dich, du Mistvieh!" schrie er und führte sie hinaus vor die Sparkasse, wo bereits der Viehwagen wartete. Seine Helfer schoben und drängten Lisa hinein. Aus war der Traum von der Freiheit!

Text 2: *Kuh auf Stallsuche*

Gestern brachte ein Lastwagen Kühe zum Schlachthof. Über eine Rampe trieb Herr Müller die Kühe in das Schlachthaus hinein.
„Los, los!" schrie ein Helfer, „morgen werdet ihr alle geschlachtet!" Als das die Kuh Lisa hörte, riß sie sich los, rannte einen Mann um und stürmte durch das Schlachthaustor in die Stadt hinein. Sie lief zwischen parkende Autos hindurch und suchte einen Stall, fand aber keinen. Sie suchte weiter in den Straßen der Stadt nach ihrem eigenen Stall. Da wurde sie wütend und stürmte in eine Sparkasse. Die Angestellten flohen vor dem wilden Tier. Sie hatten Angst, daß sie aufgespießt würden. Lisa sprang hin und her und verwüstete alles. Der Sparkassenleiter forderte einen Viehwagen an.
Endlich wurde die Ausreißerin wieder in den Schlachthof zurückgebracht.

Folie

Erzählen: Ausführlich und lebendig erzählen **Ge 11**

Den Erzählaufbau beachten **AB 1**

Schlüsselfragen aufschreiben

Einleitung: Flucht aus dem Schlachthof

Hauptteil: Besuch der Kuh in der Sparkasse

Schluß: Wieder eingefangen

Die Kuh in der Sparkasse

Hauptteil: Notiere in Stichwörtern.

Erzählen: Den Erzählaufbau beachten **Ge 11**

Gestaltungsübung – Probeaufsatz **AB 3**

Im Frankfurter Blumenladen von Frau Peschke sah es wüst aus: Das Schaufenster war zerbrochen, die Rosen zertrampelt. Papier lag über den Boden verstreut. Youmi, ein dreijähriges Tier aus dem Zirkus Sarasanni, hatte sich zur Mittagszeit mitten in Frankfurt losgerissen und nicht nur Frau Peschke, sondern auch andere Geschäfte und ein Postamt „besucht". In den zwanzig Minuten der Freiheit gingen zahllose Scheiben zu Bruch, ehe der Elefant wieder eingefangen werden konnte.

① ② ③ ④ ⑤

Folie

Ge 11

Eine Geschichte beurteilen

Benjamin erzählt:

Kuh auf Stallsuche

Gestern brachte ein Lastwagen Kühe zum Schlachthof. Über eine Rampe trieb Herr Müller die Kühe zur offenen Türe ins Schlachthaus. Wie es kommen mußte, eine Kuh wollte nicht hinein und brach aus. Die Männer riefen: „Haltet sie! Haltet sie!“ und sprangen hinterher. Aber sie rannte voller Eile gegen viele Autos und lief kreuz und quer durch die Stadt, weil sie ihren Stall suchte. Dabei geriet sie in eine Sparkasse.
Nach 10 Minuten kam sie wieder heraus. In der Bank sah es aus wie in einem Schweinestall. Vor der Bank wurde sie gefangen und wieder zum Schlachthof zurückgebracht.

Aufgabe:

Beurteile die Geschichte mit Rezept Ge 11.

Besuch der Kuh in der Sparkasse

Der Erzählkern

Eine kurze Zeitungsmeldung kann der Kern einer Erzählung sein. Sie stellt das wesentliche Geschehen einer Geschichte dar. Du hast die Aufgabe, die Geschichte so ausführlich und so lebendig zu erzählen, daß der Leser sich das Ereignis gut vorstellen kann und sich nicht langweilt.

TIPS

- Lege den Aufbau der Geschichte vor dem Schreiben in groben Zügen fest, indem du dir zu den einzelnen Teilen einige Stichwörter notierst. Beantworte Schlüsselfragen.
- *Einleitung:* Wann und wo spielt die Geschichte?
  Welche Personen sind dabei?

  Einleitung: Flucht aus dem Schlachthof

Nach der Einleitung folgt ein **Absatz,** damit der Aufbau auch mit den Augen erkennbar ist.

- *Hauptteil:* Im Hauptteil wird das Geschehen ausführlich und genau erzählt. Stelle dir die Geschichte in **Bildern** vor.
  Der Leser will alles verstehen, ohne nachfragen zu müssen.
  Gedanken und Gefühle der Personen sollen dargestellt werden.

  Hauptteil: Besuch der Kuh in der Sparkasse

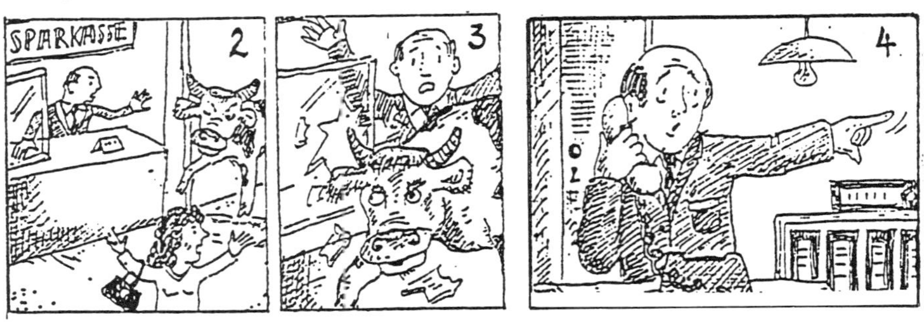

Nach einem **Absatz** beendet der Schluß deine Geschichte.

- *Schluß:* Der Schluß erzählt, wie die Geschichte ausgegangen ist. Er rundet die Erzählung ab.

  Schluß: Wieder eingefangen

Schlüsselfragen

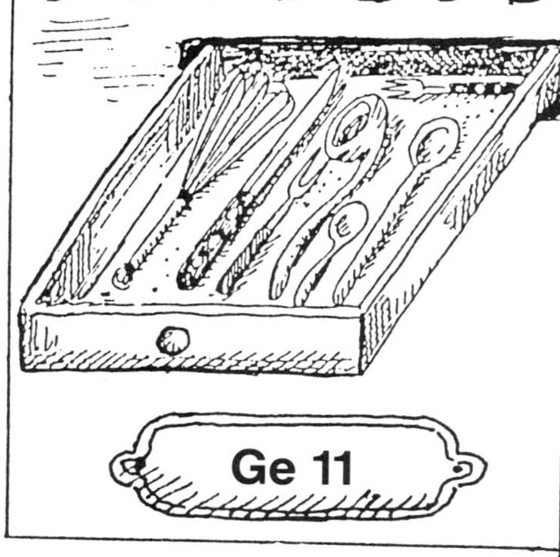

Schlüsselfragen sind Fragen, die mit einem passenden Schlüssel ein Thema aufschließen helfen, z. B. *Ein Erlebnis auf dem Schulweg* oder *Zu spät gekommen.*
Hilfsfragen zu diesem Rahmenthema sind:
Wer war dabei?
Was hat sich abgespielt?
Warum bin ich zu spät gekommen?
Wann bin ich weggegangen? Wie war mir zumute?

Man nennt Schlüsselfragen auch W-Fragen, weil die Fragewörter alle mit „W" beginnen:
Wer? Was? Wo? Womit? Warum? Weshalb? Wozu? Wie? Wann? Wodurch?

Bestimmte Schlüsselfragen helfen dir auch, eine Geschichte richtig aufzubauen.
Was war zuerst? Was war vorher? → Einleitung
Wie hat sich alles zugetragen? → Hauptteil
Wie geht die Geschichte aus? → Schluß

Aufgabe:

Versuche folgendes Thema mit oben angegebenen Hilfsfragen aufzuschließen.

Rahmenthema:
Ein Erlebnis bei einem Fahrradausflug!

Einzelthemen,
die sich durch die Schlüsselfragen ergeben können:
– In rasender Fahrt den Berg hinunter!
– Den Rucksack verloren!
– Von Kühen umgeben!
– Vom Platzregen überrascht!
– Da machte ich schlapp!
– Wo war Alex geblieben?
– Eine interessante Entdeckung!

Vergleiche mit Rezept Ge 6

Erzählen: Ein Erlebnis im Brief **Ge 12**

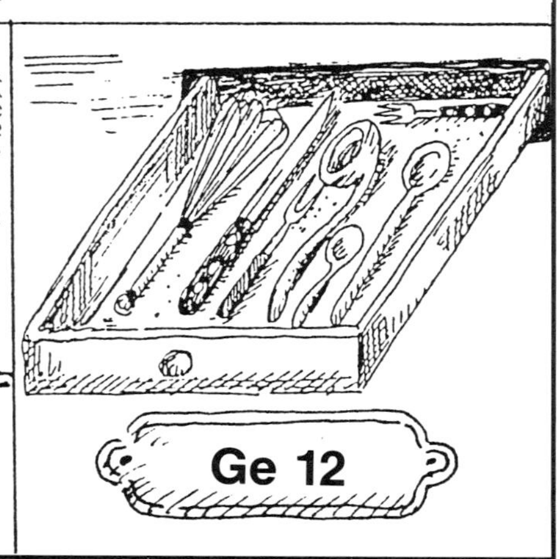

Erzählen: Ein Klassenausflug — Ge 12

Gestaltungsaufgabe: Auf den Adressaten eingehen

Lernziele

Die Schüler sollen
- Sprachsituation und -absicht im Brief darstellen
- sich auf den Adressaten einstellen
- nur *ein* Erlebnis erzählen
- ein Erlebnis so aufschreiben, daß der Adressat nacherleben kann, was geschehen ist (bisherige Gestaltungsrezepte anwenden)

Arbeit am Text

Die Schüler sollen
- Briefbeispiele vergleichen
- mitteilenswerte und nebensächliche Dinge unterscheiden

Arbeit am Satz

Die Schüler sollen
- aus Stichwörtern Sätze bilden
- inhaltsreiche Sätze bilden
- verschiedenartige Satzarten einsetzen

Arbeit am Wort

Die Schüler sollen
- die Anredefürwörter im Brief groß schreiben

Verlaufsskizze

1. Motivationsphase

1.1 Aktueller Bezug

Mitschüler im Krankenhaus	L	Petra konnte an unserem Ausflug leider nicht teilnehmen.
	S	Klassensprecher, besuchen, erzählen
Folie	L	Es gibt andere Möglichkeiten.
Vorschläge	S	Bilder malen, Karte schicken, Brief schreiben und erzählen, Bilder dazumalen
1.2 Zielangabe	L	Wir schreiben Petra einen Brief und erzählen von unseren Erlebnissen auf dem Ausflug.

2. Mündliche Gestaltungsphase

2.1 Sammelarbeit zum Inhalt

Freie Aussprache	L	Was könnten wir Petra alles erzählen?
Adressatenbezug	S	vom Wald, Führung durch Förster, Spielplatz, Rast, Fische im Bach, Führung im Wald
	TA	Wald, Spielplatz, Rast, Bach

2.2 Differenziertes Betrachten
mit Hilfe von Bild-
und Wortvorgaben
Sammeln von Wortmaterial

Folie	L	Überlege, was dir am besten gefallen, was du getan hast!
Bild 1:	TA	Spielplatz: Fußball, Schaukel, Sandkasten, Ballwerfen...
Bild 2:	TA	Wald: Eichhörnchen, Tannenzapfen, Schlacht, treffen, lustig Feind heranschleichen, zerstören
Stichwort: Rast	TA	Waldlichtung, müde, lange Wanderung, hinsetzen, essen, singen
Stichwort: Bach	TA	schauen, klares Wasser, Forellen entdecken, hineinsteigen, herumwaten, hineinfallen, Hose naß werden;

2.3 Mündliches zusammenhängendes Erzählen
Aufteilen der Themen auf 4 Gruppen
gruppenweises Vorbereiten
Aufnehmen auf Kassettenrekorder
Anhören – Beurteilen

2.4 Gestaltungsaufgabe
Vorbereitung mit Hilfe Menü Ge 12
Lesen und Besprechen

Erkenntnis: (1) Wir erzählen nur *ein* Erlebnis, aber das ausführlich.

Anhören der Geschichten (Beispiele)

Gruppe 2:

Im Wald:
Im Wald war es sehr schön. Zuerst beobachteten wir ein Eichhörnchen, wie es von Baum zu Baum, von Ast zu Ast gesprungen ist. Auf einmal entdeckte Susi ein Reh. Wir waren ganz still. Aber es hat uns in den Wind bekommen und rannte plötzlich davon. Dann schlug Alex eine Tannenzapfenschlacht vor. Zuerst sammelte jeder einige Zapfen. Dann bewarfen wir uns. Stell dir vor:
Einmal traf ich unseren Lehrer. Herr Huber fragte: „Wer war das?“ Ich hob den Finger. Herr Huber drohte mit dem Finger und rief: „Karin, du kriegst jetzt in Betragen eine sechs!“ Alle lachten, und Herr Huber lachte mit.

Gruppe 4:

Am Bach:
Für mich war es am Bach am schönsten.
Zuerst wanderten wir ein Stück am Bach entlang. Ich entdeckte im klaren Wasser eine Forelle. „Wo? Wo?“ riefen die anderen. „Da! Da! Seht ihr sie nicht?“ Schön, wie sie im Sonnenlicht geschmeidig durch das klare Wasser glitt.
Stell dir vor, Herr Huber erlaubte uns, ins Wasser zu steigen. Schnell Schuhe und Strümpfe herunter! Dann wateten wir durch die kühlen Fluten.
Was glaubst du, was dann passierte? Florian rutschte auf einem Stein aus und fiel mitsamt den Kleidern ins Wasser. Herr Huber holte ihn heraus und führte die getaufte Maus ans Ufer. Alle lachten. Florian blieb nichts anderes übrig. Er lachte mit. Gott sei Dank war der Bach nicht tief.

Ergebnis: Jede Gruppe hat zwei Geschichten erzählt. Wir erzählen nur *eine* Geschichte. Diese aber ausführlich und lebendig.

3. Halbschriftliche Gestaltungsphase

3.1 Briefbeispiele vergleichen
Arbeitsblatt 1

Text 1: *Liebe Petra,*

gestern haben wir einen Ausflug gemacht. Es war sehr schön! Wir sind im Wald gewesen. Dann sind wir am Bach gewesen. Dann haben wir auf dem Spielplatz Brotzeit gemacht und viel gespielt. Die Jungen haben Fußball gespielt. Einige sind geschaukelt, und ich habe mit Kathrin im Sandkasten eine tolle Burg gebaut.
Es hat mir alles gut gefallen.
Schade, daß du nicht dabeigewesen bist. Mir geht es gut. Geht es dir auch gut?

Viele Grüße
von Ute

Text 2:

Ort Datum

Anrede

Eichenau, 12. Juli 1992

Liebe Petra,
gestern haben wir einen Klassenausflug nach A. gemacht. Es war sehr schön. Stell Dir vor, wir haben im Starzelbach Forellen entdeckt. Schöne Regenbogenforellen! Herr Huber ermahnte uns: „Verhaltet euch ganz ruhig, dann könnt ihr sie genau beobachten!" Du kannst Dir nicht vorstellen, wie schnell diese Fische sind. Sie flitzten blitzschnell durch das Wasser. Manchmal blieben sie ruhig in der Sonne stehen und bewegten nur ganz wenig ihre Schwanzflossen. Herr Huber flüsterte: „So halten sie das Gleichgewicht im Wasser." Plötzlich rasten sie wieder los, wendeten und schossen hintereinander durch das Wasser, als ob sie Fangen spielten. So etwas habe ich noch nie gesehen. Du vielleicht?
Schade, daß Du nicht dabeisein konntest. Wann darfst Du wieder aus dem Krankenhaus heraus? Hoffentlich bald! Ich drücke Dir die Daumen.

Viele Grüße
von Ute

Grüße Name

Aufgaben:

1. Vergleiche beide Briefe. Welcher Brief wird der kranken Petra besser gefallen und warum?
2. Welcher Brief geht auf Petra besser ein?
3. Welcher ist genauer, ausführlicher und lebendiger erzählt?

Aussprache

Text 1: langweilig, zu kurz, erzählt sehr wenig, geht auf die kranke Mitschülerin nicht ein, muß eine Sache genauer erzählen; „mir geht es gut" unwichtig;

Text 2: erzählt sehr lebendig und interessant, nur ein Erlebnis, sehr ausführlich und genau; geht auf die kranke Mitschülerin ein.

Erkenntnis	(1)	Wir erzählen nur *ein* Erlebnis, aber dies ausführlich und lebendig.
	(2)	In einem Erzählbrief gehen wir ein auf das, was den Adressaten interessieren könnte. Wir sprechen den Briefpartner an!
	(3)	Bei einem Brief müssen wir beachten: Liebe Petra = die Anrede Viele Grüße = Grußformel von Ute = Name Eichenau, 12. Juli 1992 = Ort und Datum

4. Schriftliche Gestaltung

4.1 Gestaltungsaufgaben
Anwendung der bisherigen Rezepte
Rezept Ge 12: die Erlebniserzählung

Begriff: Rahmenthema	1. Erzähle nur *eine* Geschichte. Diese aber genau und ausführlich. 2. Wähle eine kurze und treffende Überschrift.
Beispiele suchen	Rahmenthema: Erlebnis im Wald Einzelthemen: Schlüssel verloren Der Glückspilz Verirrt!
4.2 Gestaltungsübung mit Hilfe der Vorgaben	Rahmenthema: Ein toller Schulausflug Einzelthemen: Eine lustige Tannenzapfenschlacht In den Bach gefallen! Auf der Pirsch Ein spannendes Fußballspiel

Aufgabe:

Schüler gestalten nur den Hauptteil ausführlich und lebendig.
Abschließender Vergleich in Klassenarbeit.

4.3 Selbständige schriftliche Gestaltung

1. Möglichkeit:
mit Arbeitsblatt 2

Thema 1 mit 2 Bildern als Lösungshilfe	Rahmenthema: Glück gehabt! Vorgaben: Bilder und Stichwörter Überschrift: Entflogen!
Thema 2 mit 2 Bildern als Lösungshilfe	Rahmenthema: Glück gehabt! Vorgaben: Bilder und Stichwörter Überschrift: Gewonnen!

2. Möglichkeit:

mit Arbeitsblatt 3:	Erlebnisgeschichten für die Vorlesestunde schreiben.
Gestaltungsaufgabe	Schreibe dein Erlebnis so auf, daß die Zuhörer oder Leser miterleben können, wie unheimlich, wie lustig oder wie ärgerlich dieses Erlebnis für dich war. Rahmenthema: Das war unheimlich Einzelthemen: Zwei Augen im Fenster Die feurige Hand Der Mann ohne Körper

Rahmenthema:	Das war lustig
Einzelthemen:	Das tanzende Schwein
	Die Nasengeige
	Der Fledermausteddy
Rahmenthema:	Da habe ich mich geärgert
Einzelthemen:	Entflogen!
	Scherben!
	Der Stich!

5. Bewertungsvorschlag

Inhalt	*Punkte*		*Sprache*	*Punkte*	
1. ausführlich/1 Erlebnis	2		inhaltsreiche Sätze	2	
2. lebendig	2		wörtliche Rede/Ausrufe	2	
3. Gefühle/Gedanken	2		Zeitwörter/Eigenschaftswörter	2	
4. Aufbau/Einleitung/Schluß	2		variabler Satzbau	2	
5. Kreativität/Ideen	2		Wortwahl/Ausdruck	2	
Inhalt:	10	+	*Sprache:*	10	= 20

Vorschlag für Bewertungsschlüssel

Note 1	20 – 19 Punkte	Note 4	11 – 8 Punkte
Note 2	18 – 16 Punkte	Note 5	7 – 6 Punkte
Note 3	15 – 12 Punkte	Note 6	5 – 0 Punkte

6. Überarbeitung

6.1 Vergleichen und Überprüfen der eigenen Geschichte in Partnerarbeit
mit Hilfe Werkzeug Ge 12

6.2 Fehlerbeispiele gemeinsam verbessern
mit den Gestaltungsrezepten vergleichen
mit Hilfe Werkzeug Ge 12

6.3 Gelungene und mißlungene Arbeiten vergleichen

Erzählen: Ein Erlebnis im Brief — **Ge 12**

Zwei Briefe vergleichen — AB 1

Text 1: *Liebe Petra,*

gestern haben wir einen Ausflug gemacht. Es war sehr schön! Wir sind im Wald gewesen. Dann sind wir am Bach gewesen. Dann haben wir auf dem Spielplatz Brotzeit gemacht und viel gespielt. Die Jungen haben Fußball gespielt. Einige sind geschaukelt, und ich habe mit Kathrin im Sandkasten eine tolle Burg gebaut.
Es hat mir alles gut gefallen.
Schade, daß du nicht dabeigewesen bist. Mir geht es gut. Geht es dir auch gut?

Viele Grüße
von Ute

Text 2:

Ort Datum

Anrede

Eichenau, 12. Juli 1992

Liebe Petra,

gestern haben wir einen Klassenausflug nach A. gemacht. Es war sehr schön. Stell Dir vor, wir haben im Starzelbach Forellen entdeckt. Schöne Regenbogenforellen! Herr Huber ermahnte uns: „Verhaltet euch ganz ruhig, dann könnt ihr sie genau beobachten!" Du kannst Dir nicht vorstellen, wie schnell diese Fische sind. Sie flitzten blitzschnell durch das Wasser. Manchmal blieben sie ruhig in der Sonne stehen und bewegten nur ganz wenig ihre Schwanzflossen. Herr Huber flüsterte: „So halten sie das Gleichgewicht im Wasser." Plötzlich rasten sie wieder los, wendeten und schossen hintereinander durch das Wasser, als ob sie Fangen spielten.
So etwas habe ich noch nie gesehen. Du vielleicht?
Schade, daß Du nicht dabei sein konntest. Wann darfst Du wieder aus dem Krankenhaus heraus? Hoffentlich bald! Ich drücke Dir die Daumen.

Viele Grüße
von Ute

Grüße Name

Aufgaben:

1. Vergleiche beide Briefe. Welcher Brief wird der kranken Petra besser gefallen und warum?
2. Welcher Brief geht auf Petra besser ein?
3. Welcher ist genauer, ausführlicher und lebendiger erzählt?

Erzählen: Eine Erlebnisgeschichte **Ge 12**

Gestaltungsübung – Probeaufsatz **AB 2**

Aufgabe: Schreibe eines der Erlebnisse als Brief an Onkel Martin. Die Bilder zeigen dir jeweils den Anfang und das Ende einer Geschichte.

Benni schreibt seinem Onkel einen Brief. Er erzählt ihm ein Erlebnis. Hier findest du zwei Möglichkeiten:

1. Nachbarin verreist – Benni – Kanarienvogel Hansi sorgen – Futter geben – Fenster offen lassen – Wasser holen – wegfliegen – Garten – Hansi auf Baum – locken – . . .
2. Flori – Bennis Bruder – Sportplatz – Fußballspielen – rennen – Gegner Ball abnehmen wollen – unglücklich stürzen – Krankenwagen – Krankenzimmer – Freunde besuchen – „gewonnen“.

Erlebnisgeschichten für die Vorlesestunde

Aufgaben:

1. Überlege dir, welches unheimliche oder lustige oder ärgerliche Erlebnis du anderen erzählen möchtest. Die Bilder helfen dir beim Überlegen. Jedes Bild bedeutete *eine* Geschichte.
2. Schreibe dein Erlebnis so auf, daß die Zuhörer oder Leser miterleben können, wie unheimlich, wie lustig oder ärgerlich dieses Erlebnis für dich war.

„Das war unheimlich!"

„Das war lustig."

„Da habe ich mich geärgert!"

Geschichten vergleichen

> Die Redakteure der Klassenzeitschrift **„Kikeriki“**
> Wir suchen gute Erlebnisgeschichten von unserem **Klassenausflug.**
> Schreibt eine Geschichte über ein Erlebnis, z. B. am Bach oder im Wald.
> Eure Geschichte soll nur **ein** Erlebnis erzählen und nicht langweilig sein.
>
> Eure **Kikeriki**-Redakteure

Du bist nun einer der Redakteure. Welche Geschichte wählst du aus? Begründe deine Meinung!

Text 1: *Liebe Petra,*

gestern haben wir einen Klassenausflug nach Alling gemacht. Es war sehr schön. Am Starzelbach sind wir entlanggewandert. Stell Dir vor, wir haben im Bach einen ganzen Schwarm Forellen entdeckt. Das war vielleicht interessant, wie die durchs Wasser flitzten. „Die spielen Fangen!“ dachte ich. Dann blieben sie wieder in der Sonne stehen. Was glaubst Du, was dann passierte? Florian ist ins Wasser gefallen mitsamt den Kleidern. Frau Pfeiffer zog ihn wieder heraus. Alle lachten. Florian auch. Schade, daß Du nicht dabeigewesen bist.

Es grüßt Dich
Franzi

Text 2: *Liebe Petra,*

gestern haben wir einen Klassenausflug nach Alling gemacht. Es war sehr schön. Wir sind am Starzelbach entlangmarschiert. Stell Dir vor, wir haben einen ganzen Schwarm Forellen entdeckt. Schöne Regenbogenforellen. Frau Pfeiffer ermahnte uns: „Verhaltet euch ganz ruhig, damit ihr sie nicht verscheucht!“ Und dann konnten wir sie genau beobachten. Die schlanken Fische flitzten blitzschnell durch das Wasser. Manchmal blieben sie einige Zeit ganz ruhig in der Sonne stehen und wedelten nur ein wenig mit der Schwanzflosse hin und her. Frau Pfeiffer flüsterte uns zu: „So halten sie das Gleichgewicht.“ Auf einmal rasten sie wieder los, machten kehrt, drehten und wendeten und schossen wie wild durch das Wasser, als ob sie Fangen spielten. Du kannst Dir vorstellen, wie wir staunten, wie wendig Fische im Wasser sind. Plötzlich mußte Alexander nießen. Da war's vorbei. Schlagartig verschwanden die Forellen und ließen sich nicht mehr sehen! Das war ein tolles Erlebnis.
Schade, daß Du nicht dabei sein konntest. Wann darfst Du wieder aus dem Krankenhaus heraus? Ich drücke Dir den Daumen, daß alles gut geht.

Deine Ulla

Die Erlebniserzählung

Vom Regen überrascht

Eines Tages wollte ich meine Oma besuchen. Als ich die Hälfte des Weges bereits zurückgelegt hatte, zogen schwarze dicke Wolken von Westen her auf. „Was soll's!" dachte ich und lief schneller. Jetzt grollte bereits der Donner. Und schon prasselte der Regen herunter.
Ich wurde tropfnaß und dachte: „Wäre ich nur daheim geblieben." Jetzt rannte ich und rannte. Blitze zuckten am Himmel, und es schüttete aus vollen Kübeln. Endlich war ich bei meiner Oma angelangt und – es hörte auf zu regnen. Erschöpft betrat ich das Haus und sagte: „Oma, ich bin naß wie eine getaufte Maus. Zuerst muß ich die Kleider wechseln!" Oma lachte nur. „Gleich bekommst du einen heißen Tee, damit du dich nicht erkältest. Wärst du nur daheimgeblieben!" Da war wieder alles gut.

Diese kleine Geschichte ist ein ganz persönliches Erlebnis eines Schülers aus dem Alltag, nicht erfunden. Es ist kein außergewöhnliches, großartiges Erlebnis, sondern klein, aber mitteilenswert, um Freunde oder Eltern zu unterhalten. Jedes Kind erlebt etwas: Lustiges oder Trauriges, Schreckliches oder Aufregendes, Fürchterliches oder Gruseliges, Überraschendes und Freudiges, Seltsames und Merkwürdiges. Weil es für einen Lehrer schwer ist, für zwanzig Kinder ein Thema zu finden, für das jeder Schüler etwas erlebt hat, stellt er ein **Rahmenthema** (siehe Werkzeug Ge 11), z. B. Ein Erlebnis im Wald.

TIPS

- Erzähle immer nur **eine Geschichte**, diese aber **genau und ausführlich.** (Rezept Ge 6)
- Erzähle in der **Ich-Form,** denn du willst ja als Hauptperson der Geschichte dein eigenes Erlebnis dem Leser selbst mitteilen. (Rezept Ge 7)
- Denke an den **Aufbau!** (Rezept Ge 11)
- Schreibe eine **passende Einleitung** und einen **abrundenden Schluß.** (Rezept Ge 4 und Rezept Ge 5)
- Das Erlebnis kommt beim Leser an, wenn du **lebendig** erzählst. (Rezept Ge 9)
- Wähle eine **kurze und treffende Überschrift.** (Rezept Ge 1)

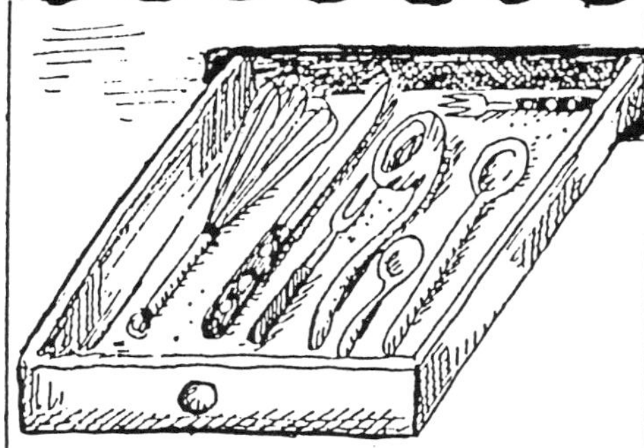

Eine Geschichte überarbeiten

Ge 12

Übersicht

Hier findest du noch einmal alle Tips, die du beim Verbessern deiner Geschichte anwenden kannst.

(1) Lies deine Geschichte zweimal halblaut und genau durch.

(2) Macht die Einleitung den Leser neugierig? (Rezept Ge 4)
Tip → Beginne mit einer wörtlichen Rede! (Rezept Ge 4)

(3) Hast du das Hauptgeschehen ausführlich und genau erzählt? (Rezept Ge 6)
Tip → Erweitere unklare und knappe Textstellen! (Werkzeug Ge 6)
Tip → Erweiterungsprobe (Werkzeug Ge 6)

(4) Hast du lebendig erzählt? (Rezept Ge 9)
Tip → Füge Ausrufesätze und wörtliche Redeteile ein!
Tip → Umstellprobe (Werkzeug Ge 9)

(5) Klingt vielleicht eine Stelle langweilig, weil einige Satzanfänge gleich sind und deswegen eintönig wirken?
Tip → Füge Fürwörter oder andere Namenwörter ein! (Rezept Ge 1)
Tip → Umstellprobe (Werkzeug Ge 9)

(6) Der Leser möchte in der Geschichte die Gedanken und Gefühle der Person miterleben. Hast du sie dargestellt?
Tip → Ausrufe und Ausrufesätze für Freude, Angst, Furcht, Schrecken usw. (Rezept Ge 2)
Tip → Verwende inhaltsreiche Sätze. (WZ Ge 6)

(7) Die Geschichte soll nicht einfach abbrechen, sondern einen abrundenden Schluß haben. Prüfe!
Tip → Wenige, lebendige Sätze. (Rez Ge 5)

Informieren: Der Merkzettel **St 1**

Ein Telefongespräch

Informieren: Der Merkzettel — St 1

Gestaltungsaufgabe: Wichtiges in Stichwörtern notieren

Lernziele

Die Schüler sollen
- die Sprachsituation erfassen
- wichtige Informationen in Stichwörtern festhalten
- Wichtiges von Unwichtigem unterscheiden

Arbeit am Text

Die Schüler sollen
- Merkzettel mit Stichwörtern miteinander vergleichen
- Informationen mit vorgegebenen Stichwörtern vergleichen
- Informationen aus Texten entnehmen und anwenden

Arbeit am Satz

Die Schüler sollen
- Stichwörtern die passenden Sätze zuordnen
- aus Sätzen passende Sinnwörter heraussuchen und notieren

Arbeit am Wort

Die Schüler sollen
- Sinnwörter aus einem Text herausfinden
- Stichwörter miteinander vergleichen
- Abkürzungen verwenden

Verlaufsskizze

1. Motivationsphase

1.1 Vorgegebene Situation auf Folie
Vermutungen

Erklärungen	L	Der Vorsitzende des Elternbeirats, Herr Haller, lädt alle Mitglieder kurzfristig telefonisch zu einer Sitzung ein. Monikas Eltern sind ausgegangen. Sie nimmt das Gespräch entgegen.
1.2 Spielszene	L	Wir spielen die Szene. Was könnte Herr Haller alles sagen? Was sagt Monika? Was macht sie?
	S	Monika notiert sich alles auf einem Zettel. Sie schreibt das Wichtigste auf einen Merkzettel.
1.3 Zielangabe	L	Wichtiges auf einem Merkzettel notieren. Was? Wie?

2. Mündliche Gestaltungsphase

2.1 Das Wichtige erkennen und notieren

siehe Folie	L	Welche Informationen sind in Herrn Hallers Anruf für Monikas Vater wichtig?
Unterstreichen der wichtigen Wörter	S	Mittwochabend, 20 Uhr, Elternbeiratssitzung, Lehrerzimmer Grundschule, Sommerfest
	L	Wie notiert Monika diese Informationen?
	S	Sie schreibt die wichtigsten Wörter auf einem Zettel auf.
	L	Warum macht sie das?
	S	Damit sie nichts vergißt. Zum Merken.
	L	Einen solchen Zettel zum Merken nennt man Merkzettel.
Gestaltungsversuch	L	Schreibt für Monika einen Merkzettel.
	S	Mittwochabend 20 Uhr Sitzung Lehrerzimmer Grundschule

2.2 Einen Merkzettel gestalten

Rezept St 1	L	Wie gestaltet man einen solchen Merkzettel?
	L	Wir studieren Rezept St 1.
Bericht der Schüler	S	Namenwörter und Zeitwörter sind Stichwörter.
	S	Wir schreiben diese Wörter untereinander.
	S	Wir verwenden Abkürzungen.
Vergleich mit dem Eigenentwurf	L	Vergleiche deinen Merkzettel mit dem auf dem Rezeptblatt.
	S	Etwas vergessen, unübersichtlich usf.

2.3 Gelegenheiten für einen Merkzettel

	L	Suche Gelegenheiten, wo man einen Merkzettel schreiben sollte.
	S	Einkaufen – Bastelmaterialien Einkaufen – Einkaufszettel Unterrichtsfilm – Stichwörter über den Maulwurf, Heimat- und Sachkunde.
Zusammenfassung mit Arbeitsblatt	L	Vergleiche Information und Merkzettel! Ordne richtig zu.
Erkenntnis:	Merke:	1. Mit einem Zettel kann ich Nachrichten weitergeben oder mir etwas Wichtiges merken. 2. Wichtige Informationen kann ich in Stichwörtern auf einem Merkzettel festhalten.

3. Halbschriftliche Gestaltungsphase

3.1 Sinnwort – Stichwort

Werkzeug St 1	L	Wie findest du die richtigen, wichtigen Stichwörter?
	S	Das, was wichtig ist, unterstreiche ich!
Arbeit mit Werkzeug	L	Rätsel
St 1 – als Folie	Fo	Tag und Nacht muß ich auf *Wache* stehen. Ich habe *keine Füße* und muß doch *gehen.*
Sprechen Betonen Aufschreiben		Ich habe *keine Hände* und muß doch *schlagen.* Kannst du meinen *Namen* sagen? (Uhr)

Ergebnis:
1. In jedem Satz steckt eine Hauptsache.
2. Sinnwörter sind für den Sinn eines Satzes wichtig.
3. Stichwörter sind sinntragende Wörter.
4. Mit Stichwörtern bilden wir wieder Sätze.

3.2 Übungsbeispiele

Lösung abdecken

L deckt die Lösung ab.
Unterstreicht die sinntragenden Wörter.
Schreibt einen Merkzettel.
Vergleicht mit der Lösung.

S Omi – Waschmaschine – kaputt – Vati – Rückruf
Glöttner – Gesteck – abholen

3.3 Informationen und Merkzettel vergleichen

Menü St 1

L Vergleiche Informationen und Stichwörter auf den Merkzetteln.
Ergänze auf dem zweiten Zettel.

Ergebnis:

Zettel 1: Liebe Mutti – unwichtig
bei S. – unklar

Zettel 2: Falsche Stichwörter
Hörfehler

Zettel 3: Stichwörter können zu Irrtümer und zur falschen Wiedergabe führen. Das wichtige Wort „Staubsauger“ fehlt.
Falsch untereinandergeschrieben.

Zettel 4: Datum und Uhrzeit fehlen.

Erkenntnis:

Merke:
1. Wichtige Stichwörter notieren.
2. Vollständig notieren.
3. Richtig notieren.

4. Schriftliche Gestaltungsphase

Gestaltungsübung oder Probe (mit Arbeitsblatt 2)
Selbständige Bearbeitung
1. Unterstreichen und notieren der wichtigen Stichwörter
2. Zusammenstellen der Mitteilung für Susanne.

Lösung:

Peter: Ma 7 Einmaleins lernen
Üben RB S. 23 Nr. 1 und 2

Elisabeth: Deu ck-Wörter trennen
SB S. 104

Franz: HSK Feuerwehrmann
Ausrüstung
AB

Nina: Gedicht „Feuer“
LB S. 75

Informieren: Wichtiges in Stichworten notieren St 1

Information und Merkzettel vergleichen AB 1

Aufgaben:

1. Unterscheide: Welche sind Merkzettel? (M)
   Auf welchen ist eine Nachricht notiert? (N)

2. Ordne folgende Sätze den Merkzetteln zu:
   ( ) Am Freitag muß ich meine ausgeliehenen Bücher in der Bücherei abgeben.
   ( ) Nächste Woche findet das Fußballtraining nicht am Freitag, sondern bereits am Mittwoch statt.
   ( ) Geld liegt in der Schublade.
   ( ) Liebe Mutti, ich bin bei Sandra und übe mit ihr einige Matheaufgaben. Ich komme um fünf Uhr wieder heim. Herzliche Grüße Karina.

M Wichtige Informationen kann ich ______________________

____

Gestaltungsübung – Probe AB 2

Informationen weitergeben

Susi muß wegen einer starken Erkältung das Bett hüten. Sie möchte aber in der Schule nichts versäumen. Mutter bittet Susis Freundin Petra, alles genau auf einen Zettel zu schreiben, was in der Schule durchgenommen wurde, und in den Briefkasten zu stecken.

Notiere hier die Stichwörter der einzelnen Sätze:

Im Unterricht wiederholt die Lehrerin mit den Kindern, was sie alles erarbeitet, getan und gelernt haben.

Peter berichtet:

In Mathematik haben wir das 7er Einmaleins gelernt und im Rechenbuch auf Seite 23, Nr. 1 und 2 geübt. Als Hausaufgabe müssen wir die Nummer 3 machen.

Elisabeth berichtet:

In Deutsch haben wir Wörter mit „ck" getrennt. Im Sprachbuch Seite 104 haben wir geübt, wie diese Wörter getrennt werden.

Franz berichtet:

In der Heimat- und Sachkunde haben wir gelernt, wie ein Feuerwehrmann ausgerüstet ist und wozu er die Sachen braucht. Da haben wir ein Arbeitsblatt ausgefüllt.

Nina berichtet:

Und dann haben wir ein Gedicht von James Krüss „Das Feuer" gelesen. Das steht im Lesebuch Seite 75.

Jetzt kannst du für Susanne eine Mitteilung zusammenstellen.

St 1

Wichtiges mitteilen

(1) Liebe Mutti, ich bin bei Sandra und übe mit ihr einige Textaufgaben für die nächste Probe. Um 5 Uhr komme ich wieder.

Liebe Mutti, bin bei S. machen Mathe komme 5 Uhr Karina	

(2) Die Gärtnerei Glöttner hat angerufen. Das Gesteck ist fertig und kann abgeholt werden.

Glöttner anrufen Besteck abholen	

(3) Tante Frieda rief an, daß ihr Staubsauger kaputt ist. Wenn Vater heimkommt, soll er gleich zurückrufen.

Tante Frieda kaputt anrufen Vati heimkommen	

(4) Der Herr Pfarrer hat angerufen. Vati, Du sollst am Freitag, 25. Mai, um 20 Uhr zur Pfarrgemeinderatssitzung kommen. Es geht um die Vorbereitung des Pfarrfestes.

Vati Freitag Pfarrer Pfarrgemeinderat wegen Sitzung	

Der Merkzettel

Der Vorsitzende des Elternbeirats, Herr Haller, lädt alle Mitglieder telefonisch zur Sitzung ein. Monikas Eltern sind ausgegangen. Sie nimmt das Gespräch entgegen.

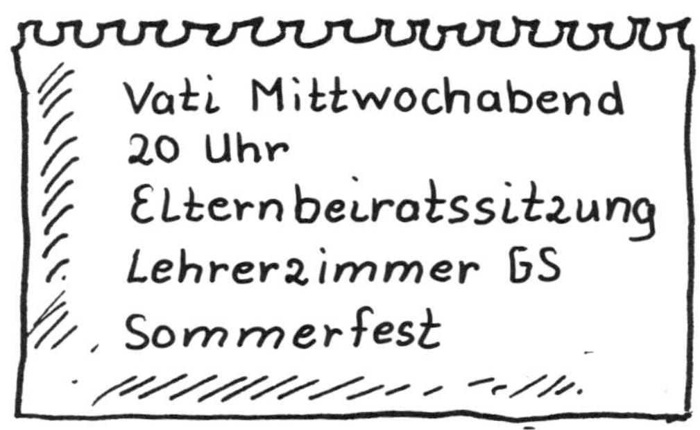

Monika notiert auf einem Zettel die wichtigsten **Sinnwörter.** Man nennt sie auch **Stichwörter,** damit sie sich den Auftrag, besser merken kann. Damit sie nichts Wichtiges vergißt, informiert sie den Vater mit Hilfe der notierten Wörter auf dem Merkzettel.

Es gibt viele Gelegenheiten, wo du dir einen Merkzettel anlegen solltest, z. B. Peter möchte ein Geschenk für seinen Vater als Weihnachtsüberraschung basteln. Er notiert sich auf einem Zettel, welche Materialien er einkaufen muß. In der Heimat- und Sachkunde schauen die Kinder einen Unterrichtsfilm über den Maulwurf an. Während des Films notieren sich die Kinder wichtige Informationen in Stichwörtern. Nach der Vorführung berichten sie über das Leben des Maulwurfs unter der Erde.

TIPS

- Notiere in Stichwörtern (Zeitwörter; Namenwörter).
- Schreibe die Stichwörter immer untereinander.
- Verwende Abkürzungen, z. B. Grundschule = GS
  Lehrerzimmer = LZ

Das Sinnwort – das Stichwort

St 1

Sabine stellt ein Rätsel.
Tag und Nacht muß ich auf *Wache* stehen.
Ich habe *keine Füße* und muß doch *gehen.*
Ich habe *keine Hände* und muß doch *schlagen.*
Kannst du meinen *Namen* sagen?

In jedem Satz steckt eine Hauptsache, etwas, das für die Lösung des Rätsels wichtig ist. Etwas, das auch beim Sprechen besonders hervorgehoben wird. Diese Wörter – Wache, keine Füße, gehen, keine Hände, schlagen, Namen – sind für den **Sinn des Satzes** besonders wichtig. Diese Wörter heißen deshalb **Sinnwörter.** Man kann diese sinntragenden Wörter auch **Stichwörter** nennen.

Wenn du eine Information weitergeben mußt, notierst du dir auf einem Merkzettel die wichtigsten *Stichwörter.*

TIPS

- Höre genau zu!
- Notiere Stichwörter, die sinngemäß zu einem Satz zusammengehören, auf deinem Zettel in *eine* Zeile.
- Wenn du berichtest, bildest du wieder Sätze.

Beispiele

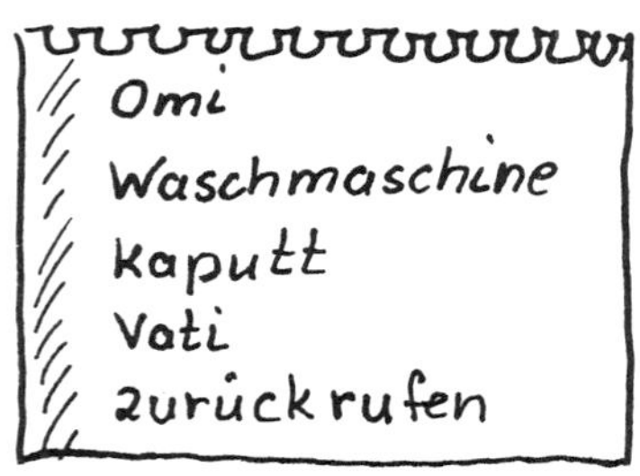

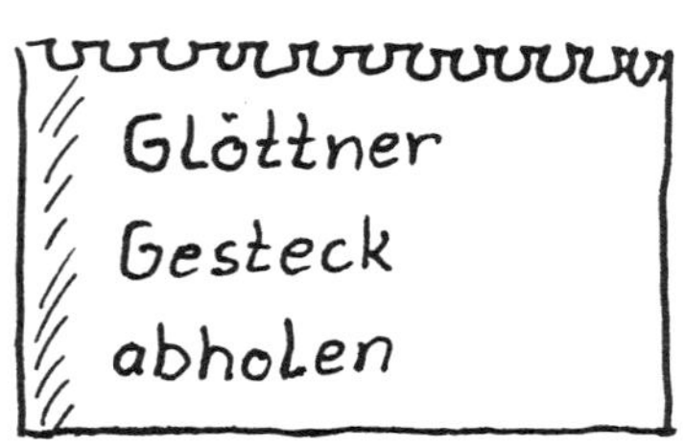

Ein Anruf

St 2

Informieren: Die Mitteilung — St 2

Gestaltungsaufgabe: Wichtige Informationen notieren

Lernziele

Die Schüler sollen
- die Sprachabsicht erkennen und eine Nachricht verfassen
- die Reaktionen und Erwartungen des Adressaten berücksichtigen
- Nachrichtenelemente erkennen und in Mitteilungen verwenden
- die äußere Form beachten

Arbeit am Text

Die Schüler sollen
- vorgegebene Texte miteinander vergleichen
- durch Vergleichen Fehlformen erkennen und umformulieren
- vorgegebene Texte sinnvoll und verständlich ergänzen

Arbeit am Satz

Die Schüler sollen
- eine Mitteilung in Sätzen formulieren (Postkarte)
- mit Hilfe von Stichwörtern kurze Mitteilungen auf eine Postkarte schreiben

Arbeit am Wort

Die Schüler sollen
- eine Mitteilung stichwortartig notieren
- eine Mitteilung mit treffenden Wörtern abfassen (Postkarte)

Verlaufsskizze

1. Motivationsphase

1.1 Tonbandszene

Folie Bild 1, 2 und 3		Petra ist allein zu Hause. Ihre Freundin Monika ruft sie an, bittet sie, vorbeizuschauen und ihren kleinen, neuen Dackel anzuschauen. Petra hat Bedenken: „Um 5 Uhr kommen meine Eltern heim. Wenn ich nicht da bin, gibt's Krach!" Monika schlägt ihr vor, eine Nachricht zu hinterlassen.
Aussprache	L	Eine Nachricht hinterlassen? Wie? Was?
	S	Einen Zettel schreiben, etwas mitteilen; wann heimkommen usf.
1.2 Zielangabe	L	Wir schreiben eine genaue Mitteilung.

2. Mündliche und halbschriftliche Gestaltungsphase

2.1 Lösungsmöglichkeiten

Vorschläge im Klassengespräch	L	Was soll Petra auf den Zettel schreiben und ihren Eltern mitteilen?
	S	mitteilen: wo sie ist; wann sie weg ist; wann sie zurückkommt.
	S	Anrede, Schluß und Namen nicht vergessen
	TA	an wen? wo bin ich? warum? wann zurück? wer?

2.2 Mündlicher Gestaltungsversuch

Partnergespräch	L	Wie soll Petra schreiben? Versucht, eine Mitteilung an Petras Eltern zu formulieren.	
	S	Liebe Eltern – bin bei Monika – schaue mir ihren Hund an – komme um 5 Uhr zurück – Petra	
Tafelbild ergänzen	TA	an wen?	Liebe Eltern!
		wo bin ich?	bin bei Monika
		warum?	schaue den neuen Hund an
		wann zurück?	komme um 5 Uhr zurück
		wer?	Euere Petra
	L	Warum notieren wir nur Stichwörter?	
Vermutungen			

2.3 Wichtiges notieren

Werkzeug St 2	L	Werkzeug St 2 gibt uns Auskunft?
Lesen und besprechen		
Notieren AB 1 Nr. 1		

2.4 Arbeit am Text

Analyse einiger vorgegebener Beispiele
Herausarbeiten der wichtigsten Nachrichtenelemente

Menü St 2	L	Du weißt jetzt, was die Eltern von Petra erwarten und was auf der Mitteilung stehen soll. Auf diesem Blatt stehen einige Nachrichten. Lies diese genau durch, und beurteile sie mit deinem Partner. Begründe dein Urteil.

Text 1: Liebe Mutti, lieber Vati!
Ich bin bei Sabine und schaue mir ihren neuen Hund an. Es ist ein Spitz. Mit den Hausaufgaben bin ich fertig. Kristin

Text 2: Liebe Mutti, sei nicht böse, ich bin bei Monika. Sie hat ein neues Kleid bekommen. Mach dir keine Sorgen. Ich komme um 18 Uhr heim. Die Rufnummer ist 78 39. Tschüß

Text 3: Liebe Eltern!
Ich bin bei Uwe. Er wohnt am Hauptplatz 59. Ich komme bald wieder zurück! Peter

Text 4: Liebe Mutti. Bin bei Wolfgang und schaue mir seine neue Eisenbahn an.

Text 5: Liebe Eltern!
Lieber Papi, liebe Mami, hoffentlich macht es euch nichts aus, daß ich weggegangen bin. Ich schau mir bei Petra die Schildkröte an. Ich komme bald wieder heim.
Viele Grüße Eure Sabine

Text 6: Stell dir vor, Mutti, ich bin mit den Schularbeiten gerade fertig geworden, da hat Tina mich abgeholt. Sie erzählte mir von ihrem süßen Schäferhündchen. Da bin ich neugierig geworden. Ich wollte das Hündchen sehen. Da hat sie gesagt: Komm doch mit. Da bin ich mitgegangen. Ich komme aber um 5 Uhr wieder heim. Tschüß! Eure Karin

Gelenkte Aussprache:

Text 1: Kristin gibt nicht an, wo sie ist und wann sie heimkommt.

Text 2: Ort fehlt, Schluß fehlt! „Mach dir keine Sorgen" ist überflüssig.

Text 3: Peter schreibt nicht, warum er weg ist und wann er heimkommt.

Text 4: Name fehlt. Teilt nicht mit, wo er ist und wann er zurückkommt.

Text 5: Wiederholung der Anrede und ein Satz sind unnötig. Sabine schreibt aber nicht, wo sie ist und wann sie zurückkommt.

Text 6: Erzählgeschichte und keine Mitteilung. Sie sagt nicht, wo sie ist.

Erkenntnis:
Bausteine AB 1 Nr. 2

1. In einer Mitteilung sollen enthalten sein:
   (a) Anrede
   (b) Ort
   (c) Grund der Abwesenheit
   (d) Zeit und Rückkehr
   (e) Gruß und Name
2. Ort, Grund und Zeit sind wichtige Informationen für die Adressaten (Eltern).
3. Die Mitteilung muß vollständig sein.

3. Schriftliche Gestaltungsphase

3.1 Gestaltungsaufgabe

L Petras Eltern wollen sich schnell informieren.
Wie soll Petra ihre Mitteilung abfassen?
Betrachte die Texte nach Länge und Form.

Klassengespräch

S Die Texte dürfen nicht zu lang sein, damit sich die Eltern schnell informieren können (Text 6)
S Die Texte sollen kurz sein. (siehe Text 1)
S Die Texte sollen verständlich sein, damit sich die Eltern auskennen. (Text 3)
S Unwichtiges sollte weggelassen werden. (siehe Text 2 und 6)
S Der Text sollte übersichtlich angeordnet sein, damit die Eltern die Mitteilung rasch überfliegen können.

Erkenntnis:

4. Die Mitteilung soll klar und übersichtlich sein.

Wiederholung
mit Rezept St 2
und AB 1 Nr. 3

3.2 Selbständige schriftliche Formulierung einer Zettelmitteilung
Gestaltungsmöglichkeiten:

Gruppe A:	Schreibe eine Nachricht für deine Mutter! mit Arbeitsblatt 2
Gruppe B:	Petras Mutter ist beim Einkaufen. Da ruft Petras Freundin Karin an und lädt sie zum Schwimmen ein. Petra will mit Karin zum Schwimmen gehen. Möchte aber um 18 Uhr von ihrer Mutter am Schwimmbadeingang abgeholt werden. Schreibe eine Nachricht für Petras Mutter!
Gruppe C:	Schreibe eine Postkarte! mit Arbeitsblatt 3

4. Bewertungsvorschlag

für die Postkarte

Inhalt	*Punkte*		*Sprache*	*Punkte*		
1. vollständig	2		treffende Ausdrücke	2		
2. adressatengemäß	2		kurze/klare Sätze	2		
3. wichtige Angaben	2		verständliche Sätze	2		
Inhalt:	6	+	*Sprache:*	6	=	12

Vorschlag für Bewertungsschlüssel

Note 1	12 – 11 Punkte	Note 4	6 – 5 Punkte
Note 2	10 – 9 Punkte	Note 5	4 – 3 Punkte
Note 3	8 – 7 Punkte	Note 6	2 – 0 Punkte

5. Überarbeitung

5.1 Vorlesen und Vergleichen der geschriebenen Postkarten in Partnerarbeit

5.2 Überarbeiten von Fehlformen
Selbständiges Überarbeiten in Alleinarbeit
siehe Text 5 und 6

Informieren: Die Mitteilung — St 2

Wichtige Informationen notieren — AB 1

① **Wichtige Informationen**

an wen ____________________

wo bin ich? ____________________

warum? ____________________

wann zurück? ____________________

wer? ____________________

____

____

② **Bausteine**

Was wichtig ist

____

____

____

____

____

____

③ **Wie?**

Die Mitteilung soll

____

____

____

____

____

Informieren: Eine Nachricht hinterlassen — St 2

Wichtige Informationen notieren — AB 2

Du bist allein zu Hause. Mutter hat dich beauftragt, das Frühstücksgeschirr abzuspülen. Aber zuerst möchtest du die Mathematik-Hausaufgabe erledigen. Da stellst du fest, daß das Hausheft ausgeschrieben ist. Du entschließt dich, zuerst ein neues Heft zu holen. Aber halt: Mutter wird in einer Viertelstunde heimkommen.

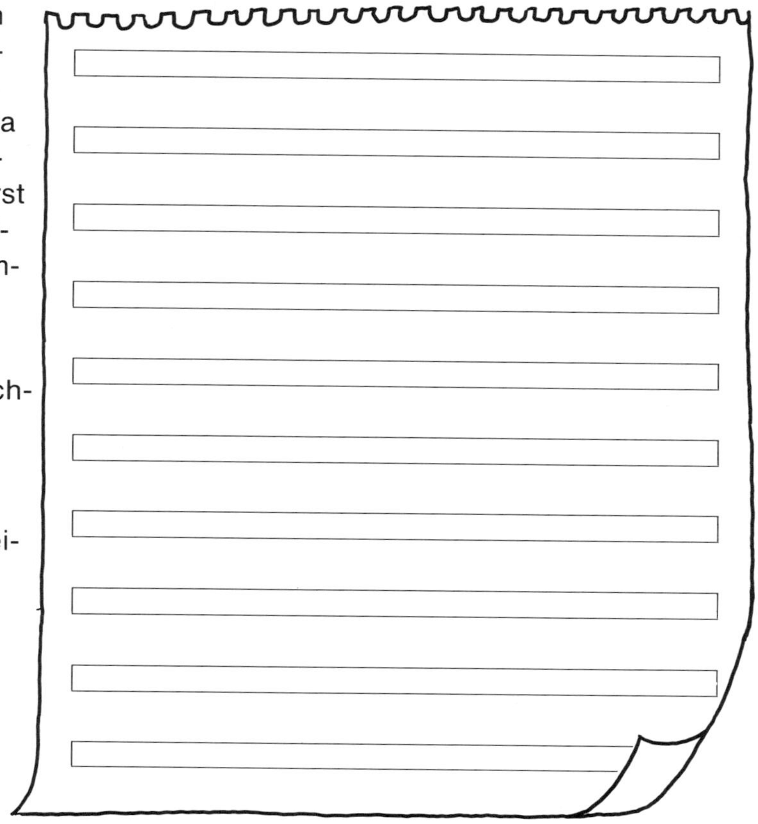

1. Du schreibst eine Nachricht. Überlege, welche Informationen wichtig sind. Bitte deine Mutter um Verständnis.
2. Wo legst du deine Nachricht hin? Kreuze an. Begründe deine Entscheidung.

   ( ) in das Spülbecken
   ( ) auf den Küchentisch
   ( ) auf Vaters Schreibtisch
   ( ) auf den Fernseher
   ( ) auf die Garderobe
   ( ) ins Bad

Gestaltungübung – Probe AB 3

Die Postkarte

Eine Postkarte (Ansichtskarte) sollte nur kurze Mitteilungen enthalten, die auch andere fremde Personen lesen können. Solche Mitteilungen sind:

- Besuchsankündigung
- Bitte um Zusendung von Prospekten
- Glückwünsche
- Feriengrüße auf einer Ansichtskarte

Man begnügt sich aber nicht mit ein paar Grußworten und Floskeln, sondern schreibt einige freundliche und vollständige Sätze. Nichtssagende Floskeln sollte man vermeiden, z. B.:
Wie geht es Dir? Mir geht es gut.
Der Text sollte sauber geschrieben und übersichtlich gegliedert sein.

Gestaltungsaufgabe:

Sabine durfte Reiterferien auf einem Bauernhof im Bayerischen Wald verbringen. Sie bedankt sich mit einer Postkarte.

Schreibe für Sabine eine Dank-Postkarte. Folgende Stichwörter helfen dir: Schnellzug, schöne Fahrt, gut angekommen; Reiterferien abwechslungsreich; viele Tiere; Ausritte in der herrlichen Landschaft; nette Aufnahme; herzlichen Dank; Grüße von Eltern;

Mitteilungen vergleichen

Text 1:

Liebe Mutti, lieber Vati!
Ich bin bei Sabine und schaue mir ihren neuen Hund an. Es ist ein Spitz. Mit den Hausaufgaben bin ich fertig.

Kristin

Text 2:

Liebe Mutti, sei nicht böse, ich bin bei Monika. Sie hat ein neues Kleid bekommen. Mach dir keine Sorgen. Ich komme um 18 Uhr heim. Die Rufnummer ist 78 39.

Tschüß!

Text 3:

Liebe Eltern!
Ich bin bei Uwe. Er wohnt am Hauptplatz 59. Ich komme bald wieder zurück!

Euer Peter

Text 4:

Liebe Mutti. Bin bei Wolfgang und schaue mir seine neue Eisenbahn an.

Text 5:

Liebe Eltern!
Lieber Papi, liebe Mami, hoffentlich macht es euch nichts aus, daß ich weggegangen bin. Ich schaue mir bei Petra die Schildkröte an. Ich komme bald wieder heim.

Viele Grüße
Eure Sabine

Text 6:

Stell dir vor, Mutti, ich bin mit den Schularbeiten gerade fertig geworden, da hat Tina mich abgeholt. Sie erzählte mir von ihrem süßen Schäferhündchen. Da bin ich neugierig geworden. Ich wollte unbedingt das Hündchen sehen. Da hat sie gesagt: Komm doch mit. Da bin ich mitgegangen. Ich komme aber um 5 Uhr wieder heim.

Tschüß!
Eure Karin

Die Mitteilung

Sabine kommt von der Schule nach Hause und findet auf dem Küchentisch eine Mitteilung der Mutter:

Liebe Sabine,	→ Adressat
bin in der Stadt	→ Ort
beim Einkaufen	→ Grund
Essen ist warmgestellt im Herd.	→ Information
Bin um 14. Uhr zurück.	→ Zeit – Rückkehr
Mutti	→ Absender

Manchmal hinterlegt man eine Nachricht auf einem Zettel für die Eltern, für einen Freund, für Nachbarn, um etwas Wichtiges mitzuteilen. Im täglichen Leben sollen solche Mitteilungen schnell und zuverlässig informieren, z. B. eine Einladung, eine Entschuldigung, Ankunft am Bahnhof.

TIPS

- Eine Mitteilung muß vollständig, verständlich und übersichtlich sein.
- Sie muß alle wichtigen Angaben enthalten, damit der Adressat das Geschehen versteht.
- Der Leser will sich schnell über den Inhalt orientieren können. Deswegen notieren wir nur in Stichwörtern.
- Der Text muß klar, übersichtlich angeordnet sein, damit der Leser sofort weiß, um was es sich handelt. Solche Nachrichten kannst du auch mit einer Postkarte oder mit einem Telegramm weitergeben.

St 2

Sachlich schreiben – Wichtiges notieren

> Liebe Mutti,
> sei nicht böse, bin bei Monika.
> Sie hat ein neues Kleid bekommen.
> Mach dir keine Sorgen. Alles o. k.
> Komme um 18 Uhr zurück.
> Rufnummer 78 39. Karin

- Der Leser muß sich schnell informieren können.
  Deine Mitteilung darf also nichts Unwichtiges und nichts Falsches enthalten.

Welche Angaben sind in einer Mitteilung wichtig?

- Personen mit Namen
- Ort
- Uhrzeit

Wenn du jemanden informieren willst, überlege vor dem Schreiben folgende Fragen.

- Für wen schreibst du?
- Was ist für den Leser wichtig?
- Was ist nötig, damit deine Nachricht verständlich ist?
- Was ist unwichtig? Was kannst du weglassen?

Nach dem Schreiben sollst du deine Nachricht noch einmal durchlesen und überlegen, ob du alle wichtigen Sachen erfaßt hast.

> *Text 5:*
>
> Liebe Eltern!
> Lieber Papi und liebe Mami, hoffentlich macht es euch nichts aus, daß ich weggegangen bin. Ich schaue mir bei Petra die Schildkröte an. Ich komme bald wieder heim.
>
> Viele Grüße
> Eure Sabine

Hausaufgaben

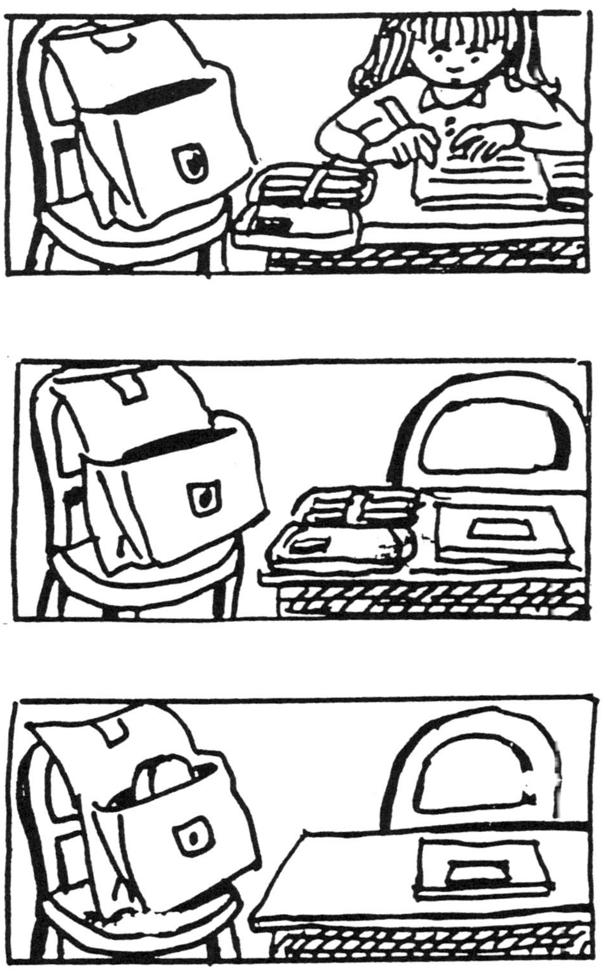

Informieren: Ein Sachtext St 3

Gestaltungsaufgabe: Einfache Vorgänge beschreiben

Lernziele

Die Schüler sollen
- Wichtiges von Unwichtigem unterscheiden
- einen Sachtext als solchen erkennen
- einen einfachen Vorgang aufschreiben

Arbeit am Text

Die Schüler sollen
- einen Sachtext von einem Erzähltext unterscheiden
- Sachtexte miteinander vergleichen

Arbeit am Satz

Die Schüler sollen
- Erzählsätze von Redesätzen unterscheiden
- längere Sätze verkürzen, unwichtige Satzglieder wegstreichen

Arbeit am Wort

Die Schüler sollen
- die treffenden Zeitwörter für einen Vorgang finden
- die Satzanfänge variieren

Verlaufsskizze

1. Motivationsphase

1.1 Rätselpantomime

Handlungspantomime	L	Weinflasche aus dem Regal nehmen auf den Tisch stellen Korkenzieher aus der Schublade holen Flasche in die Hand nehmen Korkenzieher aufsetzen und kurz eindrehen stärker und weiter hineindrehen herausziehen
	S	raten den Vorgang und benennen ihn beschreiben die einzelnen Phasen
1.2 Zielangabe	L	Wir beschreiben heute einen einfachen Vorgang.

2. Mündlicher Gestaltungsvorgang

2.1 Pantomimische Darstellung

durch den Lehrer oder nach Absprache von einem Schüler dargestellt.	Vorbereitung: Leere Schreibtischfläche, dahinter ein Stuhl neben dem Schreibtisch ein weiterer Stuhl

	Handlungspantomime: 1. Kind kommt herein, stellt die Schultasche auf den Stuhl. 2. Kind öffnet die Schultasche. 3. Kind nimmt ein Heft heraus, legt es auf den Schreibtisch. 4. Kind nimmt ein Federmäppchen heraus, legt es daneben. 5. Kind öffnet das Federmäppchen, nimmt einen Stift heraus. 6. Kind setzt sich auf den Stuhl, öffnet das Heft und beginnt zu malen.

2.2 Versprachlichen der Handlungsschritte

Stichwörter notieren	Überschrift: Ich erledige meine Hausaufgaben TA 1. Schultasche – stellen – Stuhl 2. Öffnen 3. Heft entnehmen – legen 4. Federmäppchen herausholen – danebenlegen, herrichten 5. Mäppchen öffnen – Stift ergreifen 6. sich hinsetzen – malen

2.3 Die richtige Reihenfolge beachten

Arbeit mit Folie und Arbeitsblatt 1	Tätigkeiten der Schüler 1. Bilder ausschneiden 2. Ordnen in der richtigen Reihenfolge 3. beschreiben mit Hilfe der Stichwörter an der Tafel 4. Zusammenhängende mündliche Darstellung versuchen
Erkenntnis:	Merke: Wenn wir einen Vorgang aufschreiben, müssen wir die richtige Reihenfolge beachten.

3. Halbschriftliche Gestaltungsphase

3.1 Was ist ein Sachtext?

Vergleich mit einem Erzähltext

Rezept St 3 – Folie	L	Bis jetzt haben wir nur Erzähltexte aufgeschrieben. Nun wollen wir einmal diesen einfachen Vorgang aufschreiben. Wie schreibt man diesen Vorgang auf?
	L	Vergleiche nun diesen Text „Wie ich einmal meine Hausaufgabe erledigte“ mit der Überschrift und den Sätzen, die wir gebildet haben.

Ergebnis:

Erzähltext	Sachtext
erzählen	beschreiben, erklären
unterhalten	informieren,
wörtliche Rede	keine
Ausrufe	keine
lebendig	sachlich
Einzelheiten	Wichtiges
ausführlich	vollständig
verschiedene Satzarten	Erzählsätze
Vergangenheit	Gegenwart
Erlebnisse	Sachen, Vorgänge

Erkenntnis:		1. Sachtexte informieren den Leser über eine Sache oder einen Vorgang. 2. Wir informieren sachlich, genau und vollständig.
Zusammenfassung	L	Wir lesen und studieren Rezept St 3.
3.2 Sachtextarten Arbeit mit Arbeitsblatt 2	L	Wir lesen die Sachtexte und stellen fest, worüber sie uns informieren, wozu sie dienen. Wo könnten wir einen solchen Text finden?
	S	Erbse: Erklärung – Lexikon Esel: Erklärung – Lexikon Spiegelei: Anleitung – Rezept – Kochbuch Fingerpuppen: Bastelanleitung – Bastelbuch Rätsel: Beschreibungsrätsel – Rätselbuch Die wunderbare Weinflasche – Versuchsanleitung Bastelbuch
Zusammenfassung Wiederholung Rezept St 3		

4. Schriftliche Gestaltungsphase

4.1 Wichtiges von Unwichtigem unterscheiden

Menü St 3 Sachtexte vergleichen	L	Zuerst lesen wir still Text 1. Überlege.
	L	Lies jetzt Text 2 und vergleiche ihn mit Text 1.
	S	In Text 1 stehen verschiedene unwichtige Wörter.
	S	um 3 Uhr – verärgert – mißmutig – schönen – von Tante Erika zu Weihnachten bekommen – umständlich
	L	Wenn wir einen Sachtext überarbeiten, können wir unwichtige Sachen weglassen oder wegstreichen. Wie?
4.2 Die Weglaßprobe Werkzeug St 3		
Rückgriff auf St 1 und St 2	L	Wir lesen und studieren. Eine Mitteilung ist ebenfalls ein Sachtext. Er darf keine unwichtigen Satzglieder enthalten.
	L	Vergleiche die beiden Texte!
	L	Ein Sachtext darf nur wichtige Sachen enthalten.
4.3 Gestaltungsübung	L	Überarbeite die Sätze und streiche unwichtige Satzglieder weg.

4.4 Selbständiges Aufschreiben

1. Möglichkeit:
Wie ich meine Hausaufgaben erledige.

2. Möglichkeit:
Die Schüler wählen selbst einen einfachen Vorgang:
- Wie ich mein Pausebrot herrichte
- Wie Vati den Gästen Wein einschenkt
- Wie ich den Tisch decke

Informieren: Einfache Vorgänge beschreiben — St 3

Die richtige Reihenfolge beachten — AB 1

Ich erledige meine Hausaufgaben

Aufgaben:

1. Schneide die 6 Bilder aus.
2. Ordne sie in der richtigen Reihenfolge.
3. Beschreibe den Vorgang.

Informieren: Verschiedene Sachtexte St 3

Textarten erkennen AB 2

Sachtexte

Erbse

Erbsen sind kleine, grüne, kugelrunde Früchte. Auf der Dose siehst du das Bild einer Hülse, in der immer mehrere Erbsen stecken. Jetzt verstehst du, warum man Erbsen Hülsenfrüchte nennt. Wenn sie reif sind, fallen die Erbsen aus der Hülse.

Esel

Esel ist ein Schimpfname. Aber Esel sind ziemlich kluge Tiere. Das genügsame, graue Tier mit den langen Ohren wird in südlichen Ländern als Haustier gehalten. Esel können gut klettern und schleppen schwere Lasten. Sie können aber auch sehr bockig sein.

Spiegelei

Zuerst hole ich drei Eier aus dem Kühlschrank, dazu richte ich Butter, Salz, Pfeffer und die Pfanne her. Dann stelle ich die Pfanne auf die Kochplatte und schalte auf zwei. Nun lasse ich ein Stück Butter in der Pfanne zergehen. Anschließend schlage ich drei Eier auf und lasse Eiweiß und Dotter vorsichtig in die Pfanne gleiten. Salz und Pfeffer darf ich nicht vergessen. Wenn das Eiweiß fest zu werden beginnt, hebe ich das Spiegelei mit der Schaufel aus der Pfanne und gebe es auf den Teller.

Fingerpuppen

Fingerpuppen sind leicht herzustellen. Schneide dir einen Papier- oder Pappstreifen, der deinen längsten Finger überdeckt und 8 cm lang sein soll. Wickle den Papierstreifen locker um deinen Finger und klebe ihn mit Tesafilm oder Uhu zu einer Rolle. Deine Puppe bekommt nun Arme, die du auf Papier zuerst vorzeichnest, zurechtschneidest und anklebst. Bemale deine Puppen oder schneide ihnen Gesichter, Haare und Kleider aus Papier zurecht.

Rätsel

Was ist das? Ich hänge am Baum und bin rund. Meine Haut kann manchmal grün, gelb oder auch rot sein. In meinem Stübchen habe ich viele braune Kerne. Und ich kann süß, aber auch sauer sein.

Die wunderbare Weinflasche

Wir feuchten den oberen Rand einer Weinflasche gut an. Jetzt decken wir die Öffnung mit einem Groschen zu. Mit warmen Händen umfassen wir eine Weile die Flasche. Beobachte den Groschen! Wer kann es erklären?

St 3

Sachtexte vergleichen

Ich erledige meine Hausaufgabe

Text 1

Um 3 Uhr stelle ich verärgert meine Schultasche auf den Stuhl. Mißmutig öffne ich sie und nehme den schönen Malblock aus der Tasche. Dann hole ich meine Farbstifte heraus, die ich von Tante Erika zu Weihnachten bekommen habe, und lege sie auf den schönen Arbeitstisch. Umständlich ziehe ich einen Malstift heraus, setze mich auf den Stuhl und male das Bild, das wir als Hausaufgabe von unserer Lehrerin aufbekommen haben.

Text 2

Zuerst stelle ich meine Schultasche auf den Stuhl und räume den Schreibtisch ab. Nun öffne ich die Tasche, hole den Malblock heraus und lege ihn auf den Tisch. Jetzt ziehe ich die Farbstifte heraus und lege sie ebenfalls neben dem Block bereit. Schließlich setze ich mich auf den Stuhl und male das Bild, das wir als Hausaufgabe auf haben.

Aufgabe:

Vergleiche beide Texte.

Streiche unnötige Wörter.

Der Sachtext

In einem **Sachlexikon** findest du viele Texte, die dich über Dinge, Pflanzen und Tiere sachlich informieren. In einem **Kochbuch** erklären Texte, sogenannte Rezepte, wie du eine Speise **zubereiten** kannst. In **Tierbüchern** wiederum entdeckst du Texte, die das Aussehen und Verhalten von Tieren **beschreiben** (= Tierbeschreibung). In **Bastelbüchern leiten Texte** an, wie du ein Auto oder ein Flugzeug bauen mußt (= Bastelanleitung). Eine Hausfrau kriegt eine Küchenmaschine. Die beiliegende **Anleitung** weist sie an, wie sie die Maschine bedienen muß. Alle diese genannten Textsorten **informieren** den Adressaten **sachlich, genau und vollständig** über eine Sache. Weil wir diese **Sachtexte** im täglichen Leben gebrauchen, nennt man sie auch **Gebrauchstexte.**

Sachtexte informieren. Erzähltexte unterhalten. Daher mußt du diese beiden Textsorten genau unterscheiden können, wenn du sie richtig gestalten willst.

Sachtext	**Erzähltext**
beschreiben, erklären	erzählen
informieren	unterhalten
sachlich	lebendig
keine	wörtliche Rede
keine	Ausrufe
Wichtiges	Einzelheiten
vollständig	ausführlich
Erzählsätze	verschiedene Satzarten
Gegenwart	Vergangenheit
Sachen, Vorgänge	Erlebnisse

Beurteile folgenden Text:

a) Was ist es für eine Textart?
b) Begründe deine Entscheidung.

Wie ich einmal meine Hausaufgabe erledigte

„Puh, war das ein blöder Schultag", dachte ich. „Sechs Stunden Schule und so viel Hausaufgaben!" Verärgert warf ich meine schwere Schultasche auf den Stuhl. „Eigentlich habe ich jetzt überhaupt keine Lust", dachte ich. Na ja, was sein muß, muß sein. Mißmutig zog ich das Mathebuch heraus und schleuderte es verächtlich auf den Schreibtisch. Doofe Mathe! Was haben wir denn auf? Ich griff in die Seitentasche, um das Heftchen herauszuholen. Verflixt, wo ist das Heftchen? Ich suchte und suchte. In allen Taschen! Vergeblich! Was mach ich bloß! Meinen Freund Uli anrufen? Ich bin doch nicht dumm! Und wenn ich morgen keine Mathe-Hausaufgabe habe? Der Mathelehrer wird mich schimpfen. Dann male ich eben ein Bild für Herrn Rechten und rechne auf der Rückseite einige Aufgaben. Da wird er sich bestimmt freuen!

Die Weglaßprobe

St 3

Liebe Mutti,
ich bin bei ~~meiner Freundin~~ Sabine
und schaue mir ihren neuen Hund an.
~~Es ist ein Spitz.~~ ~~Gottseidank~~, bin ich
mit meinen Hausaufgaben ~~schon~~ fertig.
~~Sie waren leicht.~~ Ich komme um 5 Uhr
wieder heim. ~~Ich bin neugierig auf~~
~~Sabines Hund.~~ Kr stin

Um eine klare und verständliche Mitteilung, Erklärung oder Beschreibung zu erhalten, ist es manchmal notwendig, längere umständliche Sätze zu verkürzen. Du kannst also Wörter und Satzglieder weglassen.
Dabei darfst du aber nur **unwichtige** Satzglieder wegstreichen, damit der Satz nicht sinnlos wird.

Kristins Mitteilung wird ohne die gestrichenen Satzteile viel **genauer und klarer.**

Vergleiche beide Texte!

Liebe Mutti,
ich bin bei Sabine und schaue mir ihren neuen Hund an.
Mit den Hausaufgaben bin ich fertig. Ich komme um 17 Uhr
zurück. Kristin

Übung:

Überarbeite folgende Sätze.
Streiche unwichtige Satzglieder! Begründe deine Entscheidung!

(1) *Verärgert stelle ich meine Schultasche auf den Tisch.*

(2) *Dann öffne ich die verschmutzte Tasche und hole mit einer lässigen Handbewegung den Malblock heraus.*

(3) *Schließlich setze ich mich mißmutig und lustlos auf den Stuhl.*

Informieren: Eine Anleitung **St 4**

Wie ich ein Geschenk verpacke

Informieren: Eine Anleitung — St 4

Gestaltungsaufgabe: Eine Anleitung verfassen

Lernziele

Die Schüler sollen
- einen Vorgang genau und vollständig erfassen
- die richtige Reihenfolge der Tätigkeiten angeben
- zu vorgegebenen Bildern brauchbare Stichwörter notieren
- eine Anleitung nach Stichpunkten schreiben
- einen Vorgang zusammenhängend wiedergeben

Arbeit am Text

Die Schüler sollen
- eine Anleitung auf Vollziehbarkeit überprüfen
- Wichtiges erkennen und Unwesentliches wegstreichen

Arbeit am Satz

Die Schüler sollen
- mit Hilfe von Stichwörtern richtige Sätze bauen
- Sätze verkürzen

Arbeit am Wort

Die Schüler sollen
- die richtigen Begriffe verwenden
- die einzelnen Vorgänge mit treffenden Zeitwörtern wiedergeben

Verlaufsskizze

1. Motivationsphase

1.1 Aktueller Anlaß Einem kranken Kind ein Päckchen schicken		
Geschenke zum Geburtstag verpacken	L	Wir schicken einem Kind zum Geburtstag ein Geschenkpaket.
	S	Geschenke: Buch, Auto . . .
1.2 Zielangabe	L	Eine Anleitung schreiben: Wie verpacke ich Geschenke?

2. Mündliche Gestaltungsphase

2.1 Einen einfachen Vorgang beobachten und beschreiben

Vormachen der praktischen Durchführung	L	Ich zeige euch, wie man ein Geschenk verpackt. Beobachte genau. Gib die Tätigkeiten an!
Material	S	Material herrichten:
	TA	Karton, Geschenkpapier, Band, Schere, Geschenke: Auto, Buch

beobachten notieren	L	Nun zeige ich dir, was ich der Reihe nach tun muß. Beobachte die einzelnen Tätigkeiten genau und notiere sie auf deinem Block.
Tätigkeiten	S	Geschenke verpacken Geschenke in Karton legen, schließen, auf Geschenkpapier stellen, umhüllen, Papier umgeben, falten, verkleben, Schnur oder Band herumlegen, festziehen und verknoten
2.2 Wiederholung des Vorgangs		
Selbständige Durchführung in PA	L	Versuche jetzt selbst ein Geschenk in eine Schachtel einzupacken.
2.3 Zusammenfassung	L	Du bist jetzt der Fachmann. Erkläre deinem Freund, wie er ein Geburtstagsgeschenk verpacken kann.

3. Halbschriftliche Gestaltungsphase

3.1 Stichwörter notieren		
Arbeitsblatt 1	L	Wir notieren zu jedem Bild wichtige Stichwörter!
	Fo	Bild 1: Geschenkpapier, Karton, Schnur, Faden, Band, Schere, Tesafilm, Geschenke. Bild 2: Geschenke verpacken Bild 3: in Karton legen Bild 4: Papier ausbreiten, Karton daraufstellen, schließen Bild 5: Karton mit Papier einschlagen, falten und kleben Bild 6: mit Band umschnüren, verknoten
3.2 Einfache Sätze formulieren		
Mündlich formulieren und vor die Klasse treten	L	Formuliere jetzt mit Hilfe der Stichwörter einfache Sätze. Merke dir den Satz. Dann darfst du vor die Klasse treten.
	S	Zuerst legen wir Geschenkpapier, einen Knäuel Schnur, ein Band, eine Schere und die Geschenke bereit. Wir brauchen einen Schuhkarton. Zuerst hüllen wir das Auto und das Buch in Geschenkpapier ein und verschnüren die Päckchen mit einem schönen Band. Nun legen wir die Päckchen in die Schachtel und schließen sie mit dem Deckel. Dann breiten wir das Geschenkpapier aus und stellen den Karton darauf. Anschließend schlagen wir das Geschenkpapier herum, falten das Papier an den kurzen Enden und verkleben die Ecken sorgfältig. Zum Schluß legen wir um das ganze Paket ein schönes Band und verknoten es mit einer Schleife auf der Oberseite.
Wiederholung der Sätze von allen Kindern		

3.3 Schriftliches Formulieren in Einzelarbeit

4. Schriftliche Gestaltungsphase – Ausweitung und Transfer auf ein anderes Sachgebiet

4.1 Begriffsbildung

„Die Anweisung“
Rezept St 4

Merke:
1. Du mußt die Tätigkeiten genau kennen!
2. Die Reihenfolge muß stimmen!
3. Verwende die richtigen Fachausdrücke.
4. Beschreibe die einzelnen Tätigkeiten genau und vollständig.
5. Satzanfänge beachten.
6. In der Gegenwart schreiben.

4.2 Eine Anleitung überprüfen

Menü St 4 – Folie AB 2

L Überprüfe die Anleitung! Vergleiche mit den Bildern!

S Schlauch-Anschließen fehlt.
Eimer und Auto-Shampoo fehlen.
Die Anleitung ist unvollständig.
Die Reihenfolge stimmt nicht.

S Nach dieser Anleitung kann ich das Auto nicht waschen.

4.3 Mündliches Gestalten mit Folie

Arbeitsblatt 2

4.4 Stichwörter notieren

Arbeitsblatt 3

TA, S
1. Bild: anschließen, Schlauch aufdrehen, Hahn
2. Bild: gründlich abspritzen
3. Bild: Eimer, warmes Wasser, Auto-Shampoo
4. Bild: eintauchen, Dach waschen
5. Bild: Kühlerhaube säubern
6. Bild: Seitenwände, Heck
7. Bild: Ränder Karosserie, reiben, Schmutz absetzen
8. Bild: Radkappen, verchromte Leisten
9. Bild: Schmutzflecken ablösen, abspritzen
10. Bild: Wischer Wassertropfen Lackteile, trocken reiben

4.5 Schriftliches Gestalten

Eine Einleitung finden — L Suche eine brauchbare Einleitung.

Einleitung — S Mutters Wagen ist schmutzig. Ich darf das Auto waschen. Mutter fährt es in den Hof.

Schluß — S Jetzt kann sich Mutter mit ihrem Fahrzeug wieder sehen lassen.

5. Bewertungsvorschlag

Anleitung

Die Schüler sollen die einzelnen Phasen der Anleitung genau, gründlich und zusammenhängend, in der richtigen Reihenfolge mit den gebräuchlichen Begriffen beschreiben, so daß die Anleitung verständlich und nachvollziehbar ist.

Inhalt	Punkte		Sprache	Punkte	
1. genau/gründlich	2		variable Satzanfänge	2	
2. vollständig	2		richtige Begriffe	2	
3. richtige Reihenfolge	2		treffende Zeitwörter	2	
4. verständlich/nachvollziehbar	2		richtiger und variabler Satzbau	2	
Inhalt:	8	+	*Sprache:*	8	= 16

Vorschlag für Bewertungsschlüssel
siehe Seite 202

6. Überarbeitung

6.1 Überarbeitung des eigenen Textes mit Werkzeug St 4

6.2 Textvergleich

Vergleiche deine Anleitung mit folgenden Arbeiten.

Text 1: *Wie wir Geschenke verpacken*

Mein Freund Florian und ich sind zum Geburtstag von Uli eingeladen. Wir wollen ihn mit einem Geschenk überraschen. Er liest gerne, und er sammelt gerne Autos. Darum wollen wir ihm ein Buch und ein Auto schenken. Die Geschenke möchten wir schön verpacken. Florian weiß nicht, wie das geht. Ich erkläre ihm, wie man Geschenke verpackt.
Zuerst legen wir Geschenkpapier, einen Knäuel Band, eine Schere und die Geschenke bereit. Florian bringt noch eine passende Schuhschachtel. Wir hüllen das Modellauto und das Buch in Geschenkpapier ein und verschnüren die beiden Päckchen mit einem schönen Band. Nun legen wir die Päckchen in den Karton, schließen ihn und stellen ihn auf einen großen Bogen Geschenkpapier. Jetzt verpacken wir die Schachtel, indem wir sie nach allen Seiten sorgfältig einhüllen. An den kurzen Seiten wird gewissenhaft gefaltet und mit Tesafilm sauber verklebt. Schließlich legen wir um das Paket eine schöne Kordel, ziehen sie straff und verknoten sie auf der Oberseite mit einer Schleife. Zuletzt verzieren wir das Geschenkpaket mit einem kleinen Blumensträußchen und legen eine Glückwunschkarte bei.
Das Verpacken macht Spaß. Hoffentlich freut sich das Geburtstagskind, wenn es die Geschenke auspackt.

Text 2: *Ein Auto waschen*

Mutters Wagen ist schmutzig. Ich darf das Auto waschen. Der Wagen wird in den Hof gefahren. Hier schließe ich den langen Schlauch an die Wasserleitung an, drehe den Hahn auf und spritze das Auto gründlich ab. Dann hole ich aus der Küche einen Eimer mit warmem Wasser, gebe Auto-Shampoo hinzu und stelle das Gefäß neben das Auto. Jetzt tauche ich den Schwamm ein und beginne, das Dach des Wagens zu waschen.
Anschließend säubere ich die Kühlerhaube, die Seitenwände und das Heck. Besonders gut reibe ich die Ränder der Karosserie ab, weil sich hier viel Schmutz abgesetzt hat. Schließlich kommen die Radkappen und die verchromten Leisten an die Reihe. Wenn sich die letzten Schmutzflecken aufgelöst haben, wird der Wagen ein zweites Mal abgespritzt. Mit dem Wischer entferne ich zuerst die Wassertropfen an den Fenstern. Zum Schluß reibe ich alle Lackteile des Wagens mit dem Fensterleder trocken.
Jetzt kann sich Mutter mit ihrem Fahrzeug wieder sehen lassen.

Informieren: Eine einfache Anleitung verfassen St 4

Arbeit am Wort: Stichwörter notieren AB 1

Geschenke verpacken

Notiere zu jedem Bild wichtige Stichwörter.

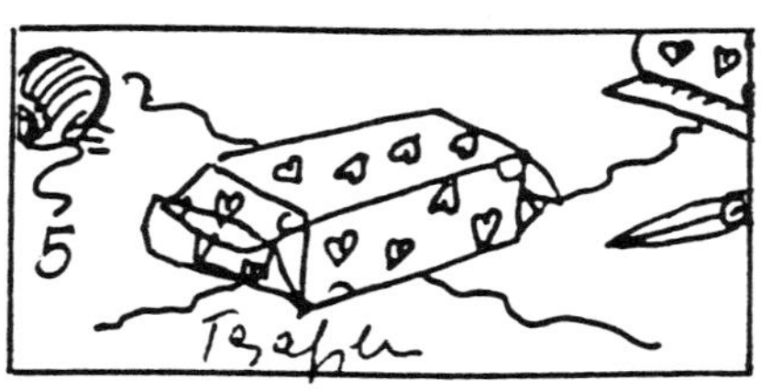

Informieren: Eine Anleitung verfassen **St 4**

Gestaltungsübung – Probeaufsatz **AB 2**

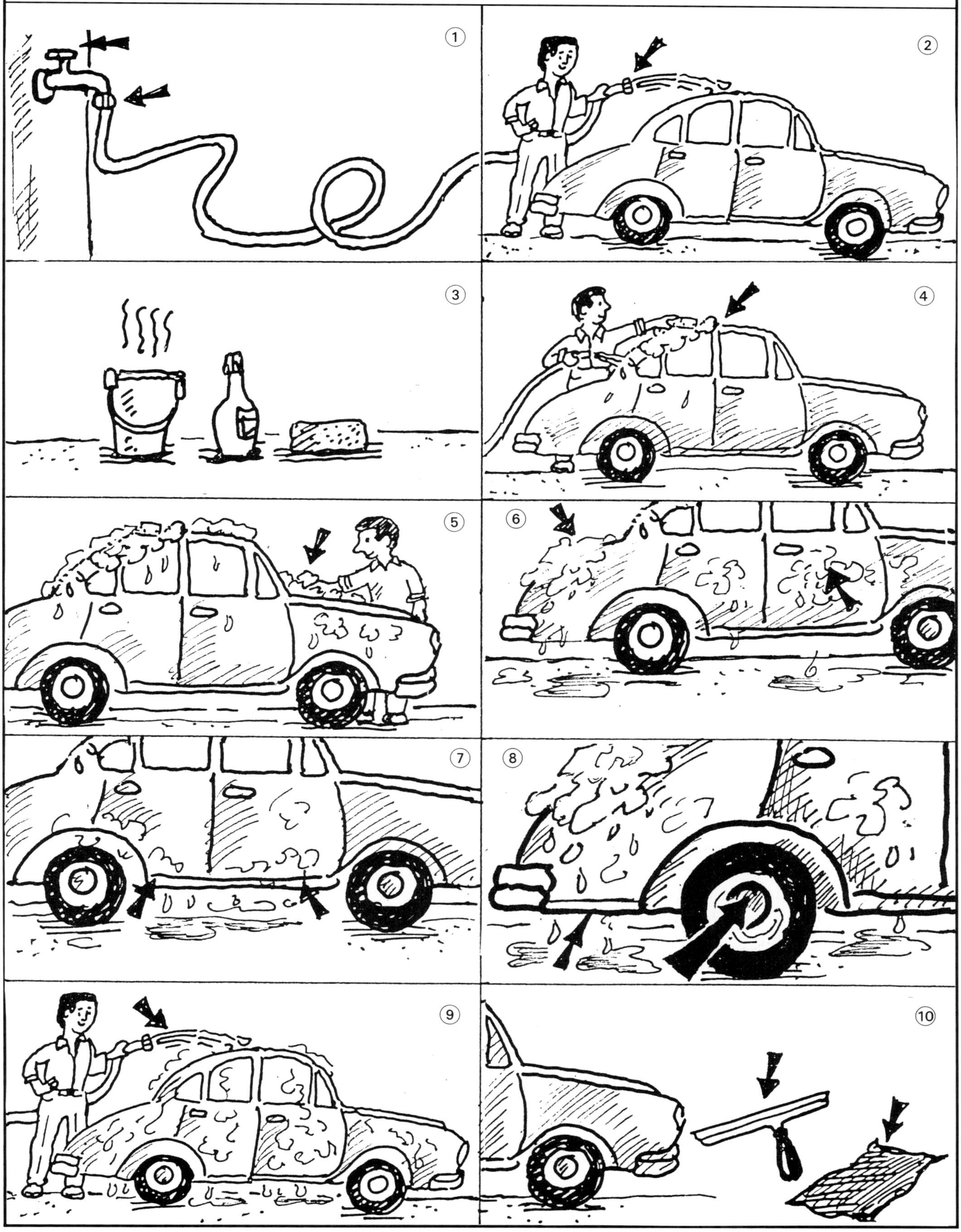

Informieren: St 4

Mit Hilfe von Bildern Stichwörter notieren AB 3

Anleitung
zum Autowaschen

Diese Anleitung hat Sabine für Markus verfaßt. Überprüfe sie, ob du danach Mutters Auto waschen könntest. Vergleiche mit den Bildern.

◯ Zuerst mußt du den Wagen gründlich abspritzen.

◯ Dann kannst du das Heck, die Kühlerhaube und die Seitenteile säubern.

◯ Besonders gut mußt du die Ränder der Karosserie abreiben, weil sich dort viel Schmutz absetzt.

◯ Dann tauchst du den Schwamm ein und wäschst das Dach.

◯ Dann kommen die Radkappen und die verchromten Leisten an die Reihe.

◯ Nun wird der Wagen ein zweites Mal abgespritzt.

◯ Nun entferne ich die Wassertropfen an den Fenstern.

◯ Endlich reibe ich alle Lackteile des Wagens trocken.

◯ Jetzt kann sich Mutter mit dem Wagen wieder sehen lassen.

Die Anleitung

„Heute ist schönes Wetter", sagt Mutter, „wir könnten unser Auto waschen." Sabine hat schon oft geholfen und kennt alle Tätigkeiten der Reihe nach genau. Aber heute hat sie keine Lust. „Ich werde eine *Anleitung* für Markus schreiben. Dann kann der helfen.
Sabine verfaßt eine *Vorgangsbeschreibung.* Viele Vorgänge laufen in der gleichen Weise ab. Dafür gibt es eine Gebrauchs- oder Arbeitsanleitung, z. B. für den Kassettenrekorder, zum Tischdecken, zum Telefonieren usw.

TIPS

- Du mußt die Tätigkeiten des Autowaschens **genau** kennen. Das bedeutet: Du hast oft dabei zugesehen und selbst mitgemacht.
- Beim Aufschreiben muß die **Reihenfolge der Tätigkeiten** stimmen.
- Verwende die **richtigen Fachausdrücke,** z. B. Kühlerhaube, Heckscheibe, Raddeckel, Scheibenwischer, usw.
- Beschreibe die **einzelnen Tätigkeiten genau und vollständig,** so daß der Leser nach dieser Anleitung die Tätigkeiten nachvollziehen kann. Das heißt, du mußt treffende Zeitwörter verwenden: z. B. eintauchen, reiben, verteilen, beseitigen.
- Wechsel in den **Satzanfängen,** z. B. nach einer Weile, nachher.
- Verfasse die Anweisung in der **Gegenwart.**

St 4

Einen Sachtext überarbeiten

Der Lehrer weist mit Korrekturzeichen auf Fehler und Schwächen in deinem Text hin. Du hast die Aufgabe, ihn zu überarbeiten, das heißt, du verbesserst ihn selbständig.
Du kannst aber auch deine Arbeit, bevor du sie beim Lehrer abgibst, in Partnerarbeit überprüfen.

TIPS

Folgende Tips helfen dir dabei:

- Lies dem Partner deinen Text einmal oder zweimal langsam vor.
  Geht dann folgende Fragen der Reihe nach durch!
- Welche Textstellen sind ihm unklar?
  Fehlt etwas Wichtiges?
  Schreibe an den Rand ein Fragezeichen! (?)
  Erweiterungsprobe! (Werkzeug Ge 6)
- Versteht dein Freund eine Stelle nicht, weil ein Wort ungenau ist? Ersatzprobe!
  (Werkzeug Ge 7)
- Streiche unwichtige Textstellen heraus!
  Weglaßprobe! (Werkzeug St 3)
- Dein Freund soll darauf achten, ob du alles in der richtigen Reihenfolge schreibst.
  Wenn die Reihenfolge falsch ist, mußt du umstellen.
- Gleiche Satzanfänge machen den Text langweilig.
  Überprüfe mit Werkzeug St 6!
  Umstellprobe! (Werkzeug Ge 8)

Einkaufen

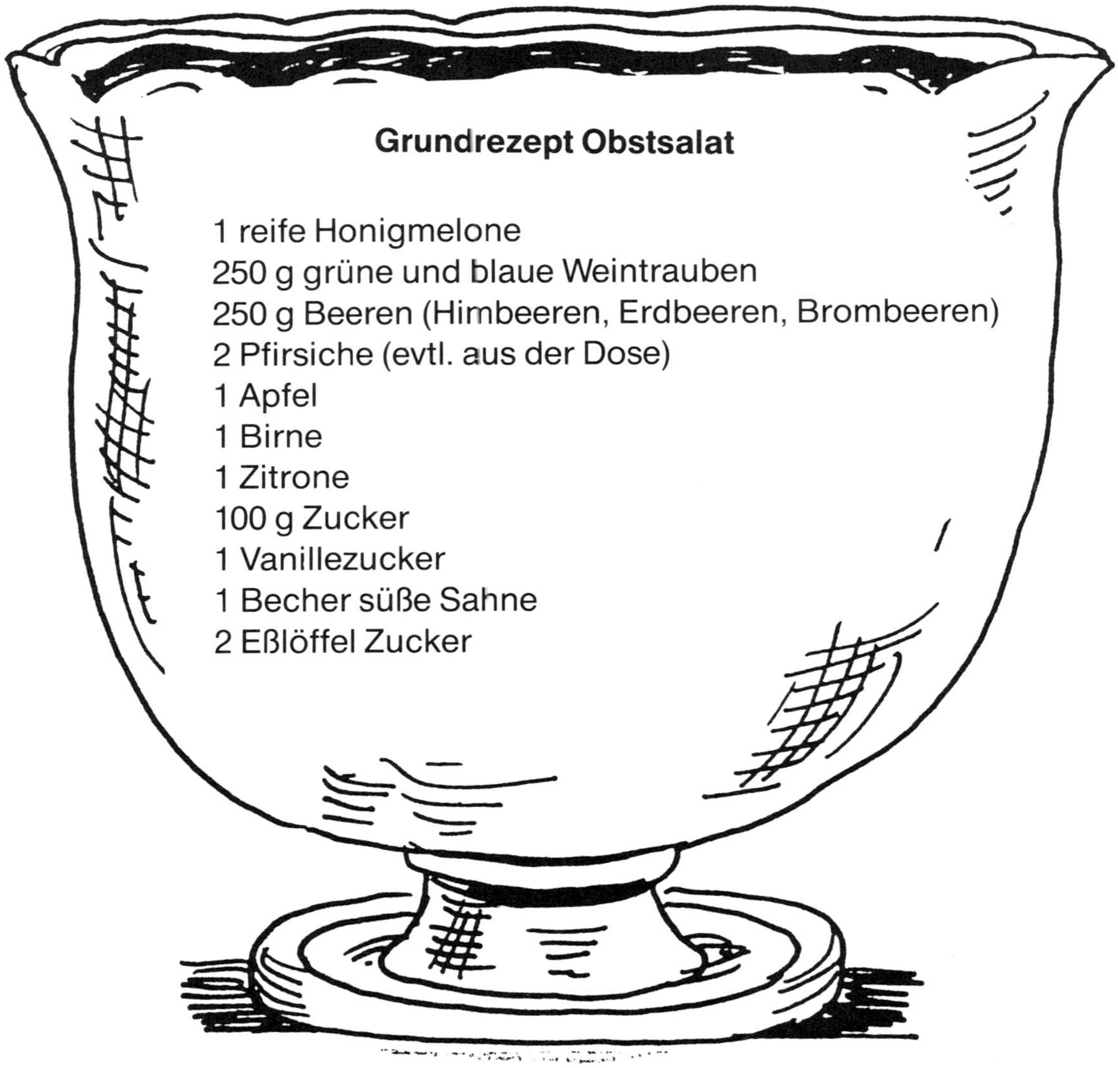

Grundrezept Obstsalat

1 reife Honigmelone
250 g grüne und blaue Weintrauben
250 g Beeren (Himbeeren, Erdbeeren, Brombeeren)
2 Pfirsiche (evtl. aus der Dose)
1 Apfel
1 Birne
1 Zitrone
100 g Zucker
1 Vanillezucker
1 Becher süße Sahne
2 Eßlöffel Zucker

Für einen bunten, gesunden Nachtisch eignen sich frische Früchte am besten.

St 5

St 5

Informieren: Ein Merkzettel	**St 5**
Gestaltungsaufgabe: Stichwörter notieren	

Lernziele

Die Schüler sollen
- einen Einkaufszettel übersichtlich schreiben
- einen vollständigen Einkaufszettel erstellen
- mehrere Einkaufszettel miteinander vergleichen

Arbeit am Text

Die Schüler sollen
- aus einem Text Wichtiges und Wesentliches herausfinden
- mit Hilfe eines Merkzettels berichten

Arbeit am Satz

Die Schüler sollen
- mit Hilfe von Stichwörtern Sätze bilden

Arbeit am Wort

Die Schüler sollen
- die sinntragenden Wörter erkennen
- aus einem Satz Stichwörter herausfinden
- Stichwörter übersichtlich anordnen

Verlaufskizze

1. Motivationsphase

1.1 Aktueller Anlaß		
Geburtstagsparty		
Freie Aussprache	L	Peter will mit seinen Freunden einen Obstsalat zubereiten.
	S	brauchen ein Rezept . . .
1.2 Grundrezept kennenlernen	L	Hier ist das Rezept.
Lesen und Aussprache	S	Die Zutaten müssen sie einkaufen.
	S	Sie müssen sich aufschreiben, was sie brauchen.
1.3 Zielangabe	L	Wir schreiben einen Einkaufszettel. Wir brauchen einen Merkzettel.

2. Mündliche und halbschriftliche Gestaltungsphase

2.1 Vorbereitung des Merkzettels		
	L	Warum brauchen wir einen Einkaufszettel?
	S	Damit wir nichts vergessen.
	S	Damit wir wissen, was wir alles brauchen und einkaufen müssen.
	S	Damit wir wissen, wieviel wir einkaufen müssen.

2.2 Stichwörter notieren

Rezept St 5	L	Was müssen wir beachten?
	TA	1. Genau notieren! 2. Stichwörter untereinander schreiben. 3. Mengenangaben nicht vergessen!

2.3 Einkaufszettel vergleichen und ergänzen

Menü St 5

2.4 Einkaufszettel für Rezept „Obstsalat" schreiben

mit Arbeitsblatt 1

3. Schriftliche Gestaltungsphase

3.1 Der Merkzettel

Rezept St 5	L	Ein Merkzettel hilft, sich einen Sachstoff einzuprägen. Wir verbalisieren die Stichwörter über den Star.
	S	Der Star ist etwa so groß wie ein Spatz. Sein Gefieder ist schwarz, aber im Frühjahr glänzen seine Federn grünrot.
	S	Mit seinem langen, spitzen Schnabel holt er sich Würmer und Schnecken.
Ergebnis:	Merke: 1. Wir notieren Stichwörter, die sinngemäß zu einem Satz zusammengehören. 2. Wenn wir berichten, bilden wir Sätze.	

3.2 Stichwörter finden

Werkzeug St 5	L	Wie finden wir Stichwörter? Wir lesen und studieren Werkzeug St 5.
Arbeit mit Sachtext	L	Wir suchen Stichwörter und notieren sie.
	L	Wir vergleichen mit dem Vorschlag.
	L	Berichte über das „Auge" mit Hilfe deines Merkzettels.

3.3 Übungen mit Sachtexten aus dem Heimat- und Sachunterricht.

Informieren: Einkaufszettel **St 5**

Stichwörter notieren **AB 1**

Ein Rezept ausprobieren

Für einen bunten, gesunden Nachtisch eignen sich frische Früchte am besten.

Früchte, die du nicht bekommst, kannst du gegen andere austauschen.

Ein kluger Koch nimmt für den Obstsalat, was gerade frisch auf dem Markt ist.

Schreibe auf den Einkaufszettel, was du für deinen Obstsalat an Zutaten brauchst.

Wir notieren und kaufen ein

Einkaufszettel

Hier sind drei Einkaufszettel.
Lies und betrachte sie genau!
Vergleiche sie miteinander!

①

1 Honigmelone
1 Dose Pfirsiche
250 g blaue
250 g grüne
Weintrauben
500 g Äpfel
500 g Birnen
Zitronen
1 Sahne

②

500 g grüne
und blaue
Weintrauben
1 Honigmelone
Pfirsiche
Äpfel Birnen
1 süße Sahne
2 Zitronen

③

1 reife Melone Äpfel Birnen
250 g blaue und grüne
Weintrauben 1 Dose Pfirsiche
1 Vanillinzucker Zitrone
1 Becher Sahne

Stichwörter notieren und berichten

Der Einkaufszettel

Peter will mit seinen Freunden einen Obstsalat zubereiten. Zuerst lesen sie das Grundrezept Obstsalat und schreiben die Zutaten mit den angegebenen Mengen auf den Einkaufszettel, damit sie nichts vergessen und alles richtig einkaufen.

1 Honigmelone
250 g blaue Weintrauben
250 g grüne Weintrauben
1 Pfund Äpfel
1 Pfund Birnen
1 Zitrone

Auf dem Markt sagen sie dem Händler, was und wieviel sie brauchen. Die Pfirsiche, die süße Sahne und den Zucker kaufen sie im Supermarkt.

TIPS

- Notiere genau!
- Schreibe die Stichwörter untereinander, dann wird dein Einkaufszettel übersichtlicher.
- Vergiß die Mengenangaben nicht.

Der Merkzettel

In der Heimat- und Sachkunde haben die Kinder der 3a vom Star gelernt. Markus schreibt sich die Stichwörter nach Gliederungspunkten geordnet in sein Heft.

Der Star	
Größe:	*wie ein Spatz*
Gefieder:	*schwarz,*
	im Frühjahr Federn grünrot
Schnabel:	*lang, spitz,*
	Würmer, Schnecken
Nest:	*Mauerlöcher, Nistkästen*
Herbst:	*Schwärme, nach Süden*
Frühjahr:	*zurück*

TIPS

- Notiere Stichwörter, die sinngemäß zu einem Satz zusammengehören.
- Präge dir die Stichwörter ein!
- Wenn du berichtest, mußt du Sätze bilden!

Stichwörter finden

St 5

Stichwörter sind Sinnwörter aus einem Satz oder einem ganzen Text, die das Wesentliche und das Wichtigste festhalten.
Stichwörter helfen dir, einen Sachtext leichter zu merken und wiederzugeben. Wie findest du die Stichwörter?

TIPS

- Lies den Text **zweimal** genau durch!
- Beim dritten Lesen unterstreiche jene Wörter und Ausdrücke, die dir als *sinntragende Wörter* geeignet erscheinen. Manche Wörter sind bereits durch **besonderen Druck** hervorgehoben.
  - Stichwörter, die zu einer Sinneinheit (Satz) zusammengehören, mußt du in **einer Zeile** notieren.

Übung

Die Kinder der 3b lernen in der Heimat- und Sachkunde das Auge kennen. Sie lesen im Sachkundebuch folgenden Text und notieren Stichpunkte.

Meine Augen

Wenn wir sagen „Peter hat blaue Augen", dann meinen wir damit, daß die *Regenbogenhaut* seiner Augen blau ist. Die Regenbogenhaut oder *Iris* hat bei *jedem Menschen* eine *andere Farbe.*
Die Iris ist umgeben von der *weißen Augenhaut.* Der schwarze Punkt in der Mitte der Iris heißt *Sehloch oder Pupille.* Durch die Pupille gelangt *Licht* in das Auge. Die Iris *erweitert* oder *verengt* die Pupille. Dadurch fällt einmal *mehr,* einmal *weniger* Licht in das Auge.

Karina hat den Text zweimal gelesen, die sinntragenden Wörter unterstrichen und sich folgenden Merkzettel zurechtgelegt.

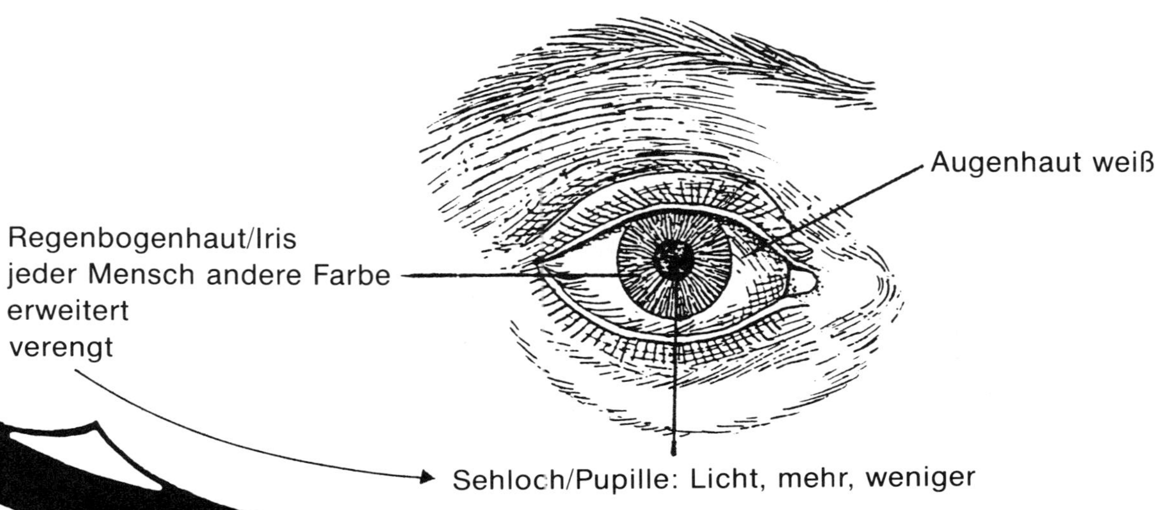

Informieren: Ein Rezept **St 6**

Mein Obstsalat

Alle Zutaten sind zur Zubereitung vorbereitet. Die Bildfolge zeigt dir, wie du vorgehen kannst.

Deinem Freund schmeckt dein Obstsalat ausgezeichnet. Du schreibst das Rezept für ihn auf.

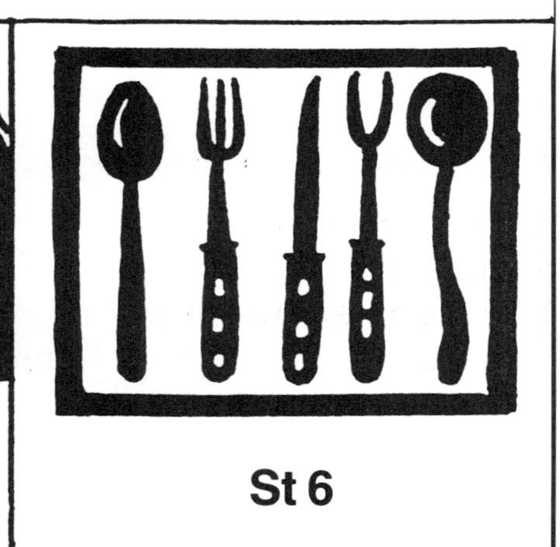

Informieren: Ein Rezept	**St 6**
Gestaltungsaufgabe: Eine Anleitung aufschreiben	

Lernziele

Die Schüler sollen
- ein Rezept nach Bildvorlagen erfassen
- ein Rezept stichwortartig in der richtigen Reihenfolge aufnotieren
- eine zusammenhängende, verständliche und nachvollziehbare Anleitung aufschreiben
- gebräuchliche Fachausdrücke verwenden

Arbeit am Text

Die Schüler sollen
- Rezepte miteinander vergleichen
- zwei zusammenhängende Sachtexte vergleichen

Arbeit am Satz

Die Schüler sollen
- eintönige Satzanfänge vermeiden
- die richtigen Bindewörter auswählen

Arbeit am Wort

Die Schüler sollen
- die Tätigkeiten genau angeben
- treffende Zeitwörter wählen

Verlaufsskizze

1. Motivationsphase

1.1 Aktueller Anlaß oder Spielszene	L	Markus feiert mit seinen Freunden Geburtstag. Es gibt feinen Obstsalat. „Mmmm, der schmeckt aber gut!" meint Sabine. „Was ist denn da alles drinnen?" Und Uli will wissen, wie der Salat zubereitet wird. Markus stolz: „Selbst gemacht!" – „Oh, schreibst du uns das Rezept auf!" bittet Sabine.
1.2 Zielangabe	L	Wir wollen uns heute das Rezept für den feinen Obstsalat aufschreiben. Aber wie? Die Zutaten haben wir ja bereits eingekauft.

2. Mündliche und halbschriftliche Gestaltungsphase

2.1 Märchenhafte Rezepte Menü St 6 Rezepte miteinander vergleichen	L	Vergleicht die Rezepte miteinander.
	Rezept 1 B:	ungenau – es fehlen Mengenangaben Himbeeren nur kurz erhitzen: die Tätigkeiten genau beschreiben
	Rezept 2 B:	Mengenangaben fehlen: Sirup und Milch die Tätigkeiten müssen genauer angegeben werden – wie etwas gemacht werden muß.

2.2 Gestaltungsversuch mit Hilfe von Bildern
siehe AB 2

2.3 Ordnen der Stichwörter in der richtigen Reihenfolge

Stichwörter in der richtigen Reihenfolge

1. Melone aufschneiden
2. Schale und Kerne entfernen
3. Fruchtfleisch in Würfel schneiden
4. Weintrauben waschen
5. Äpfel und Birnen schälen
6. vierteln
7. mit Zitronensaft beträufeln
8. alles Obst in eine Schüssel geben
9. Zucker, Vanillezucker und Zitronensaft darübergeben
10. alles mischen
11. kühl stellen – 30 min.
12. Sahne schlagen
13. Sahne darübergeben
14. servieren

Mündlicher Gestaltungsversuch
Zusammenhängende Darstellung: Wie bereite ich einen Obstsalat zu

Vergleich mit Rezept St 6
Lesen und besprechen

Gestaltungsübung Werkzeug St 6	L	Wir schreiben die Anweisung auf – als zusammenhängende Anleitung.
	L	Achte auf die Satzanfänge.

3. Schriftliche Gestaltungsphase

3.1 Textvergleich: Rezept in Aufsatzform

Arbeitsblatt 1	L	Was unterscheidet Text 1 von Text 2?
	Text 1:	Rezept aus dem Kochbuch nicht in Sätzen geschrieben kurze Anweisungen Auffordungen
	Text 2:	Rezept in Aufsatzform in Sätzen geschrieben mit Einleitung Hauptteil und Schluß

Merke:
Ein Schulaufsatz über den Obstsalat muß
– in Sätzen geschrieben werden
– und den Vorgang der Reihe nach genau darstellen,
damit der Leser den Obstsalat in der gleichen Weise herstellen kann.

Sicherung mit AB 1

3.2 Gestaltungsaufgaben

Arbeitsblatt 3	L	Schreibe das Rezept Erdbeermilch mit Vanilleeis in Aufsatzform auf, mit Einleitung – Hauptteil – Schluß. Notiere zuerst Stichwörter!
Werkzeug St 6	L	Wähle am Satzanfang ein passendes Bindewort!

3.3 Selbständige schriftliche Gestaltung

Adressat Nachbarklasse L

Den Aufsatz beginnen wir mit der

A Einleitung

Wir schreiben, was wir kochen wollen oder müssen. Dann beginnen wir eine neue Zeile für den Hauptteil.

B Hauptteil

Er kann zwei oder drei Abschnitte haben.

1. Zutaten für das Gericht
2. Geschirr und Küchengeräte
3. Zubereitung

C Schluß

Wir schreiben, wie das Gericht den Freunden schmeckt.

4. Bewertungsvorschlag

Inhalt	*Punkte*		*Sprache*	*Punkte*		
1. vollständig	2		abwechslungsrreicher Satzbau	2		
2. richtige Reihenfolge	2		richtige Bindewörter	2		
3. zusammenhängend	2		abwechslungsreiche Satzanfänge	2		
4. Einleitung/Schluß	2		treffende Zeitwörter	2		
Inhalt:	8	+	*Sprache:*	8	=	16

Vorschlag für Bewertungsschlüssel

Note 1	16 – 15 Punkte	Note 4	8 – 6 Punkte
Note 2	14 – 12 Punkte	Note 5	5 – 4 Punkte
Note 3	11 – 9 Punkte	Note 6	3 – 0 Punkte

5. Überarbeitung

5.1 Schülerarbeiten zum Vorlesen und Überprüfen auf Nachvollziehbarkeit

Text 1: *Wie ich Erdbeermilch zubereite*

Zutaten: 200 g Erdbeeren, zwei Eßlöffel Zucker, vier Eiswaffeln, ein Päckchen Vanillezucker, einen halben Liter Milch und vier Kugeln Vanilleeis.
Zubereitung: Zuerst wasche ich die Erdbeeren und entferne die Stengel. Dann schneide ich die Erdbeeren entzwei und lege sie auf einen Teller. Jetzt zermansche ich mit einer Gabel die Erdbeeren und gebe sie in eine Schüssel und gebe Zucker und Vanillezucker dazu, damit es süß wird. Schließlich schütte ich einen halben Liter Milch in die Schüssel. Endlich lasse ich eine Kugel Vanilleeis hineinplumpsen und fülle mit Erdbeermilch auf.

Text 2: *Erdbeermilch mit Vanilleeis*

Zuerst wasche ich die Erdbeeren und zupfe die Stiele ab. Dann zerschneide ich die Erdbeeren und gebe sie in einen Teller. Nun zerdrücke ich die Erdbeeren im Teller. Dann gebe ich die Erdbeeren in eine Schüssel und gebe auch noch den Zucker und den Vanillezucker hinein. Dann gebe ich auch noch die Milch in die Schüssel und vermische es mit dem Quirl. Dann hole ich das Vanilleeis heraus, das ich vorher in den Kühlschrank gestellt habe und gebe es in die Gläser und gebe die Erdbeermilch darüber. Dann serviere ich.

5.2 Nacharbeit: Rezept: „Wie ich Spiegelei zubereite“

mit Werkzeug St 6

Zweimal Obstsalat

Text 1:

Melone aufschneiden, Schale und Kerne entfernen, Fruchtfleisch in 1 cm große Würfel schneiden. Dann die Weintrauben gut waschen. Äpfel und Birnen schälen, vierteln und mit Zitronensaft beträufeln. Alles Obst in eine Schüssel geben und Zucker, Vanillezucker und Zitronensaft darübergeben, alles mischen und 30 Minuten im Kühlschrank ziehen lassen. Mit der geschlagenen Sahne servieren.

Text 2

Als ich neulich mit Markus und Uli meinen Geburtstag feierte, hatte ich meinen Lieblings-Obstsalat vorbereitet. Da meine Freunde das Rezept haben wollen, schreibe ich es für sie auf. Wir besorgen zuerst 1 Honigmelone, je 250 g grüne Weintrauben und blaue Weintrauben, 1 Apfel, 1 Birne, 2 Pfirsiche (evtl. aus der Dose) und 1 Zitrone. Dann benötigen wir noch 1 Päckchen Vanillezucker und 1 Becher Sahne. Für den Obstsalat brauchen wir zuerst 100 g und für die Sahne 2 Eßlöffel Zucker.
So wird mein Obstsalat zubereitet. Zuerst schneide ich die Melone auf, entferne Schale und Kerne und schneide das Fruchtfleisch in 1 cm große Würfel. Dann wasche ich die Weintrauben. Nun schäle ich den Apfel und die Birne, viertle sie, entferne das Kernhaus und träufle Zitronensaft darüber. Jetzt gebe ich alles Obst in eine Schüssel und gebe Vanillezucker, Zucker und Zitronensaft darüber. Alle diese Zutaten müssen gut vermischt werden. Schließlich stelle ich den Obstsalat für 30 Minuten in den Kühlschrank, damit er gut durchziehen kann. Zuletzt gebe ich die geschlagene Sahne darüber und serviere den köstlichen Obstsalat. Man kann den Obstsalat als Nachspeise oder bei einer Kinderparty als Überraschung auf den Tisch bringen.

Was unterscheidet Text 1 von Text 2?

Text 1:	*Text 2:*
______	______
______	______
______	______

Merke: Ein zusammenhängender Sachtext über die Zubereitung eines Gerichts muß

- ______
- ______

damit der Leser ______

Informieren: Ein Rezept aufschreiben St 6

AB 2

Mein Obstsalat

Alle Zutaten sind zur Zubereitung vorbereitet. Die Bildfolge zeigt dir, wie du vorgehen kannst.

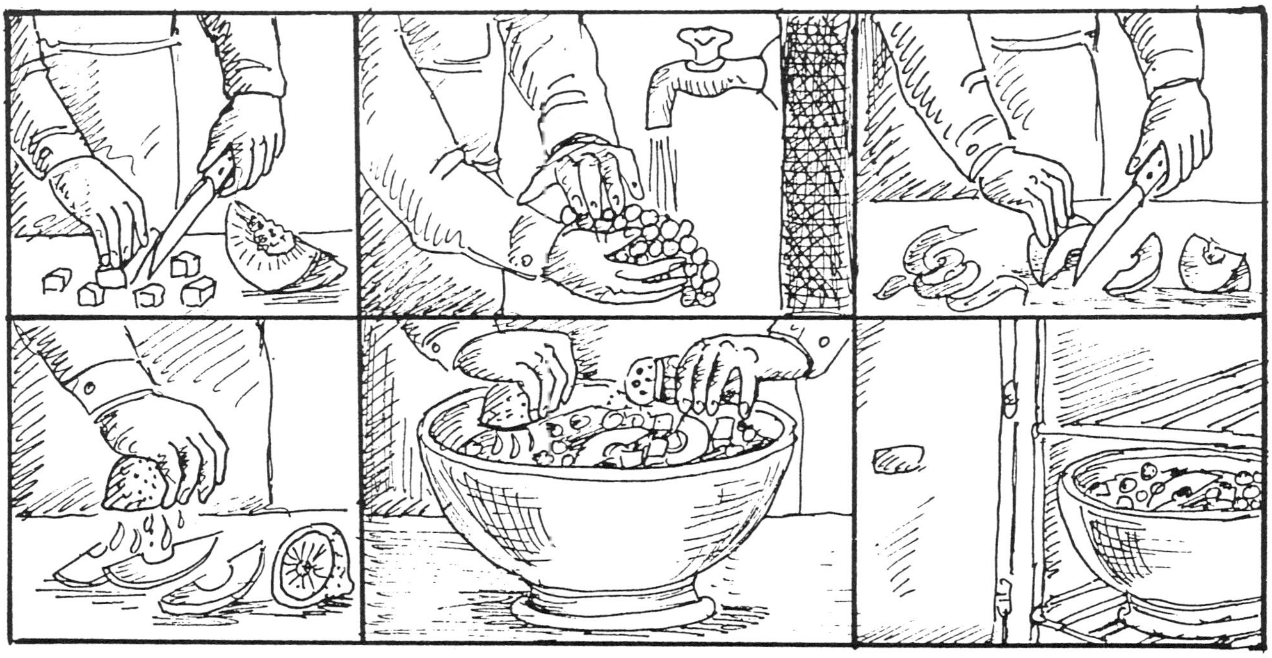

Deinem Freund schmeckt dein Obstsalat ausgezeichnet. Du schreibst das Rezept für ihn auf.

Diese Wörter helfen dir, die Anleitung richtig aufzuschreiben.

Obststückchen in Schüssel geben – Äpfel und Birnen schälen – Zitronensaft, Zucker und Vanillezucker darübergeben – Melone aufschneiden – Fruchtfleisch in 1 cm große Würfel schneiden – Kerne entfernen – Weintrauben und Beeren waschen – mit der geschlagenen Sahne servieren – 30 min im Kühlschrank ziehen lassen – mit Zitronensaft beträufeln – alles mischen

Beginne so:

So wird mein Obstsalat zubereitet. Zuerst ...
Dann ... Nun ... Schließlich ... Endlich ...

Informieren: Ein Rezept St 6

Gestaltungsübung – Probeaufsatz AB 3

Erdbeermilch mit Vanilleeis

Aufgaben:

1. Notiere dir zuerst Stichwörter für eine gegliederte vollständige Darstellung.
2. Schreibe erst dann einen zusammenhängenden Sachtext.

A. Einleitung

B. Hauptteil

1. Zutaten

2. Zubereitung

C. Schluß

St 6

Märchenhafte Rezepte

Ein Rezept ist eine Gebrauchsanweisung zur Herstellung von Speisen und Getränken. Es besteht aus zwei Teilen: den Zutaten und der Zubereitung.

Rezepte vergleichen

① A

Eis mit heißen Himbeeren

Was man dazu braucht:

1 Paket Vanilleeis
250 g Himbeeren
1 EL Zucker
1 Vanillezucker

So wird's gemacht:

- Himbeeren kurz erhitzen
- mit Zucker und Vanillezucker abschmecken
- Vanilleeis im Eisbecher verteilen
- die heißen Himbeeren darüber geben und sofort servieren

② A

Bananenmilch

Was man dazu braucht:

1 Banane
1 Eigelb
2 TL Ahornsirup
½ Liter Milch

So wird's gemacht:

- Banane mit Gabel zerdrücken
- mit Eigelb und Sirup mischen
- alles in die Milch schlagen

① B

Eis mit heißen Himbeeren

Was man dazu braucht:

1 Vanilleeis
250 g Himbeeren
Zucker
1 Vanillezucker

So wird's gemacht:

- Himbeeren erhitzen
- mit Zucker abschmecken
- Vanilleeis verteilen
- die heißen Himbeeren darüber geben und sofort servieren

② B

Bananenmilch

Was man dazu braucht:

1 Banane
1 Eigelb
Ahornsirup
Milch

So wird's gemacht:

- mit Gabel zerdrücken
- mit Sirup mischen
- alles schlagen

Das Rezept

Markus und Peter feiern ihren Geburtstag. Es gibt feinen Obstsalat. „Mmm, der schmeckt lecker“, meint Sabine. „Was ist denn da alles drinnen?“ Und Uli will wissen, wie der Salat zubereitet wird. Markus stolz: „Selbst gemacht!“
„Oh, schreibe uns doch das Rezept auf!“ bittet Sabine. Markus notiert in **Stichwörtern.**

Rezept für Obstsalat

Zutaten: Äpfel, Birnen, Orangen, Bananen, Nüsse, Zitrone, Zucker

Zubereitung: Obst waschen
schälen
in Stücke schneiden
zuckern
Zitrone halbieren, auspressen
Saft über Obststücke geben
mischen
kühl stellen

Rezept aufschreiben

Wenn du ein Rezept aufschreiben willst, mußt du einige Dinge beachten:

TIPS

- Zutaten notieren
- genaue Mengen angeben
- richtige Reihenfolge beachten
- Tätigkeiten genau aufschreiben
- Stichwörter notieren oder
- Anweisung verfassen
- ausprobieren

St 6

Der Satzanfang

Ein Rezept

Ich hole zuerst drei Eier aus dem Kühlschrank, dazu die Butter, Salz und Pfeffer und die Pfanne. Dann stelle ich die Pfanne auf die Kochplatte und schalte auf zwei. *Dann* lasse ich ein Stück Butter in der Pfanne zergehen. *Dann* schlage ich drei Eier auf und lasse Eiweiß und Dotter vorsichtig in die Pfanne gleiten. *Dann* salze und pfeffere ich Eiweiß und Dotter.
Dann nehme ich das Spiegelei mit der Schaufel aus der Pfanne und gebe es auf den Teller. Das Eigelb lasse ich weich.

Du merkst, häufig beginnen die Sätze oben mit dann . . ., ich . . . Das wirkt eintönig und langweilig. Gleiche Satzanfänge lassen sich mit **Ersatzprobe** und **Umstellprobe** vermeiden.

TIPS

- Stelle den Satz um und setze ein anderes Satzglied an den Anfang. Manchmal paßt auch ein Fürwort, z. B.: Dann stelle ich die Pfanne auf, besser: Diese stelle ich auf den Herd.
- Schreibe an den Satzanfang, **wie** du etwas tust. Das Wort muß natürlich passen, z. B.: Vorsichtig lasse ich Eiweiß und Dotter in die Pfanne gleiten.
- Außerdem kannst du die Wörtchen *da* und *dann* mit folgenden Wörtern ersetzen, besonders bei Anleitungen und Beschreibungen.

Merke dir diese Wörter:

danach, zuerst, zunächst, nachher, anschließend, jetzt, nun, darauf, schließlich, endlich, zum Schluß.

Übung:

Schreibe das obige Rezept „Wie ich Spiegelei zubereite“ noch einmal richtig auf! Achte auf die Satzanfänge!

Das Fingertheater

Das Fingertheater ist eine wunderbare Sache. Du hast es jederzeit zur Hand. Du kannst spielen, wo und wann du willst. Die Figuren verwandeln sich in kleine Personen, die Geschichten erzählen, tanzen, streiten und arbeiten.

St 7

Informieren: Ein Stichwortzettel St 7

Gestaltungsaufgabe: Eine Bastelanleitung in Stichwörtern notieren

Lernziele

Die Schüler sollen
- mit Stichwörtern und Stichwortzettel arbeiten lernen
- einen Bastelvorgang unter Verwendung von Bildern und vorgegebenen Stichwörtern erklären

Arbeit am Text

Die Schüler sollen
- Stichwortzettel mit dem Ausgangstext vergleichen

Arbeit am Satz

Die Schüler sollen
- mit Hilfe eines Stichwortzettels einen Sachverhalt in einfachen Sätzen wiedergeben

Arbeit am Wort

Die Schüler sollen
- aus einem einfachen Sachtext Stichwörter entnehmen
- mit Hilfe von Stichwörtern einen einfachen Stichwortzettel anlegen

Verlaufsskizze

1. Motivationsphase

1.1 Fingertheater

Folie	L	zeigt einige Figuren und spielt selbst eine kleine Szene vor.
spontane Äußerungen	L	Fingertheater ist eine wunderbare Sache.
1.2 Bastelvorschlag	L	Wir wollen solche Figuren basteln. Was brauchen wir dazu?
	S	Wir brauchen eine Anleitung, Material usw.
1.3 Lernzielangabe	L	Wenn du einen Gegenstand nach Anleitung basteln willst, mußt du die Bastelanweisung sorgfältig lesen, Stichwörter herausfinden und notieren.

2. Mündliche und halbschriftliche Gestaltungsphase

2.1 Stichwörter notieren

Arbeitsblatt 1

Aufgaben	L	Lies die Anleitung genau durch. Unterstreiche die dir wichtig erscheinenden Stichwörter. Notiere in der richtigen Reihenfolge.

2.2 Stichwörter vergleichen und umgestalten

Menü St 7	L	Vergleiche die Stichwortzettel.
	S	Zettel 1: unwichtig: dir, lang, um, deine Puppe Zettel 2: unvollständig: Namenwörter fehlen Zettel 3: ausführlich: lang, locker, fest, Puppe
	L	Ergänze den unvollständigen Zettel. Streiche unwichtige Wörter. Streiche überflüssige Wörter.
	L	Vergleiche die Stichwortzettel mit deinem eigenen.
2.3 Einzelinformationen finden Arbeit mit Rezept St 7	L	Vergleiche die Stichwortzettel mit dem Ausgangstext (Bastelanleitung).
	S	kürzer, das Wichtigste, leichter zu merken, besser zu verstehen, Hilfe zum Berichten
	L	Wie muß ein Stichwortzettel beschaffen sein, daß er dir eine Hilfe ist?
	S, TA	richtige Reihenfolge, übersichtlich und geordnet; Wörter, die zusammengehören, in einer Reihe.

3. Schriftliche Gestaltungsphase

3.1 Stichwortzettel erstellen mit Selbstkontrolle Werkzeug St 7 Aufgaben sind vorgegeben	L	Wie kannst du Rührei zubereiten? Lies den Text zweimal. Suche die wichtigsten Stichwörter heraus. Notiere zeilenweise auf dem Block. Vergleiche.
3.2 Stichwortzettel erstellen mit Hilfe von vorgegebenen Bildern Arbeitsblatt 2 – Die Rundnase	L	Erstelle einen Stichwortzettel. Vergleiche mit den Bildern.
3.3 Überprüfung auf Brauchbarkeit	L	Versuche nach deiner selbsterstellten Anleitung die Rundnase zu basteln.

4. Texte zum Vergleichen und Nacharbeiten

Text 1: Die Rundnase

Wir brauchen:
1 Papprolle, 1 Glühbirne, Draht, Watte, 2 Gummis, Leim, Schere, Pinsel

Was wir tun:
- einschneiden
- ausgebrannte Glühbirne festkleben
- bemalen
- Draht oben durchziehen und biegen
- unten einschneiden und Watte ankleben
- Gummi einziehen
- befestigen

Text 2: Wie ich eine Rundnase bastle

Was ich brauche:
1 Rolle, 1 Glühbirne, Watte, Draht, Kleber, 1 Pinsel

Was ich tun muß:
- einschneiden
- festkleben
- bemalen
- durchziehen
- wieder einschneiden
- ankleben
- befestigen

Informieren: Stichwortzettel — St 7

Stichwörter notieren — AB 1

Fingerpuppen

Das Fingertheater ist eine wunderbare Sache.
Du hast es jederzeit zur Hand. Du kannst spielen, wo und wann du willst. Die Figuren verwandeln sich in kleine Personen, die Geschichten erzählen, tanzen, streiten und arbeiten.
Fingerpuppen sind leicht herzustellen. Wie?

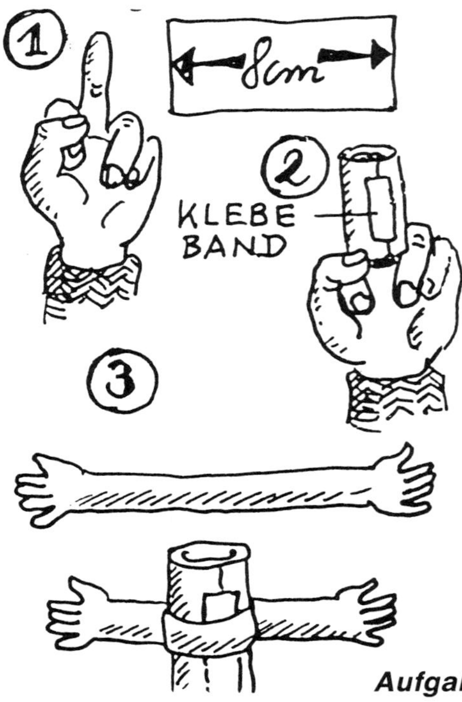

Schneide dir einen Papier- oder Pappstreifen, der deinen längsten Finger überdeckt und etwa 8 cm lang ist.

Wickle den Papierstreifen locker um deinen Finger und klebe ihn fest.

Deine Puppe bekommt nun Arme, die du aus Papier zurechtschneidest und anklebst.

Bemale deine Puppen oder schneide ihnen Gesichter, Haare und Kleider aus Papier zurecht – für jede Figur eine.

Aufgaben:

1. Lies die Anleitung zuerst zweimal durch!
2. Unterstreiche beim dritten Lesen jene Wörter und Ausdrücke, die dir als wichtige Stichwörter geeignet erscheinen (Namenwörter, Zeitwörter)!
3. Notiere nun die Stichwörter in der richtigen Reihenfolge untereinander!

Die Rundnase

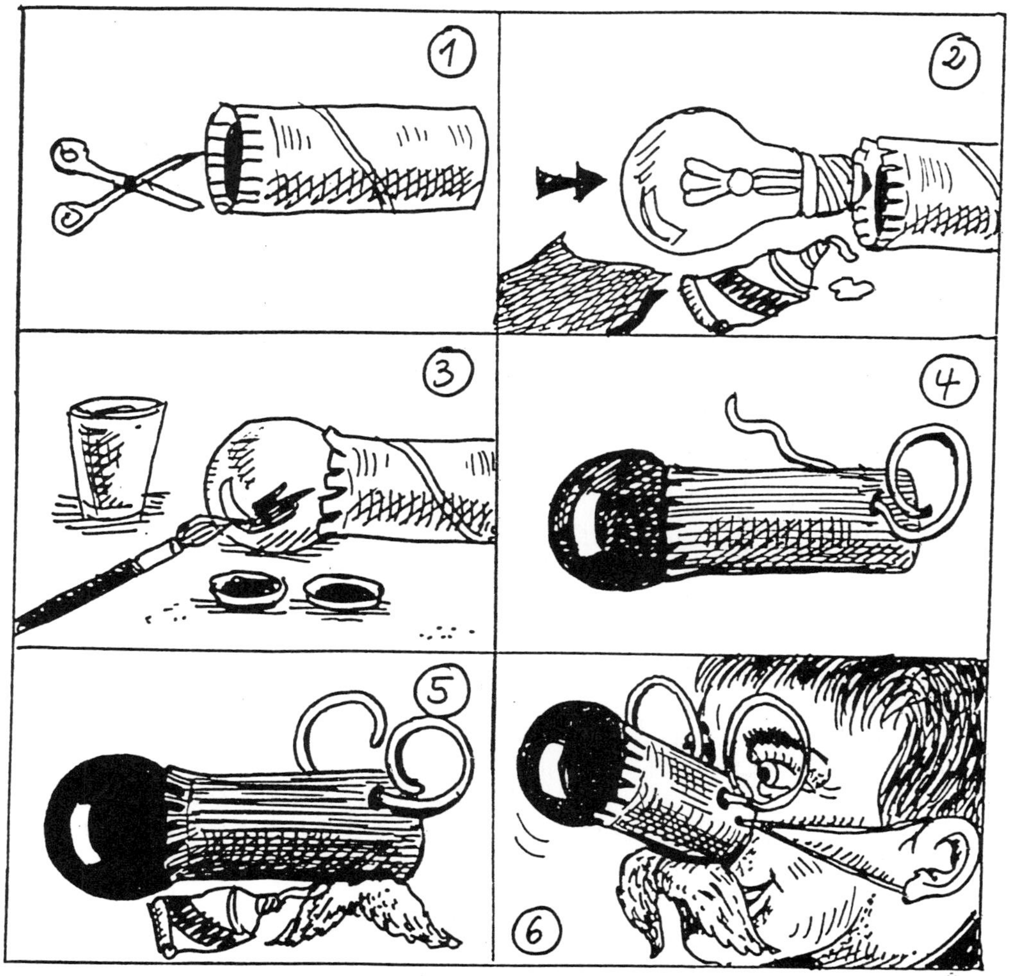

Dir ist deine eigene Nase für den Fasching nicht schön genug? Bitte – hier ein extra hübsches Modell für dich.

Schneide die Papprolle (Klopapier) auf der Seite etwa 1 cm ein und klebe eine ausgebrannte Glühbirne fest. Nun kannst du die Glühbirne und die Papprolle mit roter Farbe bemalen. Ziehe nun oben Draht durch die Rolle und biege ihn zu einer Augengläserfassung zurecht. Unten kannst du jetzt Watte als Bart aufkleben. Schließlich mußt du noch an der Seite einen Gummiring durchziehen und die Rundnase damit an den Ohren befestigen.

Aufgaben:

1. Lies die Anleitung genau durch.
2. Unterstreiche die wichtigsten Stichwörter.
3. Notiere mit Hilfe der Bilder die Stichwörter in der richtigen Reihenfolge auf dem Block.

St 7

Stichwortzettel vergleichen

Streichen oder ergänzen?

Peter notiert

Kerstin notiert

Florian notiert

Stichwortzettel:
①
schneiden dir
Papierstreifen
8 cm lang
wickeln
locker um
Finger.
kleben.
Puppe deine
Arme
ausschneiden
ankleben.
bemalen.

Stichwortzettel
②
überdecken

schneiden

wickeln

kleben

schneiden

ankleben

Stichwortzettel
③
schneiden
Papierstreifen
Finger
8 cm lang.
wickeln
locker
Finger
kleben fest.
Arme Puppe
schneiden
kleben.
bemalen
Gesicht
Haare
Kleider.

Aufgaben:

1. Vergleiche die 3 Stichwortzettel miteinander.
2. Beurteile sie mit folgenden Wiewörtern:
   ( ) unwichtig ( ) unvollständig ( ) zu ausführlich
3. Ergänze fehlende Stichwörter.
4. Streiche überflüssige, unwichtige Stichwörter.

Einzelinformationen finden

Wenn du einen Gegenstand nach Anleitung basteln willst, mußt du die Bastelanweisung genau und sorgfältig lesen.
Willst du dann nach dieser Anleitung arbeiten, solltest du die wichtigsten Einzelinformationen als Stichwörter heraussuchen und auf einem Merkzettel notieren.

Einzelinformationen sind:

– Welche **Materialien** brauche ich?
– Welche **Werkzeuge** muß ich bereitlegen?
– Was muß ich **der Reihe nach** tun?

TIPS

- Lies die Bastelanleitung zuerst zweimal genau durch.
- Unterstreiche die wichtigsten Stichwörter.
- Schreibe die Tätigkeiten (= Tunwörter) in der richtigen Reihenfolge auf einen Merkzettel.

Dann kannst du mit der Bastelarbeit beginnen.

Bastelanleitung

Schneide dir einen *Papier-* oder *Pappstreifen,* der deinen längsten Finger überdeckt und etwa 8 cm lang ist. *Wickle* den Papierstreifen locker um deinen *Finger* und *klebe* ihn fest.
Deine Puppe bekommt *Arme,* die du aus Papier *zurechtschneidest* und *anklebst.*
Bemale deine Puppen oder schneide ihnen *Gesichter, Haare* und *Kleider* aus Papier zurecht.

Stichwortzettel

Papierstreifen schneiden
um den Finger wickeln
kleben
Arme ausschneiden
ankleben
bemalen
Gesichter Haare
Kleider schneiden

Der Stichwortzettel

St 7

„Mutti, heute möchte ich einmal Rührei selbst zubereiten“, meint Christine.
„Prima!“ sagt Mutter. „Paß auf, ich sage dir, was du alles tun mußt!“ – Oja, und ich notiere mir alles auf einem Zettel!“ sagt Christine eifrig.

Kochrezept Rührei

Christine notiert sich die Zutaten:
4–8 Eier
4–6 Eßlöffel Milch, Salz, Schnittlauch
½ Teelöffel Mehl
1 Eßlöffel Milch auf je 2 Eier

„Eier, Salz und Schnittlauch mußt du gut verquirlen. Wenn du willst, kannst du auch feingeschnittenen Schinken unterrühren. Dann mußt du ein wenig Butter oder Öl in der Pfanne mäßig erhitzen, aber ja nicht bräunen lassen. Nun gibst du die Eimasse in die Pfanne und läßt alles bei schwacher Hitze langsam stocken. Dabei mußt du öfters die Masse mit einem Löffel leicht zusammenschlagen, bis sie großflockig ist. Sie muß aber weich und saftig sein. Zu große Hitze macht Rührei zäh und ledern. Du darfst das Rührei nicht zu lange garen lassen, sonst wird es trocken und hart und schmeckt nicht. Wenn das Rührei fertig ist, dann darfst du es auf einer heißen Platte sofort zu Tisch geben.
Als Kräuter sind auch Petersilie, Schnittlauch oder gemischte Kräuter gut geeignet.“

Aufgaben:

Welche Stichwörter muß Christine auf ihrem Stichwortzettel notieren, damit sie das Rührei richtig zubereiten kann.

1. Suche aus dem Rezept die *wichtigsten Stichwörter* heraus und *unterstreiche* sie.
2. Schreibe sie jetzt auf deinen Block *zeilenweise untereinander.*
3. *Vergleiche,* ob deine Stichwörter mit der nun folgenden Liste *übereinstimmen.*

Zur Selbstkontrolle:

Zutaten gut verquirlen – unterrühren – Öl mäßig erhitzen – Eimasse zugeben – öfters zusammenschlagen – langsam stocken lassen – sofort zu Tisch geben.

Informieren: Die Bastelanleitung **St 8**

Fingerpuppen

Die einfachsten Papierpüppchen für dein Fingertheater kannst du leicht selbst herstellen. Was du tun mußt, kannst du aus folgenden Abbildungen erkennen.

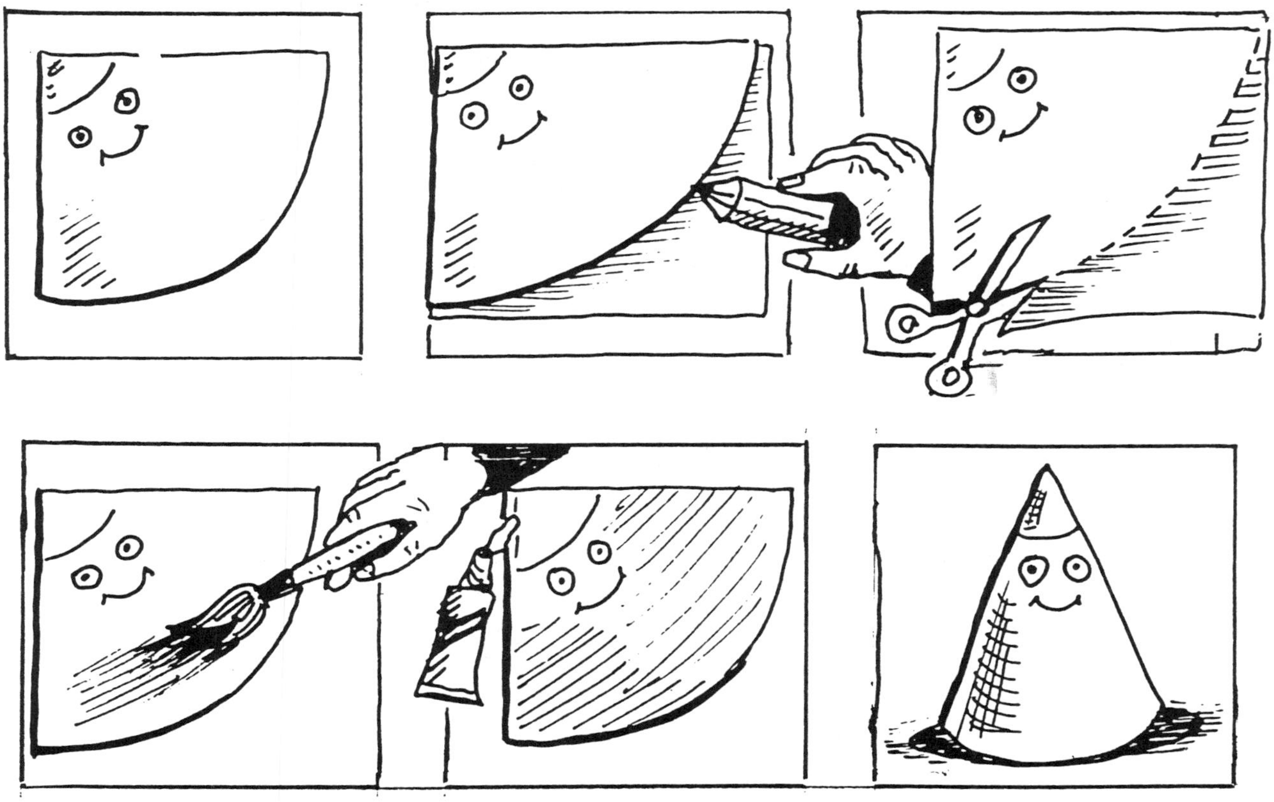

Informieren: Die Bastelanleitung **St 8**

Gestaltungsaufgabe: Eine Bastelanleitung folgerichtig aufschreiben

Lernziele

Die Schüler sollen
- unter Verwendung von Bildern und vorgegebenem Wortmaterial einen Bastelvorgang erklären
- einen Arbeitsvorgang mündlich bzw. schriftlich klar, verständlich und geordnet darstellen
- eine Anleitung auf Brauchbarkeit durch Nachvollzug überprüfen

Arbeit am Text

Die Schüler sollen
- mit Hilfe von selbstgefundenen Stichwörtern einen Bastelvorgang schriftlich darstellen

Arbeit am Satz

Die Schüler sollen
- zu vorgegebenen Bildern passende Stichwörter notieren
- mit Hilfe der gefundenen Stichwörter Sätze formulieren

Arbeit am Wort

Die Schüler sollen
- für bildlich vorgegebene Einzeltätigkeiten treffende Zeitwörter finden

Verlaufsskizze

1. Motivationsphase

1.1 Bastelvorschlag Fingertheater		
Fingerpuppen zeigen siehe Folie St 8	L	stummer Impuls
freie Aussprache	S	Fingerpuppen zum Spielen
	S	Theaterspielen, sprechen
	S	Wir brauchen eine Anleitung.
Folie St 8	L	stummer Impuls
Bastelanleitung zeigen	S	Die Bilder zeigen, was wir tun müssen.
	S	Die Bilder sind wie eine Anleitung.
	S	Sie erklären, was ich der Reihe nach tun muß.
1.2 Zielangabe		
	L	Wir schreiben mit Hilfe der Bilder eine Bastelanleitung auf und versuchen danach zu arbeiten.

2. Mündliche Gestaltungsphase

2.1 Erklärungsversuch Arbeit am Wort Folie – Arbeitsblatt 1		
fertiges Muster zeigen	L	Versuche zuerst einmal, den Bastelvorgang mit Hilfe der Bilder zu erklären.

	L	Achte auf genaue und treffende Zeitwörter!
Stichwort: Schnittmuster 4–5 cm Kantenlänge	S TA	Ich brauche ein Muster, das auf meinen Finger paßt. Bild 1: Ich brauche ein Schnittmuster.
	L	Die weiteren Bilder sagen dir, was du tun mußt.
Stichwort: übertragen	S	Schnittmuster auf Papier legen, Bleistiftstrich Bild 2: Ich übertrage das Schnittmuster auf Papier.
Stichwort: ausschneiden	S	Jetzt schneide ich das aufgezeichnete Muster auf. Bild 3: Ich schneide das Muster aus.
Stichwort: bemalen	S	Nun bemale ich die ausgeschnittene Form. Ich verwende verschiedene Farben. Bild 4: Die ausgeschnittene Puppe wird bemalt.
Stichwort: mit Leim bestreichen	S	Jetzt klebe ich die Puppe zusammen. Ich bestreiche die Ränder mit Kleber. Bild 5: Ich bestreiche die Ränder mit Leim.
Stichwörter: Tüte rollen, gut andrücken	S	Ich rolle das Muster über meinen Finger und drücke die Klebestellen gut an. Bild 6: Ich rolle eine Tüte und drücke die Klebestellen gut an.
		Bild 7: Ich kann die Puppen mit Haaren, Kleidern und Hütchen schmücken.

2.2 Sichern der Stichwörter

auf Arbeitsblatt 1		Bild 1: Schnittmuster Bild 2: übertragen Bild 3: ausschneiden Bild 4: bemalen Bild 5: mit Leim bestreichen Bild 6: Tüte rollen, andrücken

2.3 Mündlicher zusammenhängender Darstellungsversuch mit Hilfe der Stichwörter

einfache Sätze bauen	S1	Ich brauche ein Schnittmuster.
	S2	Ich übertrage das Schnittmuster auf Papier.
	S3	Ich schneide die Puppe aus.
	S4	Ich bemale die Puppe.
	S5	Ich bestreiche die Ränder mit Klebstoff.
	S6	Ich rolle eine Tüte.
	S7	Ich drücke die Ränder fest.
	S8	Ich schmücke die Puppen aus.
Durchführung der Bastelarbeit		

3. Halbschriftliche Gestaltungsphase

3.1 Arbeit am Satz	L	Wir können die Bastelarbeit durchführen. Wir wollen ja mehrere Fingerpuppen basteln.
	L	Wir wissen, was wir der Reihe nach tun müssen. Aber wissen noch nicht, was wir brauchen.
	S	So steht eine Bastelanleitung nicht im Bastelbuch.
	L	Wir müssen inhaltsreiche Sätze bauen.
Stichwörter Arbeitsblatt 1	TA	Schnittmuster – übertragen – ausschneiden bemalen – mit Leim bestreichen – Tüte rollen – festdrücken

Werkzeug St 8 Mit Stichwörtern arbeiten		1. Lesen des Textes 2. Tips besprechen 3. Üben: Stichwörter in Sätze umformen.
Klassenarbeit: Gemeinsames Formulieren der Sätze und Aufschreiben an der Tafel	TA	*Was wir tun:* 1. Bild: Für die Fingerpuppen brauchen wir ein Schnittmuster mit 5 cm Kantenlänge. 2. Bild: *Wir übertragen mit Bleistift das Schnittmuster auf Papier.* 3. Bild: Wir schneiden die Puppen sorgfältig aus. 4. Bild: Wir bemalen die Puppen mit bunten Farben. 5. Bild: Wir bestreichen die Ränder mit ein wenig Leim. 6. Bild: Wir rollen eine Tüte und drücken die Ränder gut an. 7. Bild (unten): Wir schmücken die Fingerpuppen mit Wolle, Filzresten oder Hütchen.
Umstellen der Sätze Beispielsatz an der Tafel	L S	Wir können die Sätze noch umstellen. *Mit Bleistift übertragen wir das Schnittmuster auf Papier.*
3.2 Arbeit am Text Rezept St 8		
Lesen	L	Wie wir eine Bastelanleitung aufschreiben, sagt uns das Rezept St 8.
Tips besprechen	S	Die Zutaten fehlen uns noch.
Zutaten		*Was wir brauchen:* Papier – Malstifte oder Wasserfarben – Kleber – Wolle – Filzreste –
	L S	Tip 5 ist wichtig! Wir achten beim Aufschreiben auf die Satzanfänge.
	L S	Welche Wörter kannst du verwenden? nun, anschließend, endlich, zuletzt

Aufschreiben der endgültigen Bastelanleitung als *Hausaufgabe*
Selbstkontrolle mit Menü St 8.

4. Schriftliche Gestaltungsphase

4.1 Vorbereitung der schriftlichen Gestaltung
Folie mit Überraschungsei

1. Möglichkeit: mit Folie		a) Kurzes mündliches Vorbesprechen b) Selbständiges oder gemeinsames Festlegen der Stichwörter c) Stichwörter vergleichen in Partnerarbeit
	TA	Das Überraschungsei *Wir brauchen:* Eierkartons, Farbkasten und Pinsel, Tapetenkleister, Luftballons, alte Zeitungen, Ostergras, Schleife

Was wir tun:
Bild 1: Eierkartons – grobe Stücke reißen – einweichen
Bild 2: Tapetenkleister – anrühren
Bild 3: Ballon – aufblasen – verknoten
Bild 4: Zeitungsfetzen mit Kleister – aneinanderkleben – auf Ballon
Bild 5: eingeweichte Eierkartonschnipsel – mit Kleister vermischen – auftragen – trocknen lassen
Bild 6: Ballon platzen – mit Messer halbieren
Bild 7: bunt bemalen
Bild 8: Ostergras – füllen – Häschen – verstecken

2. Möglichkeit:
mit Arbeitsblatt 2

1. Kurzes mündliches Vorbesprechen zur inhaltlichen Klärung.
2. Die auf Arbeitsblatt 2 vorgegebenen Stichwörter werden gemeinsam gelesen.
3. Mündliches Vorformulieren der Sätze je nach Leistungsstand der Klasse.

4.2 Selbständige schriftliche Gestaltung der Bastelanleitung

Schreibanlaß: L Verfasse eine zusammenhängende Bastelanleitung „Das Überraschungsei" für einen Freund.

Gestaltungsaufgaben:

1. Erkläre den Bastelvorgang so genau und verständlich, daß dein Freund danach arbeiten kann.
2. Achte auf die Satzanfänge.
3. Vergiß Einleitung und Schluß nicht!

5. Bewertungsvorschlag

Inhalt	*Punkte*		*Sprache*	*Punkte*	
1. genau/gründlich	2		variable Satzanfänge	2	
2. vollständig	2		richtiger Satzbau	2	
3. verständlich und nachvollziehbar	2		treffende Zeitwörter	2	
4. Einleitung/Schluß	2		richtige Begriffe	2	
Inhalt:	8	+	*Sprache:*	8	= 16

Vorschlag für Bewertungsschlüssel

Note 1	16 – 15 Punkte	Note 4	8 – 6 Punkte
Note 2	14 – 12 Punkte	Note 5	5 – 4 Punkte
Note 3	11 – 9 Punkte	Note 6	3 – 0 Punkte

6. Überprüfung und Überarbeitung

6.1 Überprüfung der aufgeschriebenen Anleitung auf Durchführbarkeit
Vorlesen der formulierten Anweisung in Partnerarbeit
Beurteilung mit Hilfe von Rezept St 8

6.2 Überarbeitung in Partnerarbeit mit Werkzeug St 4

6.3 Beispiele von Schülerarbeiten

Text 1: *Das Überraschungsei*

Dieses Jahr möchte ich meinen Eltern zu Ostern eine Freude machen. Ich baue zwei Überraschungseier.
Für diese Bastelarbeit brauche ich einige Eierkartons, Tapetenkleister, Luftballons, alte Zeitungen, Farbkasten und Pinsel, Ostergras, ein Osterhäschen und eine Schleife.
Zuerst reiße ich die Eierkartons in grobe Stücke und weiche sie in Wasser ein. Den Tapetenkleister rühre ich nach Bastelanleitung an. Ich brauche 25 Gramm für drei Eier. Dann blase ich zwei Luftballons auf, bis sie eine Eiform haben, und verknote sie, damit die Luft nicht entweichen kann. Nun tauche ich Zeitungsfetzen in den Kleister und beklebe damit den ganzen Ballon rundherum in mehreren Schichten. Jetzt vermische ich die eingeweichten Eierkartonschnipsel mit dem Kleister und trage sie in dünnen Lagen auf das Ei auf. Wenn die Eier trocken sind, steche ich den Ballon innen auf und schneide sie mit einem Messer auseinander. Anschließend bemale ich die Eier schön bunt. Zuletzt fülle ich sie mit Ostergras und verstecke in jedem ein Osterhäschen.
Ganz bestimmt werden sich meine Eltern über das selbstgemachte Geschenk freuen.

Text 2: *Eine Bastelarbeit für Ostern*

Mein Freund Anton möchte seine Schwester überraschen. Ich erkläre ihm, wie ich ein großes Überraschungsei herstelle.
Zuerst richte ich mir alle Zutaten her: Eierkartons, Farbkasten und Pinsel, Tapetenkleister, Luftballons, Ostergras und Osterhäschen. Dann beginne ich mit der Arbeit. Zuerst reiße ich die Eierkartons auseinander und weiche sie in Wasser ein. Dann rühre ich den Tapetenkleister an. Dann blase ich einen Luftballon auf und verknote ihn. Nun klebe ich Zeitungsfetzen auf den Ballon. Die Eierkartonfetzen klebe ich ebenfalls auf das Ei und lasse sie trocknen. Nun lasse ich den Ballon mit einer Nadel platzen. Nun schneide ich das Ei auseinander und bemale die beiden Hälften schön bunt. Zuletzt fülle ich das Ei mit Ostergras und stelle ein Osterhäschen hinein. Das Ei binde ich mit einer Schleife zusammen. So stelle ich ein Überraschungsei her.

Informieren: Die Bastelanleitung — St 8

Stichwörter finden und zuordnen — AB 1

Fingerpuppen

Die einfachsten Papierpüppchen für dein Fingertheater kannst du leicht selbst herstellen. Was du tun mußt, kannst du aus folgenden Abbildungen erkennen. Schreibe die passenden Wörter auf die Zeilen. Wähle unten richtig aus!

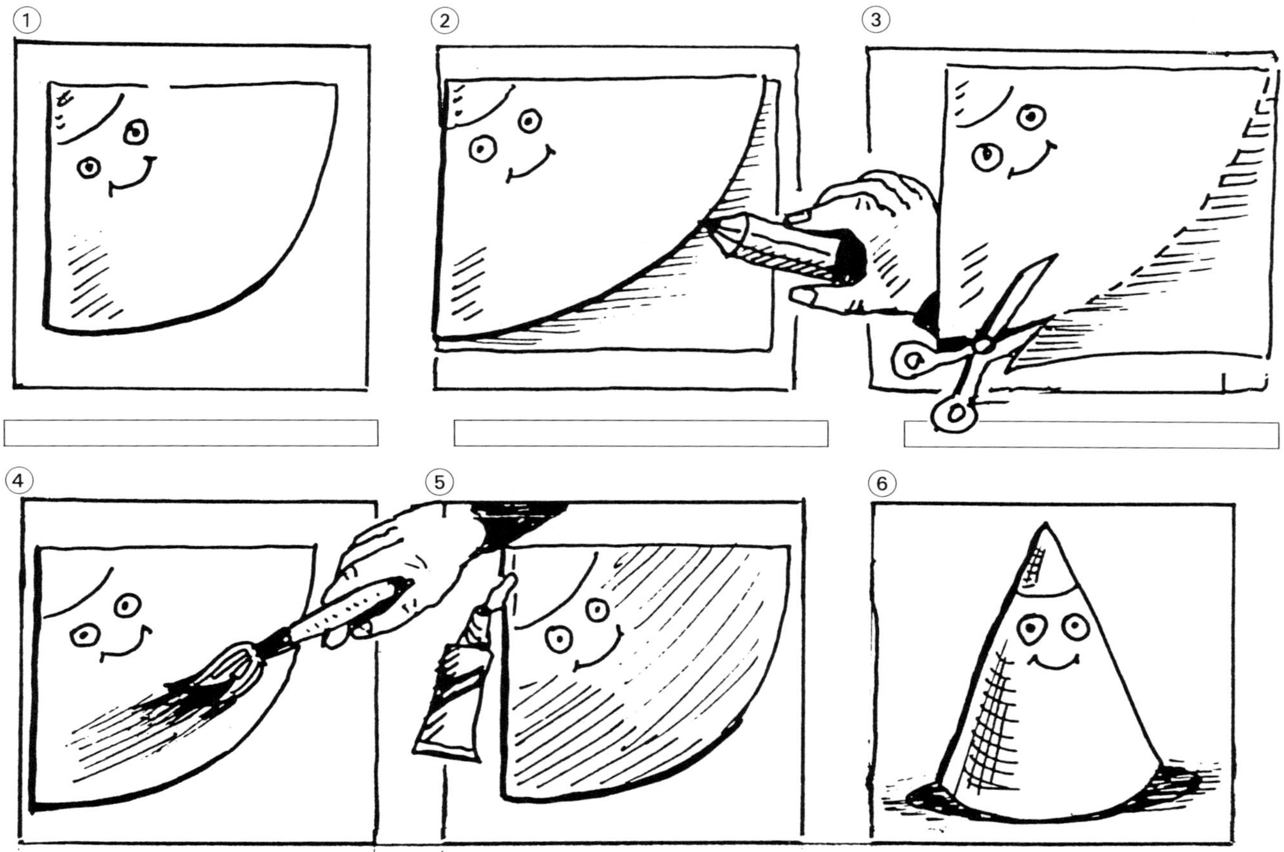

Schnittmuster – auf Papier übertragen – ausschmücken – Tüte rollen – anmalen – mit Leim bestreichen – ausschneiden – Klebestelle gut andrükken.

Aufgabe:

- Schreibe die Anleitung für deinen Freund auf!

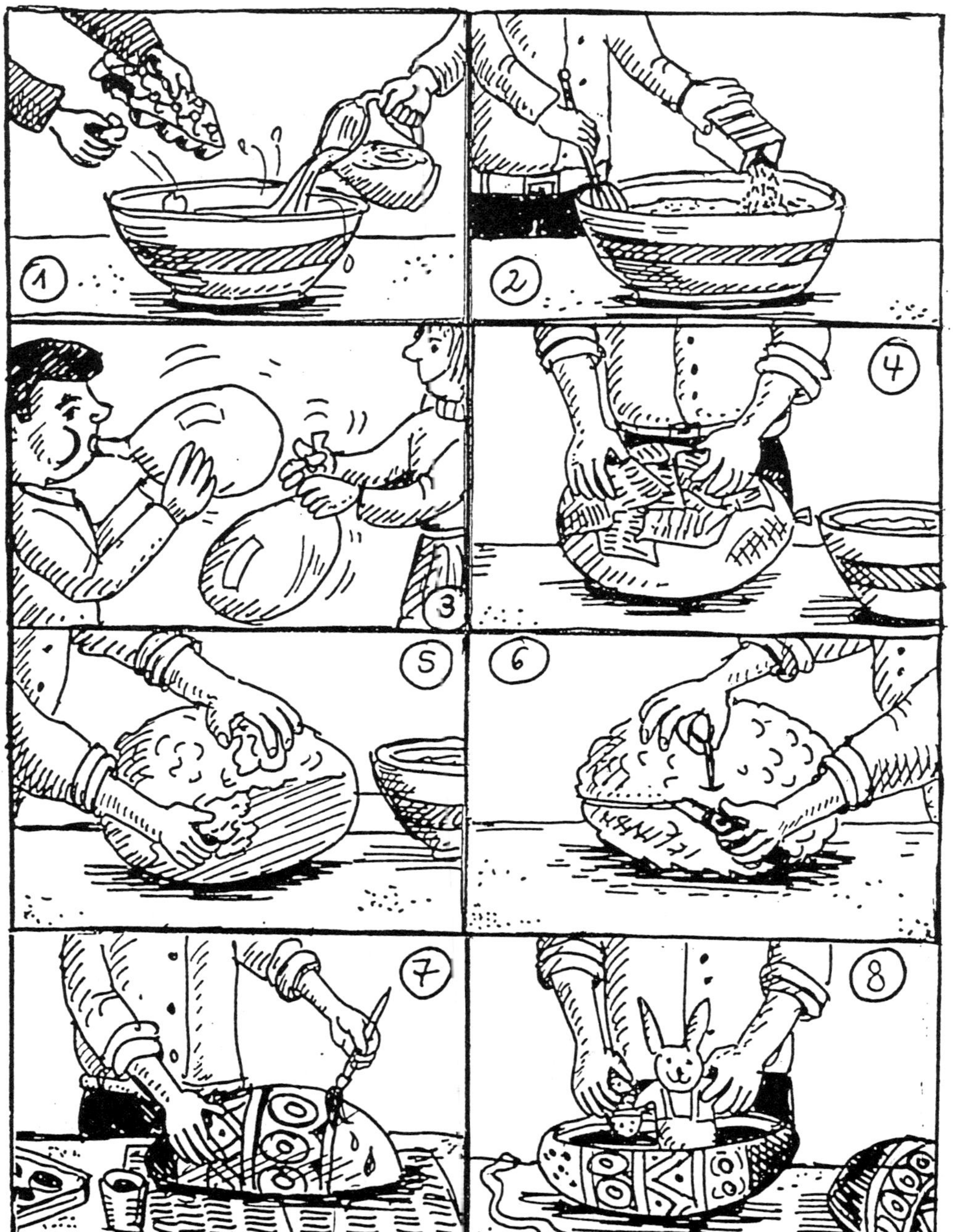

Informieren: Eine Bastelanleitung verfassen — St 8

Gestaltungsübung – Probeaufsatz — AB 2

Das Überraschungsei

Aufgabe:

Verfasse mit Hilfe der Stichwörter eine zusammenhängende Bastelanleitung für einen Freund. Erkläre genau und verständlich. Vergiß Einleitung und Schluß nicht.

Eierkartons
grobe Stücke
reißen
einweichen

Tapetenkleister
anrühren
in Wasser
25 Gramm für 3 Eier

Ballon
aufblasen
Eiform
verknoten

Zeitungsfetzen
mit Kleister
bekleben
in Schichten

Eierkartonschnipsel
vermischen
auftragen
trocknen lassen

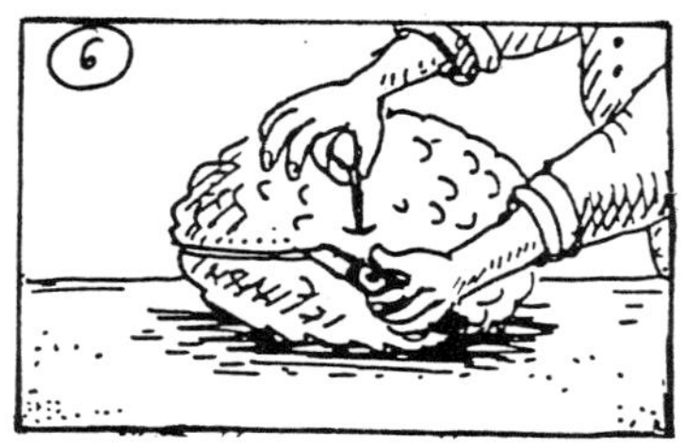

Nadel
aufstechen
Messer
halbieren

Eier
mit Farben
bunt
bemalen

Ostergras
Häschen
binden
Schleife

St 8

Texte vergleichen

Text 1: *Fingerpuppen basteln*

Wir brauchen ein Schnittmuster.
Wir übertragen das Schnittmuster auf Papier.
Wir schneiden aus.
Wir bemalen die Puppe.
Wir bestreichen die Ränder mit Kleber.
Wir rollen eine Tüte.
Wir drücken die Ränder fest.
Wir schmücken die Fingerpuppen.

Text 2: *Papierpuppen für das Fingertheater*

Papierpüppchen für das Fingertheater kann ich selbst herstellen. Ich brauche einen Bogen Papier, Kleber, eine Schere, Malkastenfarben und Pinsel. Zum Schmücken der Püppchen bettle ich mir bei Mutter ein wenig Wolle für die Haare und Filzreste für die Kleider.
Zuerst brauche ich ein Schnittmuster. Die Kanten sollen etwa 4 bis 5 cm lang sein.
Das Muster übertrage ich einige Male auf einen Bogen Papier. Dann schneide ich die Püppchen alle aus und bemale sie mit Farben. Rot nehme ich für den König, braun für die Königin und gelb für die Prinzessin. Die Ränder der kleinen Blätter bestreiche ich mit Kleber. Nun rolle ich sie zu einer Tüte zusammen und drücke die Ränder fest aufeinander. Zuletzt schmücke ich die Püppchen. Der König bekommt dunkle Haare und eine Krone, die Königin blonde Haare und eine Krone, die Prinzessin kriegt lange, blonde Haare und ein kleines Krönchen.
Sind sie nicht hübsch, meine Püppchen? Jetzt kann das Fingertheater beginnen. Vorhang auf!

Die Bastelanleitung

Die Kinder der Klasse 3a wollen eine Faschingsmaske basteln. Sie sind ratlos. „Schauen wir doch in einem Bastelbuch nach“, schlägt Susanne vor. Das ist richtig. Zuerst lesen sie nach, welche *Zutaten* sie besorgen müssen. Dann lesen sie weiter, was sie *der Reihe nach* tun müssen. Schließlich arbeiten sie genau nach dieser Anleitung. Die Kinder der Nachbarklasse bewundern die tollen Masken. Sie möchten auch welche basteln. „Wir schreiben euch die Anleitung auf“, verspricht Susanne. Aber wie macht man das?

TIPS

- Schreibe zuerst die **Zutaten** auf.
  Vergiß die Mengenangaben nicht!
- Notiere die **Tätigkeiten stichwortartig** untereinander, aber in der **richtigen Reihenfolge!**
- Formuliere mit Hilfe der Stichwörter **klare Sätze!** (Werkzeug St 8)
- Denk daran! Die Anleitung muß immer **genau und vollständig** sein. (siehe Rezept St 4)
- Achte beim Aufschreiben der Anleitung auf die **Satzanfänge.** Folgende Wörter helfen dir:
  jetzt, nun, darauf, anschließend, endlich, zuletzt. (Werkzeug St 6)

Aufgaben:

1. Forme diese einfachen Sätze um.
2. Vergleiche deine Sätze mit Menü St 8.

Fingerpuppen

Ich brauche ein Schnittmuster.
Ich übertrage das Schnittmuster auf Papier.
Ich schneide aus.
Ich bemale die Puppen.
Ich bestreiche die Ränder mit Kleber.
Ich rolle eine Tüte.
Ich drücke die Ränder fest.
Ich schmücke die Fingerpuppen.

St 8

Mit Stichwörtern arbeiten

Auf deinem Merkzettel stehen zahlreiche Stichwörter, die du dir in der richtigen Reihenfolge notiert hast. Mit Hilfe dieser Stichwörter sollst du eine zusammenhängende Bastelanleitung aufschreiben. Wie?

TIPS

1. Bilde zuerst mit Hilfe eines Tunwortes einen einfachen Satz.
   Beispiel: Aus „vorzeichnen“. Ich zeichne vor.
   Aus „abschneiden“. Ich schneide ab.
2. Dann kannst du den einfachen Satz erweitern. Du mußt nämlich deinem Freund auch erklären, *was* du vorzeichnest und *was* du abschneidest.
   Beispiel: Ich zeichne die Maske vor. Ich schneide die Ecken ab.
3. Schließlich mußt du deinem Freund auch sagen, *womit* du die Maske vorzeichnest.
   Beispiel: Ich zeichne die Maske mit einem Bleistift vor.
4. Wenn dir der Satz klar ist, kannst du ihn aufschreiben.
   Also: Ich zeichne die Maske mit Bleistift vor. Ich schneide die Ecken ab.
5. Schließlich kannst du „Einzelsätze‘ auch mit „und“ verbinden.
   Beispiel: Zuerst zeichne ich die Maske mit Bleistift vor *und* schneide die Ecken ab.
6. Forme mit Hilfe der Stichwörter Sätze und schreibe sie auf.
   vorzeichnen
   Ich zeichne vor.
   Ich zeichne die Maske vor.
   Ich zeichne die Maske mit Bleistift vor.

Du kannst aber auch die Sätze selbst ergänzen und umstellen, damit sie besser klingen, z. B.:

Zuerst zeichne ich die Maske mit Bleistift vor.
oder
Die Maske zeichne ich zuerst mit Bleistift vor.

Wie heißt das Ding?

Wie heißt das Ding dort an der Wand? ①
Es schlägt und hat doch keine Hand,
es hängt und geht doch fort und fort.
Es geht und kommt doch nicht vom Ort.

Der arme Tropf ②
hat einen Hut und keinen Kopf
und hat dazu
nur einen Fuß und keinen Schuh.

Ich kenne einen Hut, ③
der schützt dich gut.
Doch paßt der kleine Tropf
auf keinen Kopf.

Informieren: Ein Beschreibungsrätsel	**St 9**
Gestaltungsaufgabe: Einen Gegenstand genau beschreiben	

Lernziele

Die Schüler sollen
- einen Gegenstand genau betrachten
- das Aussehen eines Gegenstandes genau beschreiben
- einen Gegenstand so genau beschreiben, daß man ihn erraten kann
- Gegenstände miteinander vergleichen
- Kennzeichen und Merkmale eines Gegenstandes genau bestimmen – ein Beschreibungsrätsel abfassen

Arbeit am Text

Die Schüler sollen
- Beobachtungen in Stichwörtern festhalten
- Beschreibungsrätsel vergleichen und beurteilen

Arbeit am Wort

Die Schüler sollen
- sich mit treffenden Zeitwörtern ausdrücken
- die genauen Eigenschaftswörter verwenden
- Sammelwörter finden und verwenden

Arbeit am Satz

Die Schüler sollen
- aus Stichwörtern Sätze formulieren
- klare und richtige Sätze bauen

Verlaufsskizze

1. Motivation

1.1 Rätsel

Folie	L	Ich stelle dir ein Rätsel.
Rätsel 1		Wer weiß, welchen Gegenstand ich meine?
	S	Es ist ein Bild oder Gemälde.
	S	Vielleicht ist es die Uhr?
Rätsel 2	L	Noch ein Rätsel.
	S	Vielleicht ...
	L	Das Bild hilft dir, die Lösung zu finden.
	S	Es ist der Pilz.
Rätsel 3	L	Noch ein Rätsel.
		Suche aus den Bildern das Lösungswort heraus.
	S	Es ist der Fingerhut.
1.2 Zielangabe	L	Wir verfassen solche Rätsel und schreiben sie auf.

2. Erarbeitung

2.1 Betrachtung eines Gegenstandes

z. B. Apfel	L	zeigt Apfel
Beschreibung in Partnerarbeit je Partnergruppe 1 Apfel	TA	Form: rundlich, zwei Grübchen, Stiel, vertrocknete Blättchen Schale, Haut: glatt, grün, rot, dünn
Probieren		Fleisch: gelblich, hart, mehlig, saftig Geschmack: süß, sauer Kerne: braun
Teilzusammenfassung Sätze bilden	S	Der Apfel ist rundlich und hat zwei Grübchen.

2.2 Vergleich von zwei Gegenständen

z. B. Apfel und Kartoffel

Kartoffel	L	zeigt die Kartoffel
Beschreibung in Partnerarbeit	TA	Form: länglich oder rundlich
je Partnergruppe 1 Kartoffel		Schale: rauh, hellbraun, schmutzig Augen, Grübchen Fleisch: gelblich, hart, schmeckt mehlig
Stichwörter werden an der Tafel notiert		
Teilzusammenfassung Sätze bilden	TA	Der Apfel ist rundlich, die Kartoffel meist länglich. Die Schale des Apfels ist glatt, die der Kartoffel ist dagegen rauh.

2.3 Zuordnung in Gruppen und Bildung von Sammelnamen

Obst – Feldfrüchte – Südfrüchte

Kernobst – Steinobst	L	Wir bilden Sätze.
	S	Der Apfel gehört zum Kernobst. Die Kartoffel gehört zu den Feldfrüchten.

3. Mündliche und halbschriftliche Gestaltungsphase

3.1 Rätsel bilden	L	Nun formulieren wir ein Beschreibungsrätsel. Aber wie? Versucht es einmal!
Formulierungsversuch	S	Ich kenne ein Ding. Es hat eine grüne Schale. Was ist es?
Rezept St 9	L	Wir lesen das Rezept St 9.
	L	Was mußt du tun?
	S	genau beschreiben – Größe, Gewicht, Form und Farbe des Gegenstandes angeben.
	S	Vergleiche verwenden.

3.2 Gestaltungsübung

Spiel Arbeitsblatt 1	L	Wir machen das Teekesselspiel Schau die Gegenstände (Bilder) an. Immer zwei haben denselben Namen. Aber es sind ganz verschiedene Dinge. Auf einem Bild siehst du einen Gockelhahn. Wo entdeckst du ein anderes Ding, das man auch „Hahn" nennt? Diese beiden Dinge gehören zusammen, weil sie denselben Namen tragen.
	L	Wenn das Wort erraten werden soll, müssen wir genau und treffend beschreiben.

Ergebnis:
Arbeitsblatt 1

Merke:
Beschreibungsrätsel geben *treffende* Hinweise zu einem Gegenstand, sie verraten aber seinen *Namen* nicht.

S Peter: Mein Teekessel ist süß und weich.
Er wächst auf einem Baum.

S Dieter: Mein Teekessel ist gläsern und hohl.
Er kann leuchten.

S Es ist die Glühbirne.

Mündliche Gestaltungsversuche

3.3 Rätselform
Arbeitsblatt 2

Lesen und Informationsentnahme

L Beschreibungsrätsel haben eine ganz bestimmte Form.

S Wir dürfen das *Lösungswort* nicht verraten.
Wir verwenden *Sammelnamen und Fürwörter.*
Wir stellen eine *Frage.*
Wir beschreiben *genau.*

Stichwörter notieren

L Notiere für die gezeichneten Gegenstände einige Stichwörter!

S Pflaume: eirund, oval, Steinobst, Baum, blau
Schere: spitz, Metall, scharf, schneiden
Nagel: spitz, Eisen, lang wie ein Finger, Kopf.

Formulierungsversuche

S Mein Gegenstand ist spitz und hat einen Kopf.
Er ist aus Eisen und fingerlang.
Wie heißt er?

Zusammenfassung:
- Wiederholen von Rezept St 9
- Wiederholen von Arbeitsblatt 2
- schriftliche Gestaltungsversuche

4. Schriftliche Gestaltungsphase

4.1 Rätsel vergleichen und beurteilen
Menü St 9

L Versuche die Rätsel zu lösen.
Warum gelingt es? Warum nicht?

L Wie unterscheiden sie sich?

Rätsel 1: Verse, Reime, genau
Rätsel 2: Verse, Reime, genau, Frage
Rätsel 3: Frage am Anfang, Reime, genau
Rätsel 4: schwer, ungenau, Leder, jeder Reim
Es gibt auch andere lange Ledersachen
Rätsel 5: Reime, aber ungenau; der dritte Vers ist überflüssig.

4.2 Gestaltungsaufgabe
Eigenschaftswörter kennzeichnen Gegenstände
Werkzeug St 9

L legt einige Gegenstände zum Beschreiben vor:
zwei Bücher, zwei Stoffarten, zwei Messer, zwei Bretter.

S gegensätzliche Eigenschaftswörter

L Aufgabe: Eigenschaftswörter für „Tisch", „Baumstamm", „Schere", „Essig", „Moos" heraussuchen.

Ergebnis:

Merke:
Treffende Eigenschaftswörter kennzeichnen einen Gegenstand genau, so daß man ihn erraten kann.

4.3 Selbständige schriftliche Gestaltung
Gestaltungsmöglichkeiten

Gruppe A: Früchte: Birne – Orange – Banane

Gruppe B: Werkzeuge: Beißzange – Hammer – Schraubenzieher

Gruppe C: mit Wortvorgaben
Beschreibe diese Gegenstände:
Ziegelstein – Messer – Kühlschrank.
Wähle aus der folgenden Sammlung Eigenschaftswörter für diese Gegenstände aus.
Größe: lang – kurz – breit – schmal
Gewicht: leicht – schwer
Form: rund – eckig
Farbe: rot – grün – blau
Material: eisern – aus Holz – gläsern – aus Metall

6. Nacharbeit

6.1 Beispiele von Schülerarbeiten

Text 1:

Ich bin ein Obst, oder ich bin ein Mitglied der Obstfamilie.
Ich bin rundlich und habe zwei Grübchen. In dem einen steckt ein kurzer Stiel, in dem anderen sitzen kleine Blättchen.
Meine Haut ist dünn, glatt und grün.
Ich habe saftiges, aber säuerliches Fruchtfleisch. Im Kernhaus wohnen braune Kerne. Die Kinder mögen mich als Pausebrot. Wer bin ich?
(der Apfel)

Text 2:

Ich bin ein Werkzeug aus Metall. Mein Griff ist lang und aus Holz. Mein eiserner Kopf hat eine Spitze und eine breite Fläche zum Schlagen. Wie heiße ich?
(der Hammer)

Text 3:

Meine längliche, etwas gekrümmte Frucht hat eine gelbe Schale. Mein Fleisch ist mehlig und schmeckt süß.
Wer weiß, wie ich heiße?
(die Banane)

Informieren: Gegenstände beschreiben **St 9**

Teekesselraten **AB 1**

Merke:

Beschreibungsrätsel geben [ ] Hinweise zu einem Gegenstand, sie verraten aber seinen [ ] nicht.

- Wer das Rätsel lösen will, der muß eine ganze Beschreibung haben!

Peter: Mein Teekessel ist süß und weich.
Er wächst auf Bäumen.

Dieter: Mein Teekessel ist gläsern und innen hohl.
Er kann leuchten.

Lösung: [ ]

- Schreibe selbst Teekesselrätsel mit Hilfe der anderen Bilder.

Informieren: Gegenstände beschreiben St 9

Stichwörter notieren AB 2

Der arme Tropf
hat einen Hut und keinen Kopf
und hat dazu
nur einen Fuß und keinen
Schuh.

→ ?

Wie heißt das Ding dort an der Wand?
Es schlägt und hat doch keine Hand,
es hängt und geht doch fort und fort.
Es geht und kommt doch nicht vom Ort.

→ ?

Ich kenne einen Hut,
der schützt dich gut.
Doch paßt der kleine Tropf
auf keinen Kopf.

→ ?

① Rätsel dürfen das Lösungswort nicht nennen. Dafür kannst du Fürwörter oder Sammelnamen verwenden, z. B. er, sie es – eine Pflanze, ein Tier

② Rätsel stellen Fragen, z. B.
- Wie heißt?
- Kannst du erraten?
- Wer weiß, wie . . . ?

③ Rätsel beschreiben einen Gegenstand genau, verraten aber seinen Namen nicht.

- Schreibe für den gezeichneten Gegenstand ein Rätsel, indem du jeweils eine Frage dazusetzt. Notiere zuerst Stichwörter!

St 9

Rätsel vergleichen

(1)
Erst weiß wie Schnee,
dann grün wie Klee,
dann rot wie Blut,
schmeckt allen Kindern gut.

(2)
Ich habe Augen und kann nicht seh'n.
Ich heiße Apfel und bin nicht schön.
Ich liege schmutzig im Keller
und appetitlich auf dem Teller.
Wer bin ich?

(3)
Was ist das?
Ich hänge auf dem Baum und bin rund.
Ich bin grün, gelb, rot und gesund.
In meinen vielen Stübchen
wohnen viele braune Bübchen.

(4)
Manchmal ist er kurz
und manchmal lang.
Meist ist er aus Leder,
brauchen kann ihn jeder.

(5)
Ich schmecke süß und hänge auf dem Baum.
Meistens bin ich rot und rund.
Ich bin kein Mensch, auch kein Hund.
Wetten, du rätst es kaum?

Aufgaben:

1. Versuche die Namen der Gegenstände zu erraten
2. Warum kannst du die Namen schnell erraten?
   Warum brauchst du bei manchen Hilfen?
3. Wie unterscheiden sich die 5 Rätsel?

Lösung: (1) Kirsche (2) Kartoffel (Erdapfel) (3) Apfel (4) Schuh (5) vielleicht die Kirsche?

Das Rätsel

„Wie heißt das Ding dort an der Wand?
Es schlägt und hat doch keine Hand,
es hängt und geht doch fort und fort.
Es geht und kommt doch nicht vom Ort.“

Kannst du es erraten?

Ein Rätsel ist eine Denkaufgabe. Es beschreibt z. B. einen Gegenstand, ohne ihn zu nennen.
Der Gegenstand soll so genau beschrieben werden, daß der Zuhörer sich den Gegenstand richtig vorstellen kann und daß er erraten oder erkannt werden kann.

TIPS

- Betrachte den Gegenstand genau.
- Genaue und treffende Eigenschaftswörter kennzeichnen die Dinge.
- Gib Größe und Gewicht, Form und Farbe des Gegenstandes genau an.
- Verwende Vergleiche, z. B. so lang wie ein Finger.

Spiele:

„Ich seh etwas, was du nicht siehst, und das ist grün“, spricht der Lehrer.
Die Kinder raten: „Ist es der Vorhang?“
Lehrer: „Nein. Es ist grün und lang.“
Kind: „Ist es die Tafel?“
Lehrer: „Nein. Es ist grün, lang und dünn.“
Kind: „Ist es Sabines Rock?“
Wer den Gegenstand erraten hat, darf die nächste Aufgabe stellen.

Blindes Huhn

In der Mitte des Tisches liegen viele Gegenstände unter einem Tuch ausgebreitet: Ball, Taschenmesser, Schere, Nagel, Buch usf. Einem Mitspieler werden die Augen verbunden. Ein Kind holt einen Gegenstand hervor, den jeder mit einem Satz beschreiben darf, ohne den Namen des Gegenstandes zu verraten.
Wer den letzten Satz gesagt hat, bevor das „Blinde Huhn“ den Gegenstand erraten hat, darf weiterspielen.

St 9

Eigenschaftswörter kennzeichnen

Wenn du einen Gegenstand mit allen deinen Sinnen untersuchst – durch genaues Anschauen, durch Betasten, durch Riechen und Schmecken, durch Hören und Vergleichen –, dann findest du die Eigenschaften heraus, die den Gegenstand kennzeichnen:

z. B. Vergleiche	zwei Bücher:	breit und schmal
	zwei Stoffarten:	fein und grob
	zwei Messer:	spitz und stumpf
	zwei Bretter:	rauh und glatt

die Größe: groß – klein, breit – schmal, dick – dünn, weit – eng, hoch – tief – niedrig

die Form: spitz, stumpf, eckig, rund, rundlich, bauchig

die Farbe: rot, gelb, grün, blau, violett, schwarz, grünlich, hellgrün, dunkelgrün, moosgrün

die Oberfläche: rauh, glatt, rissig, faltig, hart, seidig, klebrig, weich

das Material: ledern, hölzern, gläsern, eisern, blechern

der Geschmack: süß, sauer, scharf, würzig, ranzig

Aufgabe:

Suche für folgende Gegenstände aus obiger Sammlung passende Eigenschaftswörter aus:
Tisch – Baumstamm – Schere – Essig – Moos

Spiel

Wörterkette

Der Lehrer zeigt auf den Schrank und spricht einen beliebigen Satz, z. B.: Ich sehe einen Schrank. Jeder Schüler des Spielkreises fügt ein passendes Eigenschaftswort in den Satz ein, so daß am Ende ein ellenlanger Satz entsteht. Wer ein Eigenschaftswort vergißt, erhält einen Strafpunkt oder scheidet aus, z. B.: Ich sehe einen ... braunen ... rechteckigen ... großen ... hölzernen ... hohen Schrank.

Informieren: Die Verlustanzeige **St 10**

Strickjacke verloren!

Aber niemand meldet sich. Sein Freund sieht die Anzeige und sagt: „So wirst du deine Jacke nie kriegen." – Kannst du dir denken, warum?

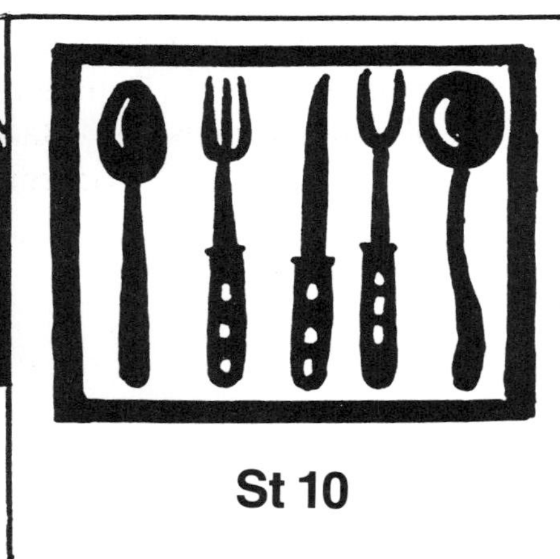

Informieren: Eine Verlustanzeige **St 10**

Gestaltungsaufgabe: Einen Gegenstand genau beschreiben

Lernziele

Die Schüler sollen
- einen Gegenstand genau anschauen und treffend beschreiben
- die Eigenschaften des Gegenstandes angeben
- einen Gegenstand so genau beschreiben, daß er wiedererkannt werden kann
- eine Verlustanzeige schreiben

Arbeit am Text

Die Schüler sollen
- verschiedene Verlustanzeigen miteinander vergleichen
- wichtige von unwichtigen Angaben unterscheiden

Arbeit am Wort

Die Schüler sollen
- kennzeichnende Eigenschaftswörter verwenden
- aus vorgegebenen Eigenschaftswörtern das zutreffende auswählen

Arbeit am Satz

Die Schüler sollen
- die Verlustanzeige in Sätzen formulieren

Verlaufsskizze

1. Motivationsphase

1.1 Aktueller Anlaß: Verloren!

Folie als stummer Impuls.	L	Uwe hat seine Strickjacke verloren! Er möchte sie wiederhaben. Er hat eine Anzeige am Schwarzen Brett ausgehängt. Ein Freund meint: „So wirst du deine Jacke nie kriegen." Kannst du dir denken, warum? Was hat Uwe falsch gemacht?
	S	Die Anzeige ist ungenau verfaßt.
	S	Er muß die Jacke genauer beschreiben. Es gibt ja viele schöne Jacken.
1.2 Zielangabe	L	Wir verfassen eine Verlustanzeige mit einer genauen Beschreibung des Gegenstandes.

2. Erarbeitung

2.1 Notwendige Angaben

Vermutungen Begriff „Angabe“	L TA	Was muß Uwe in die Anzeige schreiben? Vermute! Welche „Angaben“ sind wohl nötig?
	S	Wie der Gegenstand genau heißt Wie er aussieht Wo er ihn verloren hat Wann er ihn verloren hat

2.2 Überprüfung der Vermutungen

Rezept St 10	L	Wir lesen das Rezept und überprüfen unsere Vermutungen. Stelle fest.
Informationen entnehmen	S TA	*Eigenschaftswörter* kennzeichnen den Gegenstand. *Merkmale* angeben: Material und Größe. *Einzelteile* richtig angeben.
Ergänzen der Tafelanschrift		*Besondere Kennzeichen* sind wichtig.

2.3 Beurteilen von vorgegebenen Verlustanzeigen

Menü St 10	Verlustanzeige 1:	Uhrzeit des Verlustes angeben
	Verlustanzeige 2:	Datum und Uhrzeit fehlen ungenaue Beschreibung der Jacke Familienname angeben
	Verlustanzeige 3:	Uhrzeit des Verlustes angeben
	Verlustanzeige 4:	Material und Größe der Tasche angeben;
	Verlustanzeige 5:	Zeitpunkt des Verlustes fehlt; genaue Merkmale des Schlüsselbundes fehlen; Anzahl und Art der Schlüssel.

Zusammenfassung

Wiederholung Rezept St 10		
Auf dem Fundbüro	L	Wenn du dich auf dem Fundbüro meldest, um dort nach einer verlorenen Strickjacke zu fragen, mußt du den Gegenstand genau beschreiben. Welche Angaben mußt du machen?
	S	Genaue Merkmale: Größe, Farbe, Material, Form Einzelteile angeben: Ärmel, Kragen Besondere Kennzeichen: Muster, Loch Ort und Zeit des Verlustes

2. Halbschriftliche Gestaltungsphase

2.1 Beschreibung eines realen Gegenstandes

Strickjacke, Freizeitjacke

		Uwe hat beim Stadtbummel seine Jacke verloren.
	L	Er fragt auf dem Fundbüro nach und muß dort seine Jacke beschreiben.
Beschreibungsversuche	S	Meine Jacke ist aus Wolle hergestellt. Sie hat ...
systematische Vorgehensweise mit Folie	L	So sieht die Jacke etwa aus. Sie besteht aus verschiedenen Teilen:
Arbeitsblatt 1	S	Teile sind: Ärmel, Vorderteile, Rücken, Taschen, Bund, Knöpfe.
	S	Material: Die Jacke ist aus Wolle gestrickt.

	S	Muster: Die Jacke ist rot-weiß-blau quergestreift.
	S	Ein besonderes Kennzeichen ist das Wappen auf dem rechten Vorderteil.

2.2 Wesentliches vom Unwesentlichen unterscheiden

Notwendige und wichtige Angaben Werkzeug St 10 – Folie	L	Die Verlustanzeige soll kurz sein. Warum?
	S	schnell lesen oder überfliegen
	S	in der Zeitung kostet jedes Wort Geld.
	L	Daher mußt du nur notwendige und wichtige Merkmale angeben.
	TA	wichtige und notwendige Merkmale
	L	Du mußt jene Merkmale angeben, die ihn von anderen oder ähnlichen Gegenständen unterscheiden.
	L	Welche Angaben sind notwendig?
	S	Notwendig sind: Material, Farbe, Kennzeichen Unwichtig sind: (2) vom Fahrrad gefallen (3) Haushaltsgeld verloren Wichtig sind: Ort und Zeitpunkt des Verlusts Nützlich sind: Adresse und Telefonnummer.

2.3 Überarbeitung von vorgegebenen Verlustanzeigen

Werkzeug St 10	Verlustanzeige 1:	besondere Kennzeichen, Ort und Zeit des Verlustes fehlen, Adresse.
	Verlustanzeige 2:	Material und Größe der Schultasche, besondere Kennzeichen fehlen; Zeit.
	Verlustanzeige 3:	Haushaltsgeld verloren ist unwichtig. Material und Größe der Geldbörse fehlen; Name, Adresse, Telefonnummer.
	Verlustanzeige 4:	Material und Größe der Geldbörse fehlen.

Neuformulierung der Verlustanzeigen

3. Schriftliche Gestaltungsphase

3.1 Gestaltungsaufgabe	L	Überlege! Was mußt du beachten, wenn du eine Verlustanzeige verfassen willst.
	L	Wir wiederholen die Tips von Rezept St 10.
3.2 Gestaltungsübung		1. Verfasse eine Verlustanzeige für die Strickjacke auf Arbeitsblatt 1. 2. Verfasse eine neue, überarbeitete Verlustanzeige von Menü St 10.

3.3 Selbständige schriftliche Gestaltung

mit Arbeitsblatt 2	L	Beschreibe einen Gegenstand, den du dir zum Geburtstag wünschst, so klar, daß ihn Mutter im Schaufenster sofort wiedererkennen kann. Wähle aus: Trainingsanzug, Turnschuhe, Bademantel
	L	Beginne so als Einleitung: Auf dem Heimweg von der Schwimmstunde entdecke ich im Schaufenster eine tollen Bademantel. Den wünsche ich mir zum ... Schreibe in der Gegenwart. Vergiß den Schluß nicht.

4. Bewertungsvorschlag

Inhalt	*Punkte*		*Sprache*	*Punkte*	
1. genaue Merkmale	2		treffende Eigenschaftswörter	2	
2. Einzelteile	2		richtige Namenwörter	2	
3. ausführlich und vollständig	2		inhaltsreiche Sätze	2	
4. Einleitung/Schluß	2		Wechsel im Satzbau	2	
Inhalt:	8	+	*Sprache:*	8	= 16

Vorschlag für Bewertungsschlüssel

Note 1	16 – 15 Punkte	Note 4	8 – 6 Punkte
Note 2	14 – 12 Punkte	Note 5	5 – 4 Punkte
Note 3	11 – 9 Punkte	Note 6	3 – 0 Punkte

5. Nacharbeit

5.1 Überprüfung des eigenen Textes mit Rezept St 10

5.2 Schülerarbeiten zum Nachlesen und Vergleichen

Text 1:

Auf dem Heimweg vom Schwimmunterricht entdecke ich im Schaufenster einen tollen Bademantel. Daheim erzähle ich meiner Mutter davon. Ich muß das tolle Stück beschreiben, damit sie es mir kaufen kann.

Der Bademantel steht mir bestimmt gut. Er ist aus weißer Wolle und flauschig. Auf der Innenseite ist er violett. Der Mantel hat keinen Kragen, aber am Bund läuft von oben nach unten auf beiden Seiten ein doppelter gelber Streifen herunter. Die Ärmel sind ebenfalls auf der Vorderseite mit zwei gelben Streifen verziert. Auf der rechten Seite sitzt eine Tasche mit einem Streifen. Ein gelber Gürtel mit Fransen ist um den Mantel geschlungen. Eine rote Blüte ist auf der rechten Brustseite aufgenäht. Für den Schwimmunterricht brauche ich schon lange einen Bademantel. Ich wünsche ihn mir zum Geburtstag.

Text 2:

Im Schaufenster von Sportamper habe ich einen schönen Bademantel entdeckt. Ich beschreibe ihn für Mutti, damit sie ihn mir kaufen kann. Der Bademantel ist außen weiß und innen blau. Am Rande hat er zwei gelbe Streifen. Auch die Ärmel haben vorne zwei gelbe Streifen. Der Mantel hat auch einen gelben Gürtel. Auf der Brustseite ist eine rote Blüte.

Diesen Mantel wünsche ich mir zum Geburtstag.

Informieren: Gegenstände beschreiben **St 10**

Merkmale und Kennzeichen nennen **AB 1**

Meine Jacke

Verbinde die Teile mit dem richtigen Wort.

Teile:

Ärmel, Kragen

Vorderteile

Rücken

Knöpfe

Taschen, Bund

Besondere Kennzeichen:

Markenzeichen, Wappen

Material: Wolle (wollen) Leder (ledern)

Muster: (1) gestreift (2) geblümt (3) kariert (4) gepunktet (5) gewürfelt

Wie ist die Jacke?
Setze die richtige
Ziffer ein!

Ein Geburtstagswunsch

Gestaltungsaufgabe:

- Beschreibe einen Gegenstand, den du dir zum Geburtstag wünschst, so klar, daß ihn die Mutter im Schaufenster sofort wiedererkennen kann (z. B. einen Trainingsanzug, Turnschuhe oder einen Bademantel).

St 10

Verloren!

Anzeigen vergleichen!

②

Verloren!

Schöne Jacke nach der Sportstunde auf dem Fußballplatz!
Abzugeben gegen Belohnung bei Christine, 3b

①

Verloren!

Am Montag, 23. 4. nach der Sportstunde in der Umkleide rote Strickjacke mit weißem Saum, Silberknöpfen, ohne Kragen.
Abzugeben bei Monika Ganze, 3b

④

Schwarze Gelenktasche mit Führerschein, Kfz-Papieren und brauner Geldbörse mit größerem Betrag auf dem Parkplatz vor Gasthaus „Zum Grünen Hut" am 12. 7. verloren. An den ehrlichen Finder: Bitte um Rückgabe der Papiere gegen gute Belohnung!!
Adresse in der Tasche!

③

Verloren!

Brille, Metallfassung in rotem Lederetui am Mittwoch 16. 4. in der Parkstraße auf dem Weg zur Schule.
Gegen Belohnung abzugeben im Sekretariat der Schule.

⑤

Am 23. 4. Schlüsselbund vor dem Schulhaus verloren.
Tel. 3 45 92

Die Verlustanzeige

Uwe ist ganz unglücklich. Er hat seine Jacke verloren. „Hu, Mutti wird mich schimpfen." Uwe hängt eine Verlustanzeige ans Schwarze Brett der Schule.

Ich habe
meine schöne Strickjacke
verloren.
Bitte abgeben bei
Uwe Eder, 3b

Aber niemand meldet sich. Sein Freund sieht die Anzeige und sagt: „So wirst du deine Jacke nie kriegen. Du mußt sie genau beschreiben." Der Rat ist gut. Du sollst den verlorenen Gegenstand (Uhr, Geldbörse, Federmäppchen, Schultasche) genau und vollständig beschreiben können, wenn du ihn im Fundbüro oder beim Finder abholst. Daher mußt du wissen, wie er aussieht und welche Merkmale er hat.

TIPS

- Verwende für eine Verlustanzeige Eigenschaftswörter, die den Gegenstand genau kennzeichnen. Man muß ihn unter anderen Gegenständen wiedererkennen können.
- Die genauen **Merkmale** helfen, den Gegenstand wiederzufinden, z. B. Farbe, Material, Größe, Form.
- Gib die **Einzelteile** richtig an, z. B. Kragen, Ärmel, Vorderteil, Rücken, Bund.
- Beachte **besondere Kennzeichen:** das Markenzeichen, das Muster, ein Loch.
- Die Zeitstufe für eine solche Gegenstandsbeschreibung ist die Gegenwart, weil ja der Gegenstand immer gleich aussieht.
- Es gibt auch Tausch- oder Verkaufsanzeigen. Der Text für solche Inserate soll klar und übersichtlich angeordnet sein, am besten in verschiedenen Schriftgrößen.
- Vergiß nicht anzugeben, wann und wo du den Gegenstand verloren hast.

St 10

Verlustanzeigen

Wesentliches vom Unwesentlichen unterscheiden

Die Verlustanzeige soll kurz sein,
- weil jede Zeile und jedes Wort Geld kosten,
- weil lange Erklärungen nicht gelesen werden.

Gib daher nur die Merkmale an, die notwendig sind, um den Gegenstand zu erkennen. Alle Merkmale müssen genannt werden, die ihn von anderen oder ähnlichen Gegenständen unterscheiden.

Überlege daher:
- Welche Angaben sind notwendig und wichtig?
- Welche sind nützlich?
- Welche sind unwichtig und daher überflüssig?

Aufgabe:

Überprüfe folgende Anzeigen mit Hilfe obiger Fragen!
Füge weitere Angaben hinzu, wo solche notwendig sind.
Streiche, wo Überflüssiges und Unwichtiges angegeben wurde.

①

Trachtenjanker
hellgrau, flauschig mit Silberknöpfen auf dem Sportplatz verloren. Bitte um Rückgabe gegen Finderlohn.

②

Blaue Schultasche
mit Inhalt auf dem Heimweg von der Schule vom Fahrrad gefallen. Bitte in der Schule abgeben. Name und Klasse stehen auf den Schulheften

③

Haushaltsgeld verloren!
Bitte geben Sie die rote Geldbörse im Geschäft an der Ecke ab!

④

Rote Geldbörse (mit Reißverschluß) mit größerem Betrag am Samstag, dem 17. 9., zwischen 10 und 12 Uhr verloren. Finder erhält Belohnung.
Katharina Mayer, Tel. 08233/2 79 34

Grips und Graps,
die Zirkusclowns

St 11

Informieren: Eine Person beschreiben — St 11

Gestaltungsaufgabe: Einen genauen Steckbrief verfassen

Lernziele

Die Schüler sollen
- die äußerlichen Merkmale und die besonderen Kennzeichen einer Person erkennen
- eine Person so genau, klar und sachlich beschreiben, daß die Person wiedererkannt werden kann.

Arbeit am Text

Die Schüler sollen
- zwei vorgegebene Texte miteinander vergleichen und beurteilen

Arbeit am Satz

Die Schüler sollen
- den Steckbrief in Stichworten oder in ganzen Sätzen aufschreiben

Arbeit am Wort

Die Schüler sollen
- passendes Wortmaterial aus Wortlisten auswählen
- kennzeichnende Eigenschaftswörter verwenden
- für „hat“ und „ist“ passende Zeitwörter finden

Verlaufsskizze

1. Motivationsphase

1.1 Zirkusbesuch		
Beobachtungen berichten	L	Berichte von deinem Zirkusbesuch! Was hast du alles gesehen?
1.2 Einstiegsblatt		
Folie	L	Grips und Graps, die Zirkusclowns, gefallen den Kindern besonders gut.
Freie Aussprache		Berichtet.
1.3 Zielangabe	L	Wir beschreiben die beiden Clowns so genau, daß Peter in der nächsten Vorstellung die beiden sofort erkennen kann.
Rezept St 11 lesen und erklären (ohne Tips)	L	Wir schreiben einen Steckbrief.

2. Mündliche und halbschriftliche Gestaltungsphase

2.1 Beschreibung der unveränderlichen Merkmale

a) Beschreibungsversuch

Zunächst nur *einen* Clown	L	Betrachte den lustigen Clown genau! Gefällt er dir? Beschreibe ihn!

Genaues Betrachten! Freie Äußerungen	S	Grips hat einen langen Mantel an. Er hat ein kleines Hütchen auf. Er hat eine lange Nase. . . . Er ist schlank . . .
Zum Vergleich den zweiten Clown.	S	Graps hat eine geflickte Hose an. Er trägt ein gestreiftes Hemd . . . Er ist dick . . .
b) Hilfen verwenden		
Reihenfolge Gestalt Rezept 11	L, TA	Wenn du eine Person beschreiben willst, mußt du der Reihe nach beschreiben: Kopf, Haare, Gesicht, Augen, Nase; Gestalt, Kleidung und Schuhe.
	L	Versucht einmal den Grips so zu beschreiben.
c) Gestaltungsaufgabe		
AB 1	L	Wenn du einen Dieb wiedererkennen willst, mußt du ihn genau und vollständig beschreiben.
	L	Wir lesen und verwenden das angegebene Wortmaterial.
d) Sicherung mit AB 1	L	Sucht das richtige Eigenschaftswort heraus und notiert.
	AB	Köpfe sind länglich, breit, schmal, rund, eckig Die Gesichter sind rund, oval, schmal, voll, knochig Die Nasen sind lang, gekrümmt, hakig, knollig, spitz
Teilzusammenfassung:	(1)	Gestalt, Körpergröße, Haare, Gesicht und Augen sind die unveränderlichen Merkmale.

2.2 Beschreibung der veränderlichen Merkmale

a) Beschreibungsversuch	L	Warum sind die beiden Clowns so lustig?
	S	Sie tragen lustige Kleider, Kostüme!
	L	Beschreibe das Kostüm des Grips!
	S	Gripst hat einen langen Mantel . . .
b) Hilfen verwenden Werkzeug St 11	L	Wir geben auch das Material, Muster und Farbe der Kleidung genau an.
	L	Versucht jetzt die beiden Clowns zu beschreiben.
c) Gestaltungsaufgabe	L	Wenn du einen Fahrraddieb wiedererkennen willst, mußt du ihn genau und vollständig beschreiben: seine Kleidung und besondere Merkmale.
Werkzeug St 11	L	Wir lesen und verwenden das angebotene Wortmaterial.
d) Sicherung mit AB 2	L	Grips, der Zirkusclown, trägt diese Kleidungsstücke. Wie sehen sie aus?
	S	Hut: klein, rund, rot Fliege: weiß-rot gepunktet Hemd: weißes, kurzärmelig Hose: lang, eng, gezackt Mantel: lang, gelb, mit schwarzen Aufschlägen Schuhe: weiß, mit schwarzen Kappen besetzte Halbschuhe

e) Besondere Merkmale	L	Wie kannst du Grips am besten und schnellsten erkennen?
	S	Sein besonderes Kennzeichen ist ... die lange Nase, das vorstehende Kinn.
Teilzusammenfassung:	(2)	Kleidung und Schuhe sind wichtige veränderliche Kennzeichen.
	(3)	Besondere Merkmale sind Brille, Narbe.

2.3 Gesamtzusammenfassung

1. Möglichkeit: AB 3	L	Wir beschreiben stichwortartig Grips, den Zirkusclown.
2. Möglichkeit: AB 4	L	Versuche, deinen Freund mit treffenden Eigenschaftswörtern zu kennzeichnen.
	L	Woran erkennst du einen Schülerlotsen?

3. Schriftliche Gestaltungsphase

3.1 Textvergleich

Menü St 11	L	Lies die beiden Texte langsam und genau durch. Vergleiche beide miteinander!
	S	Text 1: Lang, genau, vollständig, treffende Eigenschaftswörter, Einleitung, Schluß, Text 2: kurz, mager, unvollständig, Einleitung und Schluß, ist, war, hat, hatte.
Gestaltungsaufgabe siehe Rezept St 11	(4)	Für die genauen Merkmale verwenden wir treffende Eigenschaftswörter.
	(5)	Für „ist" und „hat" verwenden wir passende Zeitwörter.

3.2 Gestaltungsübungen

Arbeitsblatt 4

1. Schreibe einen stichwortartigen Steckbrief für Graps, den Zirkusclown.
2. Verfasse eine zusammenhängende Beschreibung für einen Schülerlotsen (siehe Bild S. 258).

3.3 Probeaufsatz

Arbeitsblatt 5	L	Peters Fahrrad ist vor dem Fußballplatz gestohlen worden. Gerade noch konnte er den Täter erkennen. Er beschreibt bei der Polizei den Täter.

4. Bewertungsvorschlag

Inhalt	*Punkte*		*Sprache*	*Punkte*	
1. Person erkennbar	2		abwechslungsreicher Satzbau	2	
2. Merkmale genau erfaßt	2		treffende Eigenschaftswörter	2	
3. vollständig	2		Abwechslung im Zeitwort	2	
Inhalt:	6	+	*Sprache:*	6	= 12

Vorschlag für Bewertungsschlüssel

Note 1	12 – 11 Punkte	Note 4	5 – 4 Punkte
Note 2	10 – 9 Punkte	Note 5	3 – 2 Punkte
Note 3	8 – 6 Punkte	Note 6	1 – 0 Punkte

5. Überarbeitung

5.1 Schülertexte lesen, hören und beurteilen

Anita schreibt:

Graps, der Zirkusclown

„Graps, der Clown tritt auf!“ jubelt das Publikum. Sie rufen: „Ist der nicht komisch!? Und seine Kleidung! Hahaha!“ und lachen. Graps hat nackenlange, schwarze, struppige Haare. Sein Gesicht ist rundlich. Er hat kleine Ohren, eine Knollennase und buschige Augenbrauen. Er hat grüne Augen und einen Schnurrbart. Er trägt außerdem noch einen Lodenhut auf dem Kopf. Seine Gestalt ist rundlich und klein. Seine Kleidung ist ein weißes T-Shirt. Die unten ausgefranste Hose ist an beiden Knien geflickt. Außerdem hat er blau-weiß gestreifte Socken, schwarzweiße Schuhe und eine Armbanduhr an der rechten Hand. Er stützt sich auf einen knorrigen, alten Wanderstock. Schade, daß der lustige Clown nicht öfter auftritt.

Bernd schreibt:

Grips, der Zirkusclown

Und nun, meine Damen und Herren, kommt die Sensation, der berühmte Zirkusclown Grips von Hinterwalden. Was der alles kann! Sehen Sie ihn an! Schon seine Gestalt bringt Sie zum Lachen. Schmal und lang ist er wie eine Bohnenstange. Er hat braunes Haar, das von einem kleinen Hut bedeckt ist. Er besitzt blaue lustige Augen. Sein langes Kinn ist von vielen Bartstoppeln bedeckt. Er hat einen breiten Mund mit rot bemalten aufgeworfenen Lippen und eine lange spitze Nase. Unter seinem langen, gelben Mantel trägt er ein weißes Hemd, das in einer engen, langen Hose mit Zickzackmuster steckt. Einer der beiden kurzen Ärmel, aus denen seine behaarten Arme heraus-schauen, ist rechts mit einem Flicken besetzt. An seinem hohen Hemdkragen ist eine große, rotgetupfte Fliege befestigt. Seine beiden behaarten Beine stecken in weißen Halbschuhen mit hohen Absätzen. Grips hält in der rechten Hand einen bunten Regenschirm mit einer langen Spitze. Aufgepaßt! Gleich beginnt Grips mit seinen Späßen.

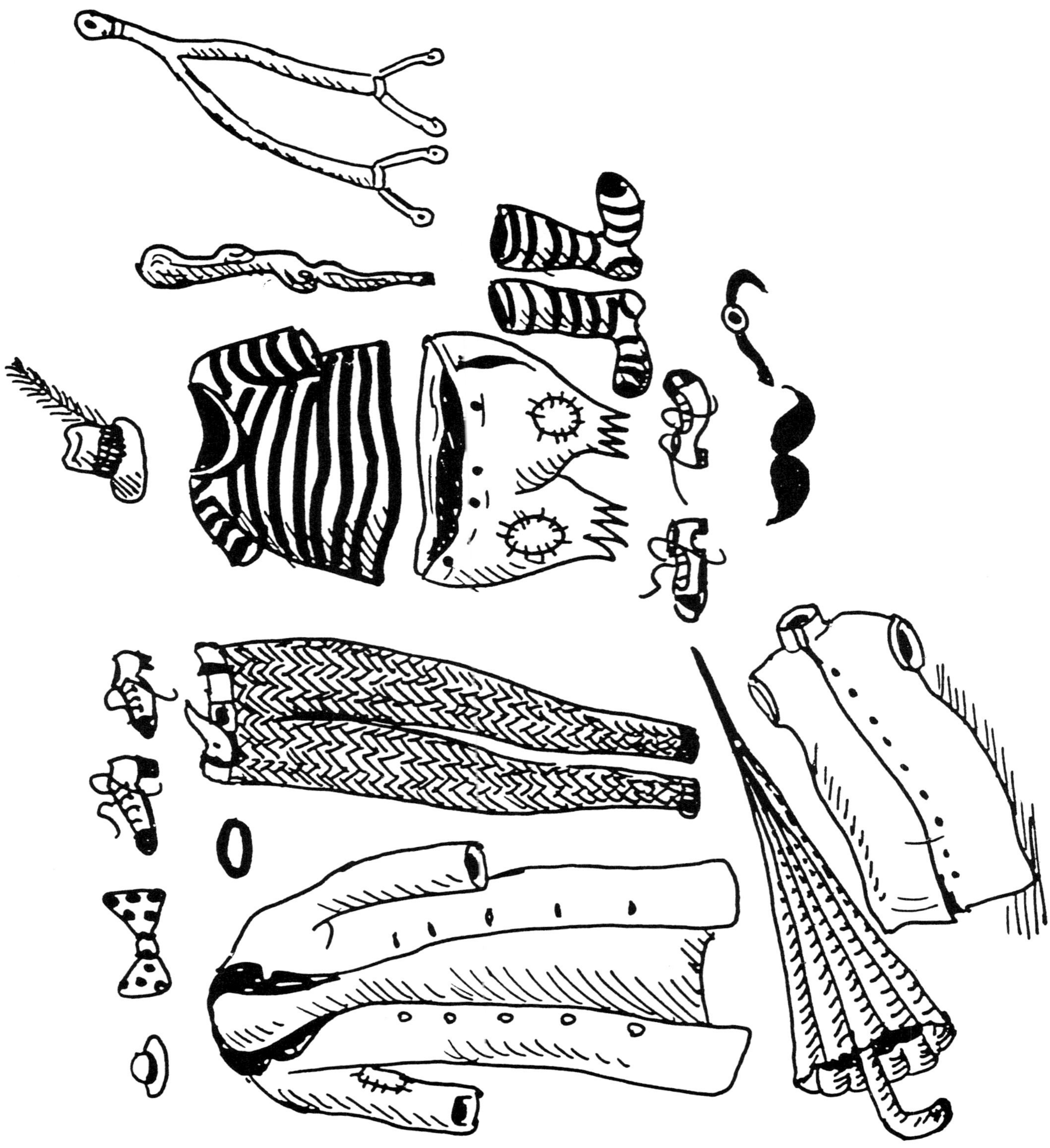

Informieren: Personen beschreiben **St 11**

Treffende Wörter wählen **AB 1**

Köpfe, Nasen und Gesichter

Wie kann ein Kopf sein?

Wie kann das Gesicht sein?

Wie kann die Nase sein?

Wähle das treffende Eigenschaftswort aus!

Köpfe sind: rund, eckig, schmal, breit, länglich
Gesichter sind: schmal, rund, oval, voll, knochig
Nasen sind: spitz, platt, lang, knollig, gekrümmt

Das Clownskostüm

Grips, der Zirkusclown, trägt diese Kleidungsstücke. Wie sehen sie aus?

der Hut

die Fliege

das Hemd

die Hose

der Mantel

die Schuhe

Informieren: Personen beschreiben **St 11**

In Stichwörtern beschreiben **AB 3**

Grips, der Zirkusclown

Aufgaben:

1. Betrachte den lustigen Clown genau. Gefällt er dir?
2. Beschreibe ihn sorgfältig: seine Kleidung, die auffallenden Körperteile, besondere Kennzeichen
3. Verwende dazu die richtigen Namenwörter und die passenden Eigenschaftswörter.

Kopf, Haare, Ohren, Gesicht, Augen, Nase, Gestalt, Arme u. Beine

Nase:

Kinn:

Eigenschaftswörter kennzeichnen Personen

Aufgaben:

1. Versuche, mit folgenden Eigenschaftswörtern das Gesicht, die Augen, die Backen und die Haare deines Nachbarn (Freundes) zu kennzeichnen!

rund	länglich	dick	grau	braun	rot
blaß	dünn	schwarz	blond	dunkelblond	braun
kraus	glatt	kurz	lang	mager	schmal

2. Zeichne Max nach folgenden kennzeichnenden Eigenschaftswörtern in den Rahmen: rote Mütze, rundliches Gesicht, gelb-weiß gestreifter Pulli, blaugraue Jeans, weiße Socken, blau-weiße Turnschuhe, blonde Haare.
3. Woran erkennst du einen Schülerlotsen?

mein Freund

ein Schülerlotse

Gestaltungsübung – Probeaufsatz AB 5

Peter hat vor dem Fußballplatz sein Fahrrad abgestellt. Als er während des Wettkampfes einmal zufällig nach dem Fahrrad sehen will, entdeckt er, wie einer mit seinem neuen Rad wegfahren will. Er schreit: „He, das ist mein Fahrrad!“ Zu spät, der unbekannte Täter flitzt schon um die nächste Ecke. Aber Peter hat sich einige wichtige Merkmale eingeprägt.

Haltet den Dieb

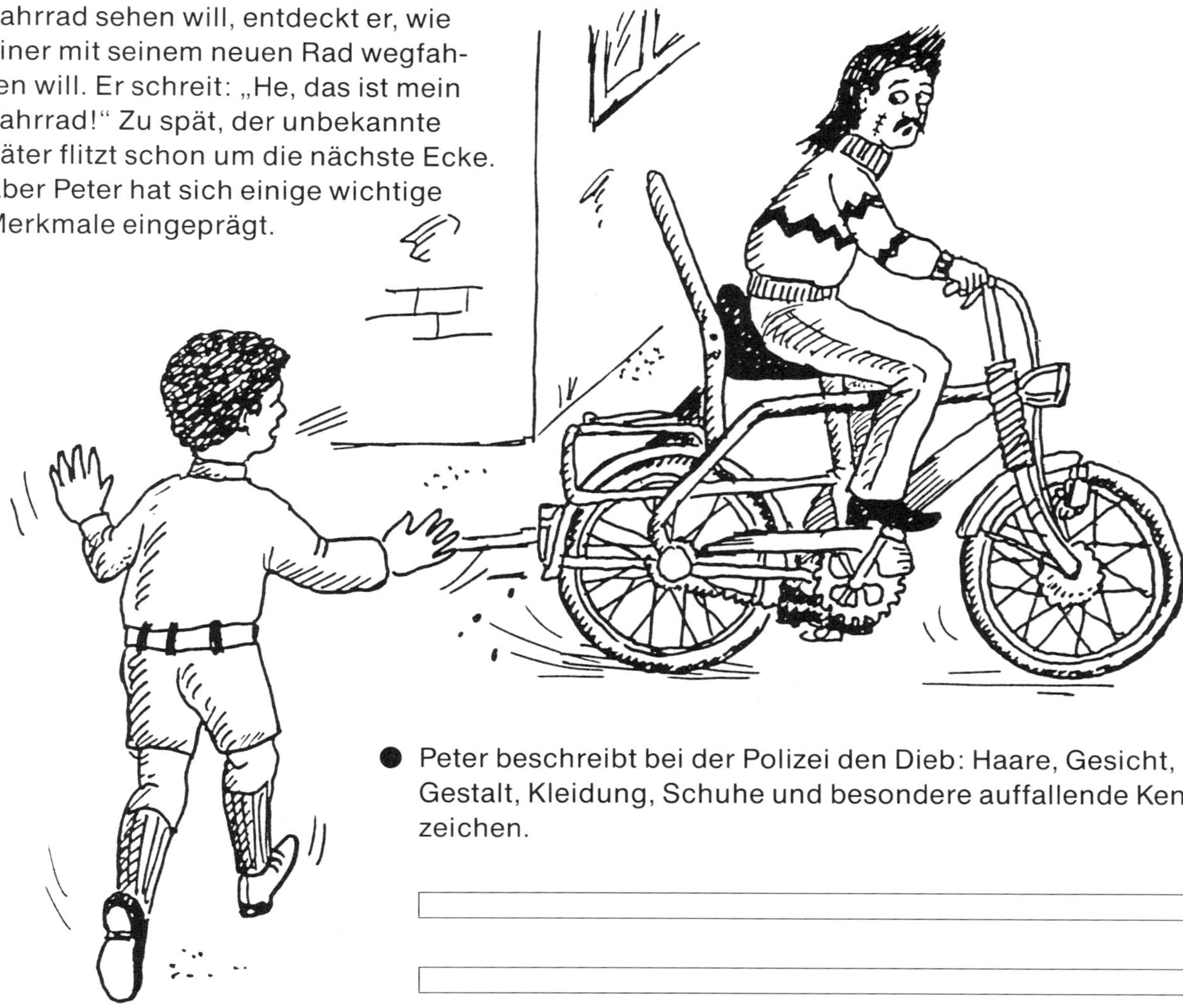

- Peter beschreibt bei der Polizei den Dieb: Haare, Gesicht, Gestalt, Kleidung, Schuhe und besondere auffallende Kennzeichen.

Texte vergleichen

Text 1: *Grips, der Zirkusclown*

Die ganze Stadt spricht von Grips, dem Zirkusclown, der alle Menschen zum Lachen bringt.
Nun sitze ich im Zirkus in der ersten Reihe und bin gespannt auf den berühmten Mann. Da! Jetzt kommt er herein. Schon seine Gestalt bringt mich zum Lachen. Schmal und lang ist er wie eine Bohnenstange. Auf dem Kopf trägt er ein kleines rotes Hütchen, unter dem sein langes strähniges Haar hervorschaut. Seine blauen, lustigen Augen blicken freundlich auf das Publikum. Sein langes Kinn ist von vielen Bartstoppeln bedeckt. Er hat einen breiten Mund mit rot bemalten Lippen und eine lange, spitze Nase. Unter seinem langen, gelben Mantel trägt er ein weißes Hemd, das in einer engen, langen Hose mit Zickzackmuster steckt. Aus den beiden geflickten Ärmeln schauen lange behaarte Arme hervor. An seinem hohen Hemdkragen ist eine große, rotgetupfte Fliege befestigt. Die behaarten Beine stecken in weißen Halbschuhen mit hohen Absätzen. Grips winkt uns mit seinem bunten Regenschirm zu. Grips, der berühmte Zirkusclown, mit seinen lustigen Späßen ist wirklich zum Lachen.

Text 2: *Grips, der Zirkusclown*

Im Zirkus Sanussi habe ich den berühmten Clown Grips gesehen. Der war vielleicht lustig.
Seine lange Nase ist mir gleich aufgefallen. Auf dem Kopf war ein kleines lustiges Hütchen, unter dem die langen braunen Haare hervorschauten. An seinen dünnen, langen Beinen hatte er große Schuhe mit hohen Absätzen. Dann hatte er noch eine große, rotgetupfte Fliege, die immer hin und her wackelte. Am linken Handgelenk trug er einen roten Armreif.
Als er hereinkam, winkte er mit seinem bunten Schirm, und alle Leute lachten.

Der Steckbrief

In früheren Jahrhunderten wurden Übeltäter mit einer eigenen Urkunde – dem Steckbrief – in Haft „gesteckt". Verbrecher werden auch heute noch mit Hilfe eines „Steckbriefes", den man an öffentlichen Gebäuden anheftet, gesucht. Auf dem Plakat befinden sich ein Photo des Gesuchten und eine knappe Personenbeschreibung mit wesentlichen Merkmalen, die dazu dienen soll, die Person rasch zu erkennen. Die Bevölkerung soll auf diese Weise zur Mitfahndung aufgerufen werden.
Im täglichen Leben kann es vorkommen, daß du eine Person beschreiben mußt.
Du beobachtest einen Fahrraddieb oder einen Bankräuber.
Dann mußt du die Merkmale und die besonderen Kennzeichen dieser Person beschreiben:

Kennzeichnende Merkmale sind:

- Haare
- Gesicht
- Augen
- Nase
- Gestalt, Größe
- Kleidung
- Schuhe

Besondere auffallende Kennzeichen können sein: Narbe, Warze, verkürztes Bein, Bart, Brille

TIPS

- Fasse den Steckbrief knapp, klar und sachlich ab.
- Der Steckbrief kann stichwortartig oder in ganzen Sätzen aufgebaut sein.
- Verwende für die genauen Merkmale treffende Eigenschaftswörter.
- Wechsle im Zeitwort ab. Vermeide „hat" und „ist".
  Schreibe: tragen, bekleidet sein, anlegen, aufsetzen

Personen beschreiben

St 11

Wenn du eine Person beschreiben willst, mußt du

1. **wichtige, unveränderliche Merkmale nennen**
   Das sind
   – die Gestalt, die Körpergröße, die Haare, das Gesicht und die Augen
2. **wichtige veränderliche Merkmale nennen:**
   Das sind
   z. B. Kleidung und Schuhe
3. **besondere auffallende Merkmale nennen**
   z. B. Narbe oder Brille

TIPS

Diese Beschreibung muß sachlich, klar und vollständig sein, damit die Person rasch zu erkennen ist.

Hilfen für die Personenbeschreibung:

Kopf:	rund, eckig, schmal, breit
Haare:	glatt, gelockt, wellig, struppig, dünn, ungekämmt
Ohren:	abstehend, anliegend, bedeckt
Gesicht:	schmal, rund, voll, oval, knochig, blaß, faltig, gebräunt, gerötet
Augen:	grau, braun, blau, groß, klein
Nase:	zierlich, spitz, platt, breit, knollig, hakenförmig
Gestalt:	groß, klein, gedrungen, schlank, zierlich, hochgewachsen, mittelgroß

Besondere Kennzeichen sind:

Narbe, Verletzung, Brille, Gangart (hinken)

Kleidung:

a) Material: Wolle, Leder, Seide, Jeansstoff
b) Muster: getupft, geblümt, bunt, gestreift, kariert, glänzend
c) Schuhe: Stiefel, Halbschuhe, Turnschuhe, Schnürstiefel, Sandalen, Schnallenschuhe, Pantoffel

Grips als Zirkusakrobat

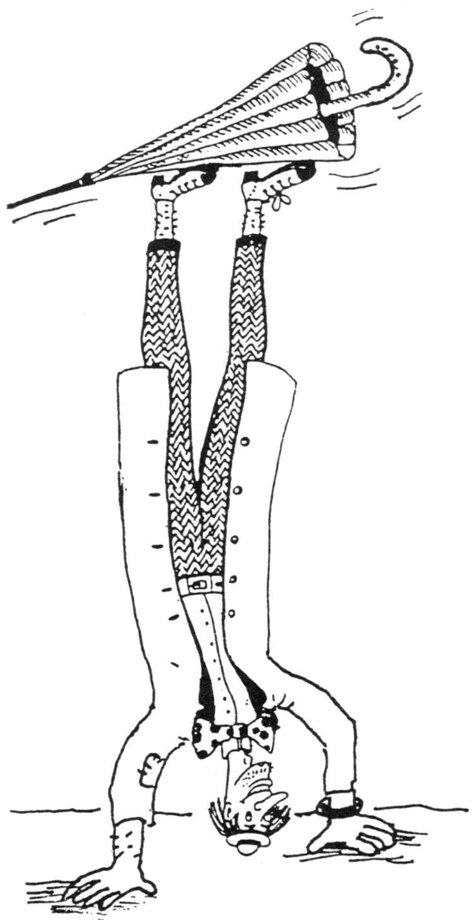

Informieren: Einen Bericht verfassen	**St 12**
Gestaltungsaufgabe: Ausführlich und genau berichten	

Lernziele

Die Schüler sollen
- Beobachtungen genau berichten
- mit Hilfe von Stichwörtern einen Bericht verfassen
- über Ereignisse ausführlich, genau und vollständig berichten
- mit Hilfe von Bildvorgaben einen Bericht schreiben

Arbeit am Text

Die Schüler sollen
- zwei Texte vergleichen und sich für den besseren entscheiden
- ihre Entscheidung begründen
- einen Bericht beurteilen und überarbeiten

Arbeit am Satz

Die Schüler sollen
- mit Hilfe von Stichwörtern richtige Sätze bauen
- im Anschluß an Stichwortreihen berichten

Arbeit am Wort

Die Schüler sollen
- Stichwörter in der richtigen Reihenfolge anordnen
- aus einer Wortliste zutreffende Zeitwörter auswählen und verwenden
- mit Hilfe von Bildvorgaben eine Stichwortliste erstellen

Verlaufsskizze

1. Motivationsphase

1.1 Reale Begegnung bei einem Zirkusbesuch
Beobachtungen berichten

1.2 Einstiegsblatt – Folie mit Clowns
St 11 und St 12

Spontane Beiträge	L	Berichte, was dir am besten gefällt. Berichte, was sie tun.
1.3 Zielangabe	L	Wir berichten von der Vorstellung der beiden Zirkusclowns und verfassen einen Bericht für eine Schülerzeitung.

2. Mündliche Gestaltungsphase

2.1 Adressat	L	Wir berichten von einer Zirkusveranstaltung für die Schülerzeitung. Für wen schreiben wir? Wen informieren wir?

	S	Wir schreiben für die Kinder, unsere Kameraden, für die Grundschüler... für die Kinder der 3. und 4. Klasse
	L	Die Kinder der 3. und 4. Klasse wollen alles sehr genau wissen.
Ergebnis:	Merke: (1) Wir müssen genau und ausführlich schreiben.	
2.2 Inhalt	L	Was interessiert die Dritt- und Viertkläßler aus der Zirkusvorstellung?
Aussprache	S	Tiere, das Programm, die Clowns, was sie gemacht haben
	L	Was interessiert am meisten?
	S	Clowns als Akrobaten
Folie	L	Berichtet, was die beiden Clowns machen...
	S	hüpfen, springen, balancieren...
	L	*Wie* berichten wir?
Ergebnis:	Merke: (2) Wir berichten *eine* Sache *genau und ausführlich.*	
2.3 Schlüsselwörter	L	Der Leser will über das Ereignis alles genau wissen.
	S	Es ist wichtig, daß wir vollständig berichten und nichts vergessen.
	L	Alle wichtigen Sachen müssen enthalten sein.
Querverbindungen: Rezept Ge 6	S	Wir wenden die Schlüsselwörter-Methode an.
Werkzeug Ge 11	S	Wir stellen Fragen: Was ist geschehen? Wie ist es geschehen? Wer war dabei? Wann ist es geschehen?
Ergebnis:	Merke: (3) Wir teilen alle notwendigen Angaben über ein Ereignis mit. Die Schlüsselfragen sind eine wertvolle Hilfe.	
Zusammenfassung:	Der Bericht	
Rezept St 12 – Sich informieren – Texte vergleichen und beurteilen	L	Wir lesen den Text. Wir lesen den Bericht. Wir informieren uns über die Tips. Wir vergleichen den vorgegebenen Bericht „Besuch im Feuerwehrhaus“ mit den Tips.

3. Halbschriftliche Gestaltungsphase

3.1 Arbeit am Inhalt	
Arbeitsblatt 1 – Bildhafte Vorgaben – Schlüsselfragen – Stichwörter sammeln	Aufgabe: Beantworte die Schlüsselfragen mit Hilfe der Bilder. Notiere einige wichtige Stichwörter. Möglichkeiten: Einleitung: Mittwoch, Klasse 3b, Zirkus Sanussi, Auftritt, Clowns als Akrobaten Hauptteil: Bild 1: Grips betreten, Manege, winken, riesengroßer Sonnenschirm, Publikum. Bild 1/2: hin und her rennen, lange Schritte, Publikum lachen. Bild 2: Beine weit auseinanderspreizen, langer Spagat, Boden sitzen. Bild 2/3: Publikum Beifall klatschen. Bild 3: Handstand, Schirm balancieren. Bild 3/4: Beifall, Graps hereinkommen.

Bild 4: auf Trampolin klettern, hopsen, große Sprünge, auf einem Bein, auf zwei Beinen, Hände in Hosentaschen, lustig.
Bild 4/5: Publikum viel lachen.
Bild 5: dicker Graps, auf Drahtseil, balancieren, wippen, hopsen, winken.
Schluß: lustige Vorstellung, lange daran denken, Besuch empfehlen.

3.2 Arbeit am Satz
Arbeitsblatt 2
– Bildhafte Vorgaben
– Stichwörtervorgaben
– inhaltsreiche Sätze

siehe Rezept Ge 3
siehe Rezept Ge 6
siehe Werkzeug St 8
siehe Werkzeug Ge 9

Aufgabe: Formuliere mit Hilfe der Stichwörter verschiedenartige und inhaltsreiche Sätze.
Möglichkeiten:
Bild 1: Als Grips die Manege betrat, winkte er dem Publikum mit seinem riesengroßen Sonnenschirm.
Bild 2: Auf einmal sprang er hoch und spreizte dann seine langen Beine so weit, daß er beinahe auf dem Boden saß.
Bild 3: Dann machte der Akrobat einen Handstand und balancierte auf den Füßen geschickt seinen Sonnenschirm.
Bild 4: Graps hopste mit den Händen in den Hosentaschen lustig einmal mit zwei Beinen, dann auf einem Bein auf dem Trampolin hin und her.
Bild 5: Der dicke Clown balancierte geschickt auf dem Drahtseil und winkte den Zuschauern mit seinem Knotenstock.

3.3 Arbeit am Wort
Arbeitsblatt 3

L Der Berichterstatter muß so genau und anschaulich berichten, damit sich der Leser alles gut vorstellen kann.

S Wir verwenden treffende Zeitwörter.

Aufgabe: Suche für die Vorführungen der beiden Clowns treffende Zeitwörter und Ausdrücke. Wähle aus!

Bild 1: Handstand, den Schirm mit den Füßen balancieren
Bild 2: springen, grätschen, die Arme ausbreiten
Bild 3: hüpfen, hopsen, aufspringen
Bild 4: balancieren, wippen, winken.

4. Schriftliche Gestaltungsphase

4.1 Gestaltungsaufgaben
Wiederholung Rezept St 12

L Überlege! Was mußt du beachten, wenn du einen Bericht für die Klassenzeitung schreibst?

L Wir wiederholen die Tips von Rezept 12.

4.2 Gestaltungsübungen mit Vorgaben

1. Verfasse mit Hilfe der Stichwörter einen Bericht für eine Schülerzeitung mit der Überschrift „Grips und Graps, die Zirkusakrobaten".

ohne Vorgaben

2. Verfasse einen Bericht für eine Schülerzeitung über einen Zirkusbesuch mit der Überschrift „Grips und Graps, die Zirkusakrobaten".
   So kannst du beginnen:
   Am Sonntag durfte ich mit meinen Eltern den Zirkus Sanussi besuchen. Am besten hat mir der Auftritt von Grips und Graps, den Zirkusakrobaten, gefallen.
   Als die beiden in die Manege kamen, ...

4.3 Selbständige schriftliche Gestaltung

mit Arbeitsblatt 4	L	Für das Sommerfest der Schule hatte jede Klasse eine lustige Aufführung vorbereitet. Am besten hat die Vorführung der schweren Männer gefallen.
Aufgabe	L	Verfasse mit Hilfe der Bilder einen Bericht für die Schülerzeitung mit der Überschrift „Die lustigen Gewichtheber"

5. Bewertungsvorschlag

Inhalt	*Punkte*		*Sprache*	*Punkte*	
1. genaue Beobachtungen	2		treffende Zeitwörter	2	
2. ausführlich und vollständig	2		inhaltsreiche Sätze	2	
3. richtige Reihenfolge	2		Satzanfänge	2	
4. Einleitung/Schluß	2		Wechsel im Satzbau	2	
Inhalt:	8	+	*Sprache:*	8	= 16

Vorschlag für Bewertungsschlüssel

Note 1	16 – 15 Punkte	Note 4	8 – 6 Punkte
Note 2	14 – 12 Punkte	Note 5	5 – 4 Punkte
Note 3	11 – 9 Punkte	Note 6	3 – 0 Punkte

6. Überarbeitung

6.1 Überprüfung des eigenen Textes mit Rezept St 12

6.2 Textvergleich

Vergleiche deinen Bericht mit den Texten Menü St 12

6.3 Überarbeite deinen Bericht mit Werkzeug St 12

6.4 Lösungsbeispiel für Gestaltungsübung – Probeaufsatz (AB 4)

Die lustigen Gewichtheber

Beim Sommerfest hatte jede Klasse eine lustige Aufführung vorbereitet. Am besten gefielen mir die lustigen schweren Männer.

Vier sonderbare Gestalten marschierten auf die Bühne. Alle hatten Schnurrbärte. Zwei trugen blauweiß gestreifte Hemden und Pagenhosen, die beiden anderen rot-weiß gestreifte Hemden und rote Turnhosen. Vor ihnen lag ein Gewicht. Mit ernster Miene trat der erste heran und versuchte, es hochzuheben. Aber er brachte es nicht einmal vom Boden weg. Der zweite trat langsam heran, hob es mühsam hoch und brachte es bis zum Bauch. Der dritte trat heran, spannte die Muskeln und hob das Riesengewicht – bis zur Brust. Die Leute klatschten Beifall. Dann trat der letzte heran, packte die Stange und riß das Gewicht ruckweise empor. Aber die Nase war im Weg. Die lustigen Gewichtheber ernteten viel Beifall. Dann traten sie ab und ließen das Gewicht liegen. Kaum waren sie hinter der Bühne verschwunden, schlenderte ein kleines Mädchen über die Bühne und entdeckte das Gewicht. Die Zuschauer staunten nicht schlecht, als die Kleine mühelos das Gewicht aufhob, unter den Arm klemmte und hinter der Bühne verschwand. Allen war jetzt klar, daß das Gewicht aus Pappe war und die Zuschauer hereingelegt wurden. Alle lachten und klatschten kräftig Beifall.

Informieren: Einen Bericht verfassen — St 12

Arbeit am Inhalt: In Stichwörtern notieren — AB 1

Grips und Graps als Zirkusakrobaten

Aufgabe:

Beantworte die Schlüsselfragen nach dem Inhalt. Überlege. Notiere die Antworten mit einigen Stichwörtern.

Einleitung:

Wann war das Ereignis? Was ist geschehen?

Hauptteil:

Was war der Reihe nach? Wie war alles? Wer war dabei?
Was ereignete sich zwischen den Bildern?

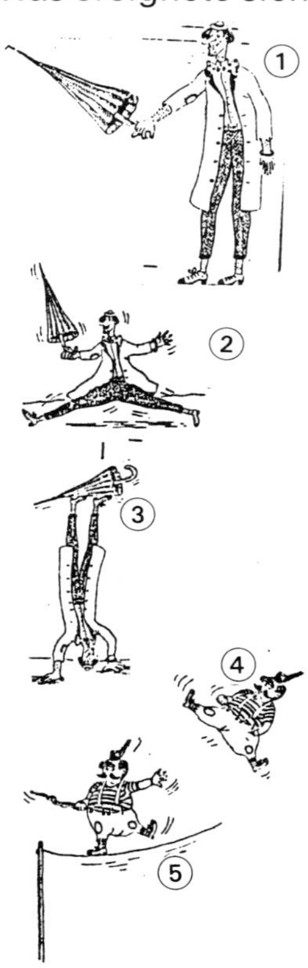

Schluß:

Wie denkst du über das Geschehen?

Informieren: Einen Bericht verfassen — St 12

Arbeit am Satz: Inhaltsreiche Sätze bilden — AB 2

Grips und Graps als Zirkusakrobaten

Aufgabe:

Formuliere mit Hilfe der Stichwörter verschiedenartige und inhaltsreiche Sätze. Ergänze die Liste selbst mit zusätzlichen Wörtern.
Beachte Rezept Ge 6, Werkzeug Ge 6, Werkzeug Ge 9, Werkzeug St 8

(1) Grips, Manege, betreten – winken, Sonnenschirm, Publikum

(2) hoch springen, und, Beine, spreizen, daß, Boden sitzen

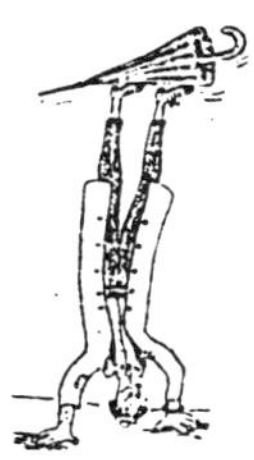

(3) Handstand, machen, balancieren, Sonnenschirm, Füßen, geschickt.

(4) Graps, hopsen, Trampolin, auf zwei Beinen, auf einem Bein, Hände, Hosentaschen, lustig.

(5) dick, Graps, Drahtseil, herumspazieren, wippen, Zuschauer, winken, mit Knotenstock.

Informieren: Einen Bericht verfassen — St 12

Arbeit am Wort: Treffende Zeitwörter auswählen — AB 3

Der gute Berichterstatter

Der Leser will ein Ereignis ganz und genau erfahren. Deshalb muß der Schreiber darüber so genau und so anschaulich berichten, daß sich der Leser alles gut vorstellen kann.

Eine wichtige Regel

Verwende treffende Zeitwörter!

Aufgabe:

Suche für die Vorführungen der beiden Clowns treffende Zeitwörter und Ausdrücke. Wähle aus und unterstreiche die passenden Wörter rot!

(1) Purzelbäume schlagen, Riesenschritte tun, Handstand, auf den Händen gehen, den Schirm mit den Füßen balancieren.

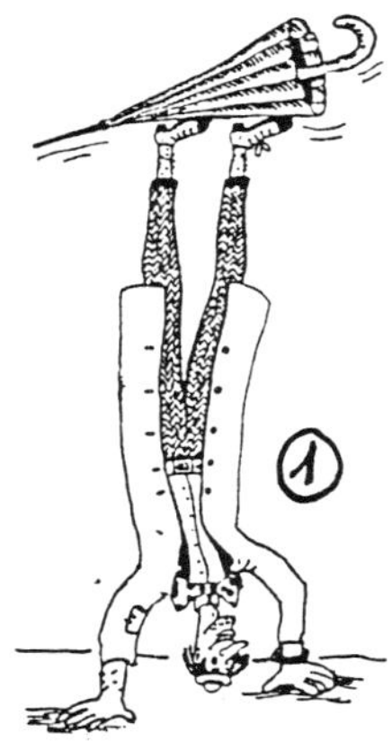

(2) springen, Luftsprünge machen, tanzen, die Beine grätschen, die Arme ausbreiten

(3) hüpfen, schnellen, hopsen, fallen, laufen, aufspringen, sich drehen, stolpern, gehen

(4) balancieren, über das Seil tanzen, wackeln, schaukeln, hopsen, rutschen, wippen, spazieren, winken

Die lustigen Gewichtheber

Für das Sommerfest hatte jede Klasse eine lustige Aufführung vorbereitet. Am besten gefiel mir die Vorführung der schweren Männer.

Aufgabe: Verfasse mit Hilfe der Bilder einen Bericht für die Schülerzeitung mit der Überschrift „Die lustigen Gewichtheber".

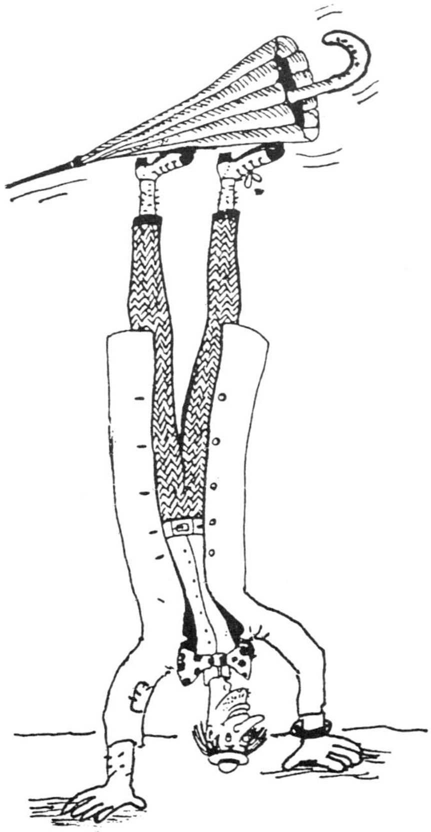

St 12

Zwei Berichte für die Schülerzeitung

Vergleiche beide Texte!
Welchen würdest du für die Schülerzeitung auswählen?
Begründe deine Entscheidung!

Text 1: *Grips und Graps als Zirkusakrobaten*

Am Mittwoch durfte die Klasse 3b den Zirkus Sanussi besuchen. Am besten hat mir der Auftritt der beiden berühmten Clowns Grips und Graps als Akrobaten gefallen.
Als Grips die Manege betrat, winkte er mit seinem riesengroßen Sonnenschirm dem Publikum zu. Alle lachten. Dann rannte er mit langen Schritten kreuz und quer über den Platz. Die Schritte wurden immer größer und immer länger. Auf einmal blieb er in der Mitte stehen, riß die langen Beine auseinander und machte einen langen Spagat, daß er fast den Boden berührte. Wir klatschten Beifall. Schon stand er wieder auf den Füßen, und ehe ich es richtig begriff, machte er einen Handstand, und Graps, der gerade eine lange Leiter in die Manege brachte, packte den Schirm, stieg auf die Leiter und legte ihm den Schirm auf die Schuhsohlen. Das Publikum jubelte, klatschte und lachte.
Während die Zirkushelfer ein Seil spannten, schleppte Graps ein Trampolin herein, auf das er mühsam hinaufkletterte. Dort begann er zu hüpfen und zu hopsen. Zuerst auf zwei Beinen, dann auf einem, dann auf den Knien, dann auf dem Bauch und zuletzt auf dem Po. Das war eine lustige Show. Aber am lustigsten war, als der dicke Graps auf dem Drahtseil balancierte und mit seinem Knotenstock den Leuten zuwinkte. Sein Freund Grips stand auf der anderen Seite und winkte mit dem Schirm. Graps wippte auf und nieder. Kaum zu glauben, daß er nicht abstürzte. Er wäre nicht weit gefallen, denn das Seil war nur knapp über dem Boden gespannt.
Das war der Jux bei dieser lustigen Vorstellung, an die ich noch lange denken werde.

Text 2: *Zwei lustige Zirkusclowns*

Gestern war ich mit meiner Klasse im Zirkus Sanussi.
Am besten haben mir die beiden Clowns Grips und Graps gefallen, die allerlei lustige Späße machten. Zuerst kam Grips in die Manege und hüpfte mit seinen langen Beinen hin und her. Einmal berührte er beinahe den Boden. Dann machte er einen Handstand und balancierte mit den Beinen seinen Sonnenschirm, den ihm Graps hinaufgelegt hatte. Dann schleppte Graps ein Trampolin herein, auf dem er auf und nieder hopste. Dann balancierte er auf einem niedrigen Drahtseil. Das war lustig, und ich mußte viel lachen.
Am Schluß gab's für die beiden einen Riesenbeifall.

Der Bericht

Besuch im Feuerwehrhaus

Am 5. Februar 1993 besuchten wir, die Klasse 3b, das Feuerwehrhaus. Der zweite Kommandant, Herr Fritz, erwartete uns bereits vor der Halle und führte uns hinein. Dort erklärte er uns die Fahrzeuge und Geräte. Zuerst betrachteten wir das Tanklöschfahrzeug 16. Die Pumpe leistet 1600 Liter pro Minute. Außerdem ist ein Tank für 2600 Liter eingebaut. Nun führte uns Herr Fritz noch andere wichtige Geräte vor: den Reißhaken, den man zum Abstützen und Einreißen von Balken braucht.
Bei Öl- und Benzinbränden benötigt man Schaum zum Ersticken des Feuers. Die Feuerwehrmänner müssen zum Schutz einen Helm mit Nackenleder aufsetzen. Nach dem Einsatz müssen die Schläuche gewaschen, im Feuerwehrturm aufgehängt und getrocknet werden.
Zum Schluß dankten wir für die Führung und verabschiedeten uns.

Mit einem **Bericht** kannst du Klassenkameraden, Freunde oder Eltern über Beobachtungen, über ein Ereignis oder über eine Aktion informieren. Du berichtest, **wie** sich das Ereignis zugetragen hat, z. B. über den Besuch einer Zirkusvorstellung, über ein Schulfest oder über die Besichtigung eines Museums. Du kannst aber auch auf die Nachbarklasse über eine **einmalige Tätigkeit** einen Bericht verfassen, z. B., wie ihr im Schulgarten ein Beet angelegt und bepflanzt habt oder wie ein Klassensprecher gewählt wurde.

TIPS

- Beobachte die **Einzelvorgänge genau!**
- Berichte **ausführlich, geordnet** und **zusammenhängend!**
- Berichte klar und in der **richtigen Reihenfolge.**
- Berichte **vollständig!**
- Teile alle notwendigen Angaben über ein Ereignis mit. Die **Schlüsselfragen** sind eine gute Hilfe: Was ist geschehen? Wann geschah etwas? Wo trug es sich zu? Wer war daran beteiligt? Warum ist etwas geschehen? Notiere **Stichpunkte** zu den einzelnen Fragen!
- Lies deinen Bericht den Eltern oder einem Freund vor. Überlege und frage, ob alles gesagt ist. Vergewissere dich, daß keine wichtigen Angaben fehlen.
- Überlege vor dem Schreiben: Wen will ich mit dem Bericht informieren? Für wen schreibe ich?
- **Stichwörter in der richtigen Reihenfolge** erleichtern das Schreiben.
- Berichte in der **Vergangenheit.**

Einen Bericht überarbeiten

St 12

Der Lehrer weist mit Korrekturzeichen auf Fehler und Schwächen in deinem Aufsatz hin. Du kannst dann mit Hilfe dieser Zeichen deine Arbeit selbständig verbessern, wenn du weißt, was du tun mußt.
Schlag nach: Werkzeug Ge 10 und Werkzeug St 4.

TIPS

Diese Tips helfen dir dabei:

( ) Dein Bericht ist nicht ausführlich genug. Wichtige Textteile fehlen. Schlüsselfragen anwenden. Rezept St 12!

( ) Diese Textstelle ist unklar. Füge weitere Sätze oder Ausdrücke ein. Erweiterungsprobe. Werkzeug Ge 6!

( ) Du berichtest Unwichtiges. Die eingeklammerten Textteile oder Wörter kannst du weglassen. Weglaßprobe. Werkzeug St 3!

( ) Dieser Satz ist verunglückt und gibt keinen Sinn. Formuliere ihn neu!
Sätze mit eintönigem Satzbau kannst du umstellen. Umstellprobe.
Werkzeug Ge 9!

( ) Dieser Ausdruck oder dieses Wort paßt nicht und gibt keinen Sinn. Suche ein anderes treffendes Wort. Ersatzprobe Werkzeug Ge 7!

● Setze in die Klammern die Korrekturzeichen deines Lehrers.

Korrekturzeichen:

∀	Auslassungszeichen. Hier fehlt etwas.
?	Fragezeichen. Hier ist inhaltlich oder sprachlich etwas unklar.
( )	Klammern. Die eingeklammerten Wörter kannst du weglassen.
Sb	Satz! Satzbau! Der Satzbau ist falsch!
A	Ausdruck! Dieser Ausdruck gibt keinen Sinn!

Literatur

Beck, O.: Aufsatzerziehung und Aufsatzunterricht. Bad Godesberg, 4. Auflage 1972

Beck, O. / Payrhuber, F.-J.: Aufsatzunterricht heute. Freiburg 1977

Beck, O. / Payrhuber, F.-J. / Steffens, W.: Praxis des Aufsatzunterrichts in der Grundschule. Freiburg 1981

Boettcher, W. / Riges, J. / Sitta, H. / Tymister, H.-J.: Schulaufsätze – Texte für Leser. Düsseldorf. 4. Auflage 1976

Bohusch, O.: Aufsatzpraxis 3.–6. Jahrgangsstufe, München 1978

Czinczoll, B.: Sprachgestaltung in der Grundschule. Donauwörth, 2. Auflage 1976

Dietrich, W. / Kupisch, B.: Modelle für den Deutschunterricht in der Grundschule. Freiburg 1978

Eggerer, W. / Eggerer, E.: Die Erzählung. München 1980

Eggerer, W. / Eggerer, E.: Meine Schulaufsätze. 3. und 4. Klasse Grundschule. München 1976, 2. Auflage 1976

Gärtner, H. / Marenbach, D.: Sätze – Geschichten – Aufsätze in der 4. Klasse. München 1985

Gössmann, S.: Sätze statt Aufsätze. Schriftliches Arbeiten auf der Primarstufe. Düsseldorf 1976

Lüdecke, I.: Der dialogische Aufsatz in der Primarstufe. Limburg 1979

Mann, Chr.: Aufsatzunterricht mit Acht- bis Zwölfjährigen. München 1977

Riedl, F. X. / Schweiggert, A.: Erzählen. Spielen, Schreiben. Aufsatzunterricht in den Jahrgangsstufen 3 und 4. Donauwörth 1985. 6. Auflage 1992

Riedl, F. X. / Schweiggert, A.: Sehen. Handeln. Schreiben. Sachorientierter Aufsatzunterricht in den Jahrgangsstufen 3 und 4. Donauwörth 1988

Sauter, H.: Modelle des schriftlichen Sprachgebrauchs in der Grundschule. Donauwörth, 2. Auflage 1978

Wallrabenstein, W.: Sprechanlässe und Gesprächssituationen. Lernbereich Sprache. Braunschweig 1979

Zander, S.: Aufsatzunterricht in der Grundschule. Bochum. 4. Auflage 1976

Quellennachweis

S. 44 Etschmann: Tim und Tine. Aus: Freund der Kinder. 7/1984. Verlag Ludwig Auer, Donauwörth.

Stichwortverzeichnis

Weitere Titel von dem bewährten Autorenteam Franz Xaver Riedl und Alfons Schweiggert:

Franz Xaver Riedl / Alfons Schweiggert

Bildergeschichten

Schülerarbeitshefte:

48 Seiten. DIN A 4, Geheftet, perforiert und gelocht.

Jahrgangsstufen 1 und 2
Best.-Nr. **1204**

Jahrgangsstufen 3 und 4
Best.-Nr. **999**

Dazugehörige Lehrerhefte:

Für die Jahrgangsstufen 1 und 2
56 Seiten, DIN A 4. Geheftet, perforiert und gelocht
Best.-Nr. **1205**

Für die Jahrgangsstufen 3 und 4
48 Seiten, DIN A 4. Geheftet, perforiert und gelocht
Best.-Nr. **1000**

Franz Xaver Riedl / Alfons Schweiggert

Sehen – Handeln – Schreiben

Sachorientierter Aufsatzunterricht in den
Jahrgangsstufen 1 und 2
184 Seiten. DIN A 4.
Best.-Nr. **2013**

Sachorientierter Aufsatzunterricht in den
Jahrgangsstufen 3 und 4
44 Seiten. DIN A 4.
Best.-Nr. **1927**

Tolle Stundenbilder mit bildlichen und methodischen Anregungen für einen schülerzentrierten und sachorientierten Aufsatzunterricht.

Franz Xaver Riedl / Alfons Schweiggert

Erzählen, Spielen, Schreiben

Aufsatzerziehung in den
Jahrgangsstufen 1 und 2
176 Seiten. DIN A 4. Kartoniert, gelocht
Best.-Nr. **1412**

Aufsatzerziehung in den
Jahrgangsstufen 3 und 4
228 Seiten. DIN A 4. Kartoniert, gelocht
Best.-Nr. **1637**

Die beiden Bände bieten zahlreiche ausgearbeitete Unterrichtssequenzen mit kopierfähigen Arbeitsblättern. Jedes Stundenbild enthält Lernziele, Tafelbild, Stundenverlauf, Arbeitsblätter.

Verlag Ludwig Auer
Donauwörth · Leipzig · Dortmund

Man muß die Feste feiern . . .

Neu!

Franz Xaver Riedl / Alfons Schweiggert

Kleine Klassenfeste

für ein ganzes Jahr

1./2. Jahrgangsstufe
DIN A 4   Best.-Nr. **2242**

3./4. Jahrgangsstufe
DIN A 4   Best.-Nr. **2243**

In der Grundschule gibt es viele Gelegenheiten, ein kleines Klassenfest zu veranstalten:
Scherzfeste, Gespensterfeste, Morgenkreis oder Regenfest – Feste können eine Gelegenheit sein, Beziehungen aufzubauen und einen stärkeren Kontakt zwischen Lehrern und Schülern zu ermöglichen, die Kommunikationsbereitschaft der Schüler wird gefördert und – Feste machen Spaß!
Diese Bände geben bunte Anregungen zur Gestaltung von Festen und Feiern zu vielen verschiedenen Anlässen: Tänze, Lieder, Gedichte, Spielszenen, Gebete, Vorschläge für Einladungen etc.
Mit Kopiervorlagen für Einladungen, Programmzettel u.v.m.

Franz Xaver Riedl / Alfons Schweiggert

Das große Feste- und Feierbuch

Für Schule, Pfarrgemeinde, Jugendgruppen, Vereine
180 Seiten   Best.-Nr. **2014**

Im Laufe eines Schuljahres gibt es zahlreiche Feste und Feiern zu gestalten, wie der erste Schultag, Advent, Fasching und Sportfeste, auch Herbstfeste oder Baumfeste. Dieser Band hilft bei der Planung, Organisation und Gestaltung von Festen auf Schul-, Pfarr- und Vereinsebene, damit das Fest zu einem echten Erlebnis wird.
Mit zahlreichen Kopiervorlagen für Einladungen, Programmzettel u.v.m.

Verlag Ludwig Auer
Donauwörth · Leipzig · Dortmund